西安浐灞生态区
西安金融商务区　重大课题

推进西安离岸金融中心建设研究

王满仓　涂远博　董明放◎编著

图书在版编目（CIP）数据

推进西安离岸金融中心建设研究 / 王满仓，涂远博，董明放编著. -- 兰州 : 兰州大学出版社，2017.12
ISBN 978-7-311-05278-2

Ⅰ. ①推… Ⅱ. ①王… ②涂… ③董… Ⅲ. ①地方金融—离岸金融业务—研究—西安 Ⅳ. ①F832.741.1

中国版本图书馆CIP数据核字(2017)第319547号

策划编辑 陈红升
责任编辑 李江霖
封面设计 郇 海

书 名 推进西安离岸金融中心建设研究
作 者 王满仓 涂远博 董明放 编著
出版发行 兰州大学出版社 （地址:兰州市天水南路222号 730000）
电 话 0931-8912613(总编办公室) 0931-8617156(营销中心)
0931-8914298(读者服务部)
网 址 http://press.lzu.edu.cn
电子信箱 press@lzu.edu.cn
印 刷 甘肃北辰印务有限公司
开 本 710 mm×1020 mm 1/16
印 张 15.75(插页2)
字 数 232千
版 次 2018年3月第1版
印 次 2018年3月第1次印刷
书 号 ISBN 978-7-311-05278-2
定 价 59.00元

序

习近平总书记在党的十九大报告中指出，推动形成全面开放新格局，要以“一带一路”建设为重点，形成陆海内外联动、东西双向互济的开放格局。同时还指出，实行高水平的贸易和投资自由化、便利化政策。离岸金融是实现贸易和投资便利化的重要支撑。因此，如何在这样一个大的格局下抓住契机，发展离岸金融，并与“一带一路”建设形成一个良好的协同互动效应，就成了做好金融领域一个重要的工作。同时，西安要建立国际化大都市，如果没有金融中心的支撑，建立国际大都市仅仅是一个概念。建设离岸金融中心，可以改善西安的收支和经济增长，对于企业来讲，离岸金融中心的发展及其特有的低贷款利率、高存款利息、低交易成本的特点，可以吸引国际资本的大量集聚。

西安市是西北地区的制造业、信息产业重镇，“丝绸之路”经济带新起点，新亚欧大陆桥及黄河流域最大城市。近年来，西安经济实力不断壮大，生产总值持续提升，国际贸易迅速扩大。西安市的产业结构与中亚国家形成优势互补，可贸易性强。在经济贸易区域功能布局上，西安市已相继设立了西安综合保税区、西安高新综合保税区、空港保税物流区，同时，西安市还是国际综合交通枢纽，这些都为西安跨境贸易提供了便利。此外，西安金融商务区、国际港务区、高新开发区、经济技术开发区还可以与离岸金融市场形成服务依托与功能互补。在金融发展方面，西安市拥有较为完善的金融体系，金融规模庞大，其存贷款规模、金融增加值均位列西北第一。西安市已基本具备了一定的发展离岸金融市场的经济条件和金融条件。

西安市经济的发展客观上存在着对离岸金融市场的需求。第一，西安市作为丝绸之路起点，肩负着“一带一路”建设的重要历史使命，而离岸金融市场又是实现“一带一路”倡议中重点提出的“设施联通、贸易畅通、资金融通”的关键金融保障。第二，西安市打造内陆型改革开放新高地、经济结构转型，都需要招商引资、筹措资金，离岸金融市场对金融资源产生的巨大吸引力，能够快速聚集金融要素，助推大西安建设。第三，在西安自贸区和西安金融商务区的建设中，离岸金融是其发展的一个内涵要求。第四，跨国公司与外资企业的业务需要西安市建设离岸金融中心，随着与丝绸之路沿线国家贸易和投资的扩大，需要相关的跨境货币结算及离岸金融服务支撑。同时，境外中资公司海外扩张和并购的需要，要求为其提供离岸业务的投融资、结算等多项服务。总之，推进西安离岸金融中心的建设对西安市经济发展起到了至关重要的作用，并且对于西安金融业的发展更具有重要意义。

从区位选址考虑，在西安金融商务区建设西安离岸金融中心具有四个方面的优势。第一是生态环境优势，浐灞生态区良好的生态环境对于吸引高端的离岸金融机构入驻至关重要。第二是国际化优势，浐灞生态区是欧亚经济论坛永久会址，具备设立离岸金融中心的国际影响力。第三是政策方面的优势，西安金融商务区已经获得了中央、陕西省委省政府、西安市委市政府三个层面的政策支持。第四是空间布局优势，浐灞生态区是西安市未来的第三代新城，可以提供金融商务区远景规划对发展空间的需求。

在这样的背景下，西安市浐灞生态区与我校经济管理学院王满仓教授对推进西安离岸金融中心建设进行了研究，王满仓教授带领课题组成员，深入考察了上海市、广州市、深圳市等地的先进发展经验，系统研究了国内外发展离岸金融的理论与现实，全面剖析了西安市打造离岸金融中心的现实条件，历时两年多，编著了《推进西安离岸金融中心建设研究》，提供了西安未来发展离岸金融市场的理论基础和发展依据，构建了西安离岸金融中心建设的总体战略构想，同时也提供了具体的政策和风险监管的建议。

“路漫漫其修远兮，吾将上下而求索。”本书是陕西省首部系统介绍离岸金融建设的书籍，希望本书的出版对陕西发展离岸金融市场、西安打造离岸金融中心，将西安打造成为内陆型改革开放新高地的建设中贡献绵薄之力。同时，期望本书在推动西安“一带一路”对外开放发展上也具有一定的参考价值。

“不积跬步，无以至千里；不积小流，无以成江海。”希望西北大学更多的学者与浐灞生态区一道共同研究西安离岸金融中心建设，为西安建设离岸金融中心储备理论基础和现实指导，为西安建设离岸金融中心以及建设具有历史文化特色的国际化大都市做出微薄的贡献。

西北大学校长、教授、博士生导师

郭立宏

2017年12月21日于西北大学长安校区

自 序

在金融学中，国际金融学无疑是一座最为显赫的宝库，而以研究跨境金融为主旨的离岸金融中心的课题，则是这座宝库中一颗最为绚丽璀璨的宝石。然而，中国发展离岸金融还不到三十年，关于离岸金融种种华丽外表下复杂的内涵至今让人难识庐山真面目，有待学者们进一步挖掘和探索。

离岸金融也被称为境外金融，由于其发展迅速且新特征层出不穷，因而相关定义也不断发展。从离岸金融的含义界定可以发现，离岸金融业务主要针对非居民提供各类金融业务，离岸金融市场具有非居民性、特殊的监管体系和优惠的税收制度等特征。离岸金融的理论基础包括：制度变迁理论、金融创新理论、金融自由化理论、金融一体化理论。

国际离岸金融中心产生至今已有六十多年的历史。按离岸金融中心的功能和发展战略不同进行分类，离岸金融中心可以划分为三大类型，即簿记型（避税港型）、混合型（内外一体型）及分离型（内外分离型），其中分离型又根据分离程度的不同分为绝对分离型和分离渗透型两类。避税港型离岸金融中心的典型有百慕大、英属维尔京群岛、开曼群岛。混合型离岸金融中心的典型有英国伦敦、中国香港。内外分离型离岸金融中心的典型有美国纽约、新加坡。另外，离岸金融中心还可以按发展战略进行划分，即按离岸金融中心形成与发展的推动力不同划分为自然形成型和政策推动型两类。

中国离岸金融的发展起始于20世纪80年代，走的是一条渐进式的改革开放模式，其发展历程呈“V”形态势，经历了“放—收—放”的过程，大体可以概括为四个发展阶段。以1989年招商银行获得批准作为试点经营离岸银行业务为中国离岸金融发展的起始为标志，经历了10年的探索时期，而后因1998年香港受到亚洲金融危机的影响，中国对离岸金融短暂收紧，2002年中国重启并扩大了试点。如今，随着“一带一路”倡议的提出，离岸金融迎来了一个历史性的重大发展契机。

随着我国经济和金融市场的不断发展，我国批准了深圳市、上海市、天津市滨海新区等若干区域的离岸金融业务试点，这些地区正努力扩展离岸金融业务，建设离岸金融市场或者离岸金融中心，这些区域在经济环境、地理位置、面向区域、政策支持、发展模式和开展业务情况等方面呈

现出不同的特点。国家政策支持是发展离岸金融业务的先决条件。经济环境是发展离岸金融业务的关键因素。地理位置是发展离岸金融业务的重要因素。上海离岸金融市场的发展在全国看来仅次于香港，仅就内地来看领先全国。天津滨海新区先行先试，探索离岸金融业务。深圳是我国最早获得经营离岸金融业务的试点城市。福建自贸区离岸金融建设立足于福建实际情况，充分利用“侨乡”“毗邻台湾省”“海上丝绸之路起点”等优势，发展离岸金融业务，吸引国际资本。西安发展离岸金融业务具备一定的条件，但是和国内其他地区相比，发展离岸金融业务所面临的差距和困难还不小，比如：北京行政总部型和上海金融市场交易型的优势是西安无法比拟的，对外贸易横向对比差距明显。在离岸金融所依附的产业聚集和发展上，重庆西永综合保税区已建成世界级的笔记本电脑生产基地，单就离岸金融结算看，重庆在2013年已经超过千亿美元。同时，西安离岸金融业务仍处于发展初期，在目前离岸金融业务越发得到国内其他地区重视的背景下，西安要实现赶超的压力和竞争的压力较大，因此，西安要发展离岸金融业务必须积极谋划，依托自身有利条件，坚持循序渐进的原则，在做实基础上实现重点突破。2016年5月10日，为探索西安发展离岸金融中心路径，“一带一路”离岸金融创新发展研讨会在西安浐灞生态区举行，研讨会旨在汇聚国内专家和业内精英，集思广益，取长补短，探寻发展机遇，科学规划布局，突出创新发展，为陕西离岸金融中心建设建言献策。

离岸金融创新发展研讨会成功举办之后，西安市浐灞生态区管委会、西安金融商务区高度重视，成立了离岸金融中心建设研究领导小组，立即邀请有关专家着手开展推进西安离岸金融中心建设研究。为进一步厘清西安市发展离岸金融中心建设，在西安市浐灞生态区管委会与西安金融商务区的大力支持下，我们编著了《推进西安离岸金融中心建设研究》，本书通过对2007至2015年西安经济指标数据的脉冲分析发现，首先，离岸金融中心的建设对西安金融业发展具有促进作用，并且其中跨境投资的促进作用明显大于跨境贸易对西安地区金融发展所带来的影响。其次，离岸金融中心建设对西安经济的发展也具有促进作用，且跨境贸易对西安生产总值的影响更大，跨境投资对财政收入的影响相对较大。总体来看，从脉冲响应图中可以看出，在离岸金融中心建设完成后，其对西安经济所带来的冲击长期来看均为正向影响。所以，离岸金融中心的建设对西安的经济发展和西安金融发展均会带来促进作用。最后，在对脉冲响应图进行分析后可以看出，离岸金融在西安的发展对西安金融的冲击幅度大于对西安经济的冲击，所以离岸金融中心的建设对于西安金融的发展影响更大。

西安离岸金融中心模式选用内外分离型较为合适，便于将风险控制在局部，避免海外资金流向全国，同时也易于监管，使离岸金融业务逐步发展，保持金融稳定。在实施步骤上，西安建立内外分离型模式的离岸金融中心应该分三个阶段逐步实现。第一阶段（5到10年）：西安离岸金融功能集聚区。在构建西安离岸金融中心的初期，应该先初步形成一个离岸金融功能集聚区，将从事离岸金融业务的金融机构及金融监管部门集中在西安浐灞金融商务区。第二阶段（10到20年）：西安离岸金融市场。随着金融机构、监管机构和跨国公司的进驻，离岸金融功能区发展到一定程度，当政策条件成熟便可以开展第二阶段，形成一个主要针对“一带一路”国家、其他各种跨境投融资综合发展的离岸金融市场。第三阶段（50年）：西安离岸金融中心。长期来看，在未来我国资本项目下外汇管制逐步放开时，可以将离岸金融与在岸金融逐步渗透、融合，离岸账户与在岸账户并账，资金自由流动，形成一个高效的、内外一体的金融市场。

最后，西安离岸金融市场的发展，要突出“一带一路”离岸金融市场的特色，还要加快金融基础设施建设与完善。此外，还需加大政府税收政策扶持，加强离岸金融市场的监管。这样才能推进西安金融商务区“一带一路”离岸金融中心健康、快速发展。

同时，西安建设离岸金融中心有三个难点。一是寻求相关的政策支持，尤其是中央政策支持。跨境金融服务涉及本、外币融资，因此相关外汇业务经营权以及能否提供融资将成为监管及经营机构需要考虑的问题。二是使报关、申报、结算、融资、退税等环节能够顺畅配合。国务院常务会议在部署跨境金融业务发展时，进一步明确通关、退税、跨境支付要求，多环节配合跨境金融业务发展全流程一体化。西安市具备了发展离岸金融中心过程中能够达到业务功能的一体化过程。三是同成都、重庆及其他离岸金融中心建设的竞争。目前，重庆、成都、天津都提出打造区域金融中心，和其他城市相比，西安发展离岸金融中心还有不足之处。

西安建设离岸金融中心具有区域优势。一是国家战略定位优势。西安作为“一带一路”的起点，离岸金融中心的建设，为西安建设内陆型开放新高地和构建全面开放的新格局奠定了一定基础，对形成“丝绸之路”经济中心有非常重要的意义。二是先试先行的先发优势。国家在不同战略层面提出了一些对西安发展的优惠，2009年国务院通过的《关中—天水经济区发展规划》明确指出了将西安建设成为区域金融中心。2014年西安海关获准复制上海自贸区制度，随后延安和渭南正式设立了有关的自贸区建设。2015年，国家发展改革委、外交部、商务部发布的《推动共建丝绸之路经济带和21世纪海上丝绸之路的愿景与行动》一文里明确设立了两个核心、18个省份、7个高地，陕西省是18个省份之一。这些政策的制定和实施，为西安发展国际贸易，发展离岸金融提供了很好的政策基础，也带来了难得的先试先行的先发优势。三是区域空间优势。首先，西安具有承东启西、连接南北的区位优势，其次，西安国际港务区的设立标志着国际服务口岸功能逐步形成，为离岸中心的发展奠定了很好的条件。四是金融产业有适合产业集聚优势。2015年西安市实现金融增加值达到了643.88亿元，对西安市生产总值贡献率达到20%，对拉动经济增长点达到1.7个百分点，占西安市生产总值的比重达到11.1%，西安市金融资本市场发展非常快，2015年境内外上市公司达到了110多家。其中，境内上市34家，新三板挂牌80多家，发债规模达到1983.4亿元，这样的规模为我们发展离岸金融奠定了一定的基础。金融机构体系也在逐步完善，西安的证券公司、保险公司、担保公司为西安市发展离岸金融提供了机构性的支持。五是需求优势。西安的经济发展离不开一些企业的产业集聚发展。比如西安将以三星、美光、华为等信息产业巨头为依托，设立全球结算中心，大力发展离岸业务。以“丝绸之路经济带”中亚五国经济合作为依托，大力发展跨境人民币结算。以国际港务区物流和贸易为依托，大力发展跨境电子商务支付结算，积极建立内陆型离岸金融结算中心。

我们系统研究了离岸金融问题。研究了离岸金融中心的基本概念和相关理论，介绍了国际离岸金融中心和国内离岸金融市场的发展经验，梳理了我国离岸金融相关政策及法律法规，分析了西安发展离岸金融的条件，剖析了离岸金融对西安经济发展的影响，勾画了建设西安离岸金融中心总体战略构想，提出了西安离岸金融中心政策和风险监管方面的建议，推出了《推进西安离岸金融中心建设研究》一书。本书是陕西省首部研究西安市离岸金融中心建设问题的著作，期望《推进西安离岸金融中心建设研究》一书对西安市建设离岸金融中心具有一定的指导意义。

作　　者
2017年12月18日于西北大学

目　录

上　篇
推进西安"一带一路"离岸金融中心建设研究

下 篇

新的战略机遇下西安丝绸之路金融中心建设研究

图表目录

推进西安“一带一路”离岸金融中心建设研究

一、建立离岸金融市场对西安经贸发展的影响

金融是现代经济的核心，离岸金融业务作为一种新型的金融业态，显示出了强大的生命力与活力，在世界经贸、金融等多个领域发挥着积极的影响。开展离岸金融业务、建立离岸金融市场，已经成为各国与地区参与国际竞争、加速经济发展的一条重要路径。当前，我国境内已有了上海市、天津滨海新区、深圳市和福建省等四个主要离岸金融市场。目前，西安开展“一带一路”离岸金融业务面临着千载难逢的战略机遇，要想实现追赶超越，就必须充分发挥自贸区的政策优势，把握向西对外开放的时机，抓紧开展“一带一路”离岸金融业务，深化丝路带金融合作，构建西安“一带一路离岸金融中心”。

因此，西安应该以国家“一带一路”倡议的实施为契机，依托陕西自贸区政策优势，背靠国际港务区，立足于西安浐灞金融商务区，全力推进离岸金融市场的发展，力争将西安离岸金融中心打造成为“一带一路离岸金融中心”，实现辐射中亚、连通欧洲、面向世界的战略构想。

(一)“一带一路”的重要支撑

2015年3月28日国家发布了《推动共建丝绸之路经济带和21世纪海上丝绸之路的愿景与行动》，宣告“一带一路”建设进入全面推进阶段。在“一带一路”倡议中，跨境资金融通是实现“设施联通、贸易畅通”的重要支撑。西安作为中国版图中心和经新亚欧大陆桥连接大西北、中亚和欧洲

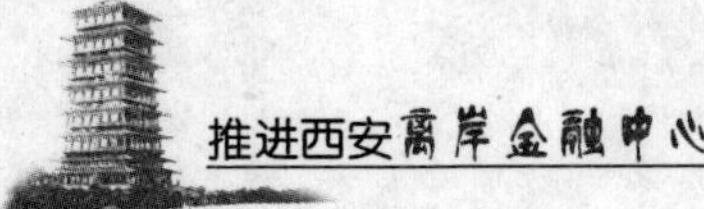

的中国内陆枢纽地带，应积极对接国家发展战略，深度科学谋划，以离岸金融业务为支撑，做实“一带一路”开放发展重点和近期切入点，为迈向建设内陆型改革开放新高地和构建全面开放格局的全新发展历程起好步。

(二)建设自贸区的内在要求

西安作为“一带一路”的对外起点，有着串联西北及中亚国家的天然地理优势，在基础设施、物流运输、信息化技术、装备制造、技工人才为主的劳务合作、食品轻工、综合科技服务等方面，合作空间广，合作潜力大。西安应抓住“一带一路”建设的历史机遇，加快丝绸之路自贸区建设，深化与丝绸之路经济带沿线地区和国家的国际合作。发展离岸金融有利于保税区向自贸区转型和发展，我国北京、上海、深圳、天津，甚至重庆都已取得了明显的成效，发展高效安全的离岸金融市场也是陕西丝绸之路自由贸易区建设的内在要求。

(三)为关中城市群的建设提供金融支持

关中城市群集中了陕西60%的城市和近一半的小城镇，关中城市群的发展对陕西经济起着至关重要的作用。西安离岸金融中心的建立能够为关中城市群的发展提供金融支持，通过离岸金融中心加速经贸往来，提供投融资便利化服务，吸引金融资本。纵观全国城市群，长三角城市群有上海离岸金融中心提供支持，京津冀城市群有天津离岸金融市场提供支持，海峡西岸城市群有深圳离岸金融市场提供支持，珠三角城市群有广州离岸金融市场提供支持，成渝城市群有重庆成都离岸金融市场提供支持。这些地区均是发达地区或全国经济发展速度较快的地区。因此，西安建立离岸金融中心对于关中城市群经济的发展十分必要。

(四)国际金融资源配置的重要手段

金融发展的深度和广度要求完善金融基础设施建设，并依托经济快速发展和对外发展战略，由离岸结算功能逐步演进，形成功能完整的离岸金融市场，吸引国际资本，最终提升金融产业的功能层次和聚集辐射能力。离岸金融业务是衡量经济对外开放程度的重要指标，将大大推动城市的国际化建设进程，显著提升城市国际化金融的辐射能力。西安发展离岸金融，不仅可以加速对外开放，促进境外资金的有效回流，增加税收，防范汇率风险，维护金融稳定，还可以拓宽融资渠道，充分利用国际资金，提高发行成功率，规避制度性的制约，为陕西企业走出去创造更好的投资环境。西安应牢牢把握“一带一路”这一历史性机遇，在西安打造丝绸之路经济带金融中心，促进区域金融资源聚集，提高金融资源配置能力，同时进一步扩大国际金融资源配置空间。

(五)有利于深化国际交流合作

西安对丝绸之路沿线国家有着独特的地缘和历史优势，因此，西安和丝绸之路沿线国家的联系自古就较为紧密。西安依托浐灞丝路国际会展中心、欧亚经济论坛已经获得了一定的国际影响力，但是西安同丝绸之路沿线国家的经贸交往常常受到资金流通不畅、结算不便利的影响，资金流动问题在一定程度上阻碍了西安的国际交流与合作，影响“一带一路”倡议的实施和自贸区的建设。当前，我国与丝绸之路沿线国家间的经贸合作越来越频繁，金融合作也逐渐深入，客观上为西安构建“一带一路离岸金融中心”创造了条件；反过来，西安构建“一带一路离岸金融中心”也是我国同丝绸之路沿线国家深度交流合作的迫切要求。如果西安能够成功构建“一带一路离岸金融中心”，这将对资金流通问题起到实质性的作用，大大促进丝路国家在各方面的交流与合作，只有以离岸金融做支撑，才能实现“一带一路”的倡议。

(六)为经济建设筹措大量资金

陕西省自贸区作为政策先行先试区，当前正处于经济崛起的重要发展机遇期。在这个关键阶段，西安市的发展建设需要投入大量资金，资金问题是西安经济建设发展的一大问题，制约着追赶超越的步伐。如果西安能够构建“一带一路离岸金融中心”，将有效解决建设资金短缺、融资难问题，助力西安经济的腾飞，进而推动关天经济区的跨越式发展。金融市场最基本、最原始的功能就是筹集资金，金融市场可以通过吸收大量资金来为本地经济提供保障。西安大多数企业都面临着融资难、融资渠道单一的问题，开展“一带一路离岸金融中心”能够使西安快速提高国际金融竞争力，吸引各国眼球，并且在较短时间内通过当地离岸金融机构，吸引境外国家或地区大型金融机构、企业的大量资金。这些资金可以用于西安当地经济建设，为当地企业提供较便捷的资金来源与融资渠道，从而促进企业的发展、地区经济的增长。

(七)有利于推动西安经济结构转型升级

当前，西安经济发展还是主要依靠传统产业，现代金融服务业有待进一步提升。如果“一带一路离岸金融中心”能够成功构建，将吸引大量境外金融机构、跨国公司进入西安，同时带来大量的资金、人才、技术、管理经验等，从而促进西安经济加快转型升级。随着大量资金流而来的，是对西安当地及周边地区相关配套设施和服务能力的大规模需求和投资，并将辐射带动如娱乐、旅游、保险、证券、房地产、餐饮、航空运输等相关服务业的快速发展，进而大力推动西安及其周边地区的经济快速发展及结构转型升级，这对西安经济发展的作用是巨大的，就如同美国华尔街对纽约经济结构的影响一般。

二、离岸金融中心的概念及理论基础

(一)离岸金融的相关概念

1.离岸金融的内涵

离岸金融也被称为境外金融，由于发展迅速且新特征层出不穷，因而其定义也不断延伸拓展。20世纪80年代为离岸金融发展的分水岭，从20世纪50年代离岸金融产生到80年代，这一时期离岸金融主要表现为货币游离于货币发行国境外，以非居民为主要交易主体进行离岸货币的交易，从而实现资金的跨境融通。因此，比较权威的如国际清算银行认为离岸金融可以产生国际资本的集聚，使得一国或地区各银行的外部资产与负债规模远远超出与一国经济发展总量相匹配的规模，IMF（国际货币基金组织）也认为离岸金融是指金融机构吸收“非居民”的资金并向“非居民”提供各类金融服务。而在20世纪80年代以后，随着金融自由化和金融创新的推动，离岸金融发展带有新的特征，其界定标准也从简单的交易货币与交易主体的区分延伸至是否独立于一国国内金融循环体系。离岸金融包括独立于一国国内金融循环体系之外，实施与国内监管体系相分离的特殊监管体制以及优惠的税收制度，主要以非居民的各类金融交易为主的金融活动。因此，离岸金融被界定为在高度自由和宽松的金融监管体制和优惠的税收制度下，由非居民参与的以自由兑换货币为工具的资金融通。

从离岸金融的含义可以发现离岸金融业务主要是针对非居民提供各类金融业务：一是开展离岸银行业务，主要处理外汇结算和国际资金融通，包括借贷、资产管理以及个人信托业务等；二是以高度保密性服务吸引外国纳税人设立法人单位从而实现避税目的，从中收取高额服务费用；三是提供低廉的注册成本以及免税政策，以离岸特殊目的公司为载体，发行股票或债券实现筹资；四是发展保险业务，致力于扩大再保险的业务范围，降低再保险的费用，吸引跨国公司投保；最后离岸金融业务还包括投资信托、共同基金、不动产投资等，随着金融自由化与金融创新的推进，离岸金融的业务也将越来越多样化。

简单来讲，经营离岸金融业务的场所就是离岸金融市场，如刘鸿儒将离岸金融市场定义为为非居民提供各种国际性金融服务，如国际借贷、资本投资流动、贸易结算、保险服务、证券交易等，并且不受货币发行国金融法规监管的场所。离岸金融的雏形是20世纪50年代初的欧洲美元，相应地，在欧洲，伦敦最早出现了经营美元交易的国际金融市场——欧洲美元市场。随着欧洲美元市场的不断发展，离岸金融市场也突破了地域上和交易币种的限制，在全球范围内快速崛起了一批离岸金融中心，典型的有伦敦、卢森堡、马恩岛、迪拜、东京、中国香港、新加坡、纽约、开曼群岛、巴拿马、百慕大等，形成美元、马克、英镑、日元等多种货币离岸自由兑换。全球有42个离岸金融中心，分布在欧洲、美洲、亚洲、大洋洲及非洲的一些国家和地区。

2. 离岸金融的特征

表1　离岸金融与在岸金融之比较

类别	交易主体	监管体系	优惠制度
离岸金融	“非居民”为主体，即国外居民、机构间进行交易	高度自由、宽松的独立监管体系	税收优惠，免税天堂
在岸金融	国内居民之间或国内居民与国外居民之间进行交易	受国内金融监管体系监管	一般征收一定的税收额度

与离岸金融相对的是在岸金融，在岸金融市场又被称为传统的金融市场，它是国内居民之间的金融往来与国内居民同国外居民之间资金跨国往来的总和，并且受到货币发行国国内金融监管体系的监管。离岸金融市场除了具有非居民性、特殊的监管体系和优惠的税收制度等特征外，还包括如下特点：

（1）货币可自由兑换

无论是在货币发行国境内还是境外经营该国货币，都要求其货币可以自由兑换，因为面向的交易主体具有非居民性，离岸货币资金在国际市场上流动配置。

（2）特殊的交易结算机制

由于离岸金融交易的资金规模较大，一般都采用转账划拨的方式而非现金交易，往来交易的进行体现在离岸账户数额的变化上，依赖货币发行国的清算机构以及清算偿付系统的支撑。离岸金融中心可以为不同国家的离岸货币持有人开立账户，并实现离岸货币的国际流动，且通常不需要进行货币兑换。

（3）资金规模庞大，流动性强

国际银行、大型跨国公司是离岸金融市场的交易主体，政府机构以及世界性组织大规模的资金往来项也经常通过离岸金融中心进行，因此离岸金融中心交易主体的资金规模，远远超出一国自身具有的金融资源，带有“批发”的性质。银行等金融机构间的交易一般是同业拆借的形式，资金往来规模大，且流动性强。

（4）较高的营利能力

与在岸金融市场相比，高度自由的监管体系、优惠的税收制度为离岸金融市场提供了一个更为优越的经营环境，低成本、高保密性使得离岸金融中心具有较高的营利性。

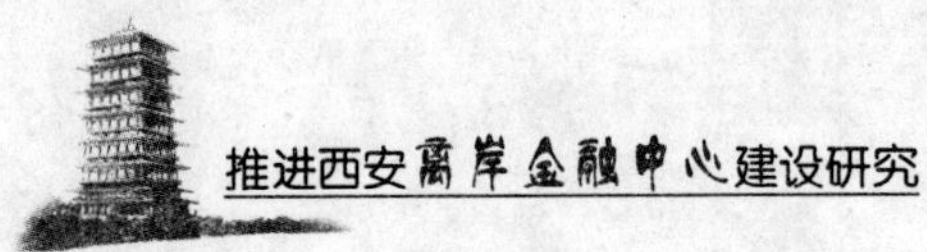

(二)离岸金融中心的理论基础

1.制度变迁理论

离岸金融市场的形成和发展，本质上是制度变迁的结果。制度变迁是制度的替代、转换与交易过程，新制度经济学是从微观经济学中的供求理论出发来研究制度变迁的。从需求方面来说，当现有的制度不能满足增加潜在收入的可能，而新的制度变得更加有利可图时，只要制度变迁的收益大于成本，那么就会推动旧制度向新制度变迁。

金融制度演变的过程，本质上是原有金融制度边际成本和边际收益不相等，这一非均衡状态促使金融主体进行改进以寻求新的金融制度来实现均衡。运用新制度经济学解释离岸金融市场产生发展原因的学者主要有McKinnon与Levich。

McKinnon认为，离岸金融市场的最初形式——欧洲美元市场产生的原因正是由于政府管制的不对称性导致原有制度安排的不均衡。以英美为例，美国实施的严格的金融监管体制使得美元无法实现自由兑换，同时英国对其国内金融机构从事美元业务，或者外国政府对金融机构运用英镑管制较少，美元和英镑可以进行国际结算、跨国信贷、外汇对冲等业务来规避管制和风险。欧洲美元市场的产生与发展正是美国与欧洲各国金融管制不对称的结果。Levich在McKinnon的基础上进一步量化制度因素，设定了一个“净管制负担”（NRB）指标，他以存款准备金率、资本收益税率以及资本市场信息透明度作为解释变量，存款准备金、资本收益税率越高，信息透明度越低，NRB就越大。伦敦的NRB值在当时与其他几个国际城市相比最低，欧洲美元市场最早在伦敦出现，即证明了这一指标的科学性。

制度变迁理论从制度层面为离岸金融市场特别是欧洲美元市场的产生与发展做出了理论解释，制度因素是离岸金融市场产生和发展的一个根本突破口，但是离岸金融中心的发展却不只是制度层面的突破而已，还是其他因素共同作用影响的结果。

2. 金融创新理论

西方经济学中的“创新”理论最早是由熊彼特提出的。他认为创新会生成一种新的生产函数，这种创新带来新的金融工具、融资渠道以及市场安排，扩大了可贷资金的市场广度，提高了金融市场资金的配置效率。运用创新推动理论解释离岸金融中心产生的原因有以下几种：西尔伯的约束诱导理论、凯恩斯的规避监管理论以及希克斯和尼汉斯的交易成本理论。

西尔伯的理论主要从企业的微观主体地位出发。由于利润最大化是企业生产的最终目标，为了减少或是解脱内在和外在的金融约束，金融企业会选择进行金融产品、服务、技术等的创新。外在的金融约束即政府及相关部门的管制，内在的金融约束则是企业自身设定增长率以及其他规模增长指标等。欧洲美元是成功规避外在的金融约束的国际金融创新之一。

凯恩斯的规避监管理论则是针对政府形形色色的监管和干预行为阻碍企业获得一切盈利的可能性而提出的。政府管制和金融创新之间是一个循环往复的博弈过程，政府当下的管制一旦触及金融机构的盈利，金融机构就会通过金融创新来避免这些管制，而当金融创新影响经济和金融稳定时，新的更加严格的管制和干预就会出现，这又会导致新一轮的金融创新活动的开始。于是一个管制与创新互动的机制就建立了，静态均衡永远不会出现。规避监管是离岸金融市场形成的动机和发展的动力，因此，该理论对于解释离岸金融中心的形成与发展有一定的借鉴意义。

希克斯认为，交易成本的高低足以衡量金融创新的成功与否。交易成本在某种程度上衡量了某种金融业务和金融创新是否有价值，交易成本的变动可以使得不同金融产品代表的不同货币需求预期发生偏移，出于对更低的交易成本的追求，一些新的金融媒介、金融工具等就被创造出来。尼汉斯指出，科学技术发展最终会实现交易成本的降低，离岸金融市场的产生与发展总是伴随着追求更低的交易成本。

离岸金融中心本身就是金融创新的产物之一，其发展要求金融工具、市场、制度安排的创新，而金融创新的推进又会进一步促进离岸金融中心的发展，这一反复递进的过程会一直伴随离岸金融中心的产生和发展。

3. 金融自由化理论

金融自由化是当代国际金融发展的重要趋势。以麦金农和肖为代表提出的金融自由化理论主张以金融制度的调整和改革为切入点的全面开放过程，减少甚至是消除政府对金融的过度干预，放松对金融市场和金融机构的管制，进行金融深化。20世纪90年代初，麦金农等提出了如果金融自由化按照一定的次序进行，就一定能够保证一国经济发展的稳健性的金融自由化理论。金融自由化主要体现在四个方面：一是价格自由化，即利率、汇率等金融价格由市场自发调节；二是赋予金融机构更多的权利，让机构间能够公平竞争；三是改革金融市场管制，放低准入门槛，丰富金融媒介，创新金融技术；四是资本流动的自由化，加快资本的引进来和走出去。金融自由化趋势使得全球离岸金融市场在20世纪60年代后发展迅猛，彼时凯恩斯主张加强国家宏观调控的经济思想对金融业进行过分的干预以及西欧等局部金融自由化市场的出现共同推动了离岸金融中心的产生与发展。离岸金融市场的特点就在于高度自由的监管和宽松的利率、汇率政策，为了减少其对国内经济的影响，通过与在岸金融业务账户分离以及一定地理上的隔离来促进金融业务的进一步发展，是金融自由化的一个典型代表。

金融自由化更加强调了离岸金融中心发展所需的客观经济环境的宽松与自由，为离岸金融市场自身交易所需的工具、方式、手段的主观创新提供了应用与发展的经济环境与土壤。

4. 金融一体化理论

国际金融一体化是指在金融创新基础上，以及金融自由化的推动下，国内金融市场与国际金融市场接轨、融合直至统一的过程和趋势。这一趋势加快了20世纪50年代离岸金融中心的形成，而后离岸金融中心的发展反过来也推动了国际金融一体化的进程。史密斯（Roy C. Smith）和沃特（Ingo Walter）认为，各国金融机构突破国界的限制，进行跨国经营是国际金融一体化的开端，这会使各国金融市场相互关联形成庞大的交易资金量，进而影响各国利率和汇率机制，通过利率和汇率的市场化使得同一金融工具形成较为统一的国际市场价格。

离岸金融市场的产生、发展、扩大是全球经济特别是金融一体化的必然结果。首先，在投资与生产国际化的过程中，跨国公司的国际业务飞速发展，其国际生产经营活动对金融市场提出了更多要求，例如环境宽松、手续简便、成本低廉以及诸如保密、逃税的特殊要求，离岸金融市场便应运而生。其次，离岸金融的发展是银行业务国际化的重要方面。随着跨国公司的迅速发展，银行业的国际化也迅猛发展。有学者对银行业国际化发展进行了研究总结，认为银行国际化经历了母国国际银行、离岸金融和跨国银行业务三个阶段。此外，金融全球一体化的趋势也推动了离岸金融市场的进一步发展。如离岸市场向在岸市场不断渗透，使得国内国际金融市场的联结愈加紧密；离岸市场信息高度透明，而保密制度却十分完善；离岸法律法规日益完善，促进了在岸金融法律体系的改进与完善等。

一体化理论既解释了现有一些离岸金融中心同时也是国际金融中心的原因，也阐明了其他潜在离岸金融中心未来发展的趋势与发展路径。国际化是离岸金融中心做大做强的必由之路，与国际接轨意味着国内金融市场的进一步开放与自由，同时金融创新步伐也要紧随，协调发展，共同推进离岸金融中心的发展。

三、国际离岸金融中心的主要类型和发展经验

(一)国际离岸金融中心发展概况

自20世纪50年代离岸金融市场萌芽产生以来，在经济全球化和诸多重大的政治事件和经济事件推动下，离岸金融迅猛发展，至今已有60多年历史。整个离岸金融发展的历史可粗略划分为萌芽期、成长期、扩展期和缓慢增长期四个发展阶段。如图1所示：

图1　离岸金融市场的发展历程

（1）20世纪50年代初是离岸金融市场发展的萌芽期

当时，美国实行马歇尔计划，大量美元被投放到西欧。同时，在当时

冷战的大背景下，苏联和东欧需要为其积累的美元资金寻求一个在美国之外的安全存放和使用的市场，而英国法律因为具有能很好保护外国资本的利益这一优势使得英国成为苏联和东欧一个理想的选择。此外，1957年英国发生英镑危机，英国政府对国内金融市场施行了严格管制，这促使银行转而吸收更多的美元存款并发放美元贷款。在诸多因素推动下，欧洲美元市场得以产生并不断壮大。但总体来看，这一时期欧洲货币市场规模较为有限，仅涉及西欧地区。

（2）20世纪50年代后期至60年代后期是离岸金融市场发展的成长期

20世纪50年代后期，美国Q条例、利息平衡税、M条例等限制政策成了欧洲货币市场兴起的主要推动力。1963年至1973年间，美国银行的海外分行数量从181家增加到699家，其中181家设在加勒比海地区，156家设在欧洲的离岸金融中心，海外总资产急剧膨胀。欧洲货币市场的存款规模也增长了15倍以上，欧洲货币市场、币种结构开始向多样化发展。

（3）20世纪70年代是离岸金融市场的扩展期

离岸金融市场开始突破地域限制，在世界范围内崛起发展，主要分布在亚洲、非洲、美洲、中东以及加勒比海等地区。这个时期“石油美元”与“亚洲美元”成为典型，1973年第一次“石油危机”爆发，石油价格暴涨，使得OPEC国家石油美元收入骤增，而这些石油美元又大量存入或投资于欧美货币市场，欧洲货币市场的存在是石油美元回流的重要原因。另一典型即为1968年新加坡允许设在新加坡的美国银行开展“非居民”离岸业务，从而建立了亚洲美元市场，引入了亚洲货币单位，中国香港随之也采取措施发展成为亚洲地区重要的离岸金融中心，亚洲离岸金融市场初步形成。总结这一时期离岸金融市场遍地开花的原因主要有：美国国际收支恶化，出现巨额贸易赤字，使得大量美元外流；同时油价暴涨，OPEC国家持有大量“石油美元”，并多数投放于欧洲货币市场；美国政府取消了“利息平衡税”，允许银行跨国经营，美国银行开始对外扩张，在西欧、亚洲、中东、加勒比海等地区设立分支机构，促成了大量离岸金融中心的形成；最后，发展中国家为发展经济积极利用外资，频繁对外举债，促成了融资便捷的离岸金融市场的迅速发展。

（4）20世纪80年代至今是离岸金融市场发展的缓慢增长期

该期间，发达国家为了提高金融机构的竞争力，普遍实施放松管制的金融监管体制变革，同时先后实行货币完全可兑换，至此离岸与在岸银行经营环境已没有明显的区别。到20世纪90年代末，离岸金融中心对发达国家金融机构已经不再具有吸引力。但是离岸金融中心对金融监管较严格、金融市场不太成熟的新兴国家的金融机构仍然具有吸引力。这一时期，亚洲货币市场在一些国家和地区得到进一步发展：1984年7月，中国台湾建立离岸金融市场并开始运营；1990年10月，马来西亚建立纳闽国际离岸金融市场；1992年，泰国政府设立“曼谷国际银行设施”等。经过多年的发展，据估计，离岸金融中心集中了全球一半的金融交易，世界私人财富的20%、银行资产的22%投资于离岸金融中心。IMF2010年发布的数据显示，全球离岸金融中心资产已超过主要国家如法、德、日的经济总量，也是其他主要经济体如中国GDP的数倍。随着金融一体化和自由化的进程，离岸金融中心规模还会进一步扩大，但由于发达国家在岸金融的放开使得这一增速放缓，已有的离岸金融中心也在探索如何加快发展业务的多样化与自身定位的专业化。

表2　主要离岸金融中心的全球分布

非洲	亚太地区	欧洲	中东	美洲
吉布提 塞舌尔 摩洛哥(丹吉尔) 利比里亚 毛里求斯	库克群岛 瑙鲁 纽埃岛 菲律宾 新加坡 中国(澳门) 瓦努阿图 西萨摩亚 日本(东京) 中国(香港) 马来西亚(纳闽岛) 密克罗尼西亚	安道尔 卢森堡 马耳他 摩纳哥 荷兰 瑞士 塞浦路斯 英属(泽西岛) 英属(根西岛) 列支敦士登 英国(伦敦) 德国(柏林) 英属(海峡群岛) 英属(马恩岛)	巴林 阿联酋(迪拜) 以色列 科威特 黎巴嫩 阿曼	阿鲁巴岛 巴哈马 英属(开曼群岛) 英国(百慕大) 波多黎各 乌拉圭 格林纳达 巴拿马 安提瓜岛 安圭拉岛 哥斯达黎加 多米尼加 英属维尔京群岛 英国(蒙特塞拉特岛) 美国(纽约) 圣卢西亚 荷属安的列斯群岛 圣基茨和尼维斯

(二)国际离岸金融中心的主要类型

国际离岸金融中心产生至今已有六十多年的历史，在这期间，其形成模式和市场管理模式呈现多样化发展。依据不同的分类标准，离岸金融中心可分为不同的类型，现依据离岸金融中心的功能和发展战略将其分类。

1.按功能分类

按照功能不同，离岸金融中心可以划分为三大类型：即簿记型（避税港型）、混合型（内外一体型）及分离型（内外分离型），其中分离型又根据分离程度的不同包括绝对分离型和分离渗透型两类。

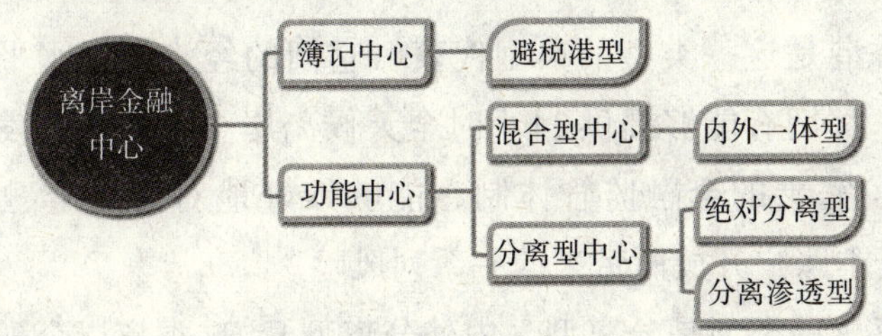

图2　离岸金融中心的分类

首先，第一种类型是簿记型（避税港型）离岸金融中心，这种类型的特点是采取簿记型管理模式，离岸货币持有者一般是为避税而在此虚设金融机构，没有发生实际的金融交易过程，只是利用虚设的金融公司账户进行划账、记账，实际上只提供簿记业务，起记账中心的作用。有以下特点：

a.以账户处理境外交易；

b.无直接税及其他税收优惠；

c.资金自由出入；

d.业务以记账为主；

e.严格的银行储户保密制度；

f.便利的公司注册和管理制度。

这一类型的典型主要集中在加勒比海地区，如开曼群岛、拿骚群岛等，它们具备良好的地理区位条件，对离岸金融中心的监管几乎没有，因而也被称作“避税天堂，洗钱圣地”。

其次，第二种类型是混合型（内外一体型）离岸金融中心，这种类型的特点是离岸账户与在岸账户并账操作，资金出入自由，离岸和在岸市场是一个整体，非居民享有同居民一样的待遇，因而也被称为内外一体型。有以下特点：

a.离岸业务不单设账户；

b.与在岸账户并账操作；

c.非居民与居民存贷款业务同一账号操作；

d.资金自由出入境；

e.离岸、在岸金融市场一体；

f.监管难度较大。

伦敦和香港是这一类型的典型代表，它们的经济发展水平都较高，居于世界前列，都拥有能够提供24小时全天候离岸金融服务的发达的金融市场，以及比较完善的金融监管体制，能够较好地对离岸金融中心实施监管，以应对资本账户开放所带来的一系列风险。

最后，第三种类型是分离型（内外分离型），这类离岸金融中心虽然也对利率、税收和存款准备等不设限制，但与混合型不同，其离岸市场要与在岸市场分离，账户设置上离岸金融账户与在岸金融账户独立，离岸交易通过专门账户进行。有以下特点：

a.离岸和在岸账户隔离；

b.居民与非居民存贷款业务分开；

c.在岸与离岸交易分开；

d.禁止资金在境内外市场间及离岸与在岸账户间流动；

e.不限制非外国金融机构经营此业务；

f.美元为交易货币。

这一类型的离岸金融中心有纽约、东京、新加坡和巴林，根据分离的程度不同划分为绝对分离和分离渗透两种。绝对分离型是为了保证国内货币政策的实施效果，因而严禁资金在境内和境外、离岸账户和在岸账户之间自由流动，日本的离岸金融中心（JOM）最为典型。内外渗透型离岸金融市场中心是彻底的内外分离型和混合一体型之间的一种过渡形式，这种类型虽然设立离岸和在岸账户，将居民和非居民业务分开，但存在一个资金单向进出的通道或者允许资金在一定限额内相互渗透。该类型常见于生产资本相对缺乏的发展中国家，目的是在保障国内金融市场稳定的前提下增加引进外资的渠道。印尼雅加达和马来西亚纳闽岛的离岸金融市场是该类型的代表。

表 3 离岸金融市场几种模式比较

类型	交易货币	交易主体	准入许可	业务范围	典型市场	形成方式	特点
内外混合型	自由兑换货币(原则上不包括本币)	离岸金融机构居民、非居民	宽松、无严格审批程序	中长期资金借贷、外汇交易	伦敦、香港	自然形成	无严格申请程序，不单独设立离岸账户，资金出入无限制
虚拟业务型	自由兑换货币(不包括本币)	离岸金融机构非居民	基本无金融管制	只处理账务，无实际交易	开曼群岛、巴哈马、巴林、百慕大	人为设立、政府推进	以簿记型业务为主、税赋较低、强调金融监管自治
分离渗透型	自由兑换货币(包括本币)	离岸金融机构居民、非居民	设立需当局批准	中长期资金借贷外汇交易	新加坡、雅加达、曼谷	人为设立、政府推进	1.离岸向在岸渗透型(out-in) 2.在岸向离岸渗透型(in-out) 3.两岸互相渗透
绝对分离型	自由兑换货币(包括本币)	离岸金融机构非居民	设立需当局批准	中长期资金借贷、外汇交易	美国、日本	人为设立、政府推进	须经当局批准，业务只能在专门账户中进行，与在岸业务分开，严禁离岸在岸资金相互渗透

2.按战略分类

除了按功能进行分类，离岸金融中心还可以按发展战略进行划分，即按离岸金融中心形成与发展的推动力不同划分为自然形成型和政策推动型两类。

自然形成型的典型代表是伦敦离岸金融中心。伦敦是最早出现的离岸金融中心，其前身即欧洲美元市场，形成于一定的历史背景。在冷战的大背景下，苏联、东欧为本国美元资产寻找投资出路，美国出于自身利益考虑对金融领域采取严格的干预和限制措施，而英国则亟须美元来解决英镑的汇兑压力，在多种因素的共同推动下，伦敦美元交易市场兴起，欧洲美元市场初步形成。此后，20世纪60年代美国抑制美元外流的一系列管制措施和20世纪70年代大量石油美元的存在，一步步促使伦敦离岸金融中心发展成世界上最大的离岸金融中心。除了得益于当时特殊的历史机遇外，英国政局稳定，管制宽松，伦敦当时经济实力雄厚，金融业发达，地理位置优越，这些都是其形成离岸金融中心的重要因素。

政策推动型离岸金融中心常见于具有后发优势的新兴经济体，尤其是发展中国家（地区），他们利用政策优势，积极推动本国（地区）离岸金融市场的建设，在短时间内取得了显著的效果。中国台湾地区和马来西亚、新加坡等国家离岸金融市场是其典型代表，其中以新加坡离岸金融市场建设最为成功。

亚洲美元市场被认为是由新加坡政府精心策划并推动发展起来的离岸金融业务。因为在20世纪60年代，当时的新加坡还属于发展中国家，经济发展水平低，是典型的进口依赖型国家，金融市场不发达，急需利用外资来振兴经济，而建立离岸金融市场是最佳选择。1968年10月，新加坡政府允许设立亚洲货币经营单位（ACU），由美洲银行新加坡分行经营，为非居民提供存贷等各项离岸金融业务。为了壮大ACU，新加坡政府不仅给予财政上的奖励，同时还放松了外汇管制，到1975年，新加坡从事ACU机构个数为66家，存款总额高达125.97亿美元，是当年新加坡GDP的2.5倍。至此，新加坡逐步形成了经营多种货币的国际货币市场和国际资本市场。随着离岸金融业务的扩张与发展，新加坡加快金融改革，进一步放松管制，如全面放开外汇管制，与东盟国家自由兑换，外国人持有新加坡本地银行股份由20%提高到40%，发展离岸保险业务，其中海运保险实行免税。1998年，新加坡成为第四大外汇交易场所，仅次于伦敦、纽约和东京。东南亚金融危机爆发以及周边离岸金融中心的激烈竞争，使得新加坡离岸金融中心开始寻求转型之道，如取消外资股权上限，放宽代扣上限，废除银行双轨制，逐步放松对交易佣金的管制，积极开发新的金融衍生工具，重视吸引私人银行和对冲基金业务，让新加坡走上了注重离岸市场信息披露与金融创新的发展道路。

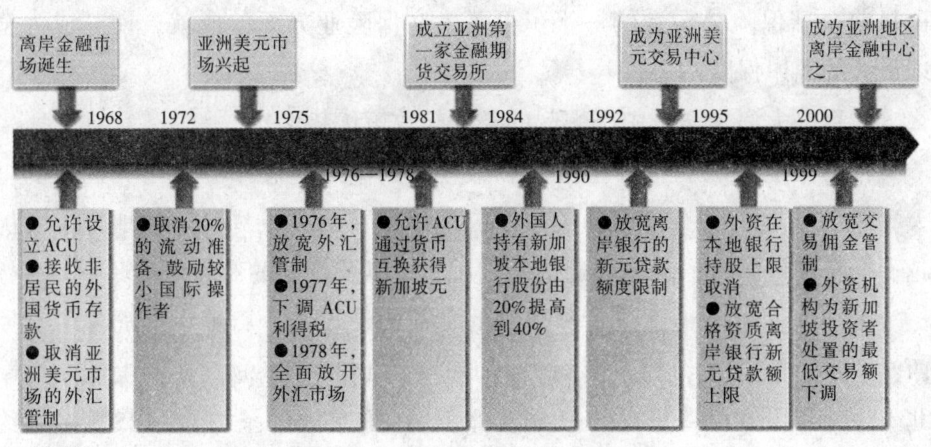

图3　新加坡离岸金融中心发展进程及配套政策

(三)国际典型离岸金融中心

1.避税港型离岸金融中心

（1）百慕大离岸金融市场

①百慕大群岛的基本概况

百慕大群岛由7个主岛150个小岛组成，其中20个岛屿上有人居住。首府为汉密尔顿，最大岛屿为大百慕大岛，圣乔治（前首府）也是重要城镇。群岛陆地面积为46.1平方公里。1612年以后，英国人开始移居此地，并使该群岛成为英国目前尚存的古老的殖民地。岛上最高行政首脑为英国女王任命的总督。1968年群岛实行内部自治。

百慕大经济以旅游业、国际金融业为支撑。旅游业、金融业及其他服务业占百慕大国民生产总值的3/5。

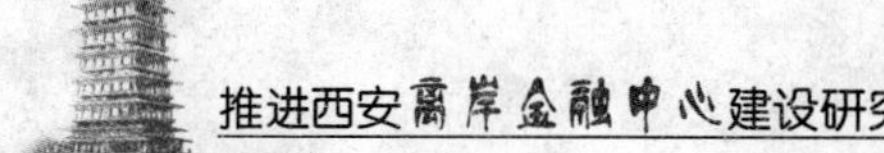

百慕大作为离岸金融中心的历史可追溯到二战以前的20世纪30年代，60年代后，由于百慕大得天独厚的条件吸引了大量外国公司，这些公司将其视为离岸业务的基地，因此该岛离岸业务增长异常迅猛，从此百慕大的重要性日益明显。现有跨国企业7000多家（另据新近统计在香港证券交易所挂牌的公司有50%以上迁址至此）。1300多家保险公司在此落户注册，约占目前全球保险公司数的一半。百慕大在保险业方面的成就，使其成为全球最大的离岸保险中心。

②百慕大离岸金融中心崛起的条件与政策优势

百慕大能够成为世界上最大和最成功的离岸金融中心，与其拥有的得天独厚的基本条件有密切的关系。长期以来百慕大政局稳定，地理位置优越，拥有高效的交通运输和通信基础设施，以及良好的商务活动环境。

第一，优越的地理位置和便利的交通通信设施。百慕大群岛位于北大西洋西部，在美国纽约东南面774海里（约1433千米）处，距美国东海岸北卡罗来纳州570海里（约1056千米），距加拿大的圣约翰1125海里（约2084千米），距英国伦敦则是3350海里（约6204千米）。因此群岛是欧洲、北美洲、加勒比海和拉丁美洲之间跨大西洋的主要中心点，经过群岛的海底光缆使得该岛拥有最佳的全球直拨电话、图文传真和电信系统等先进通信设施。群岛海陆空交通十分便利，飞至美国东海岸主要城市仅需2小时，飞至欧洲也不过8小时。百慕大每周有100～150次航班的空运服务和每天都有的海上航运服务，所以商务往来，极为便利。此外，岛上有公路，大百慕大岛与其他主岛之间有堤道和桥梁连接，方便了岛上居民与非居民的活动。

第二，投资环境与国际通行法律制度接轨。百慕大群岛基本上沿袭了英国的法律，形成了基于英国普通商法、议会民主和政治稳定之上的法律制度框架。政府对外国公司的注册管理高效。百慕大的货币当局除了负有监管金融机构业务活动、审查有限公司和合伙企业财务制度以及最终利益人的财务状况的职责外，还要负责保持中心的金融稳定，包括监管有价证券票据的发行。特别是明确了1986年制定的《英国金融服务法》为该岛指定的适用法律，这不仅使得百慕大具备了与英国水平相当的金融法律制度，而且有利于具有百慕大背景的资金可以灵活地在英国乃至其他国际金融市场上开展金融活动。百慕大拒绝注册任何与欺瞒、贪污有牵连的公司。

第三，商务活动环境良好。百慕大建立了一大批专业服务机构。该岛拥有大量著名的会计事务所，几百位注册会计师负责百慕大注册公司的审计和财务报告，专门负责岛上各种审计、会计、财务管理，还能提供项目调查、管理咨询等服务。注册会计师严谨的职业作风和出色的工作业绩成为跨国公司选择此地开展业务的一个重要原因。岛上约有200家法律事务所，其中不少事务所特别擅长办理国际经济法律事务；140多位资深律师为客户提供极有价值的咨询意见。岛上还设有管理公司，对在此注册的公司提供诸如公司日常行政管理、介绍当地管理人员、帮助注册公司组建以及与当地法律事务所律师和银行家的联络等一系列的管理方面的服务。岛上还储备了一大批经过专业培训、训练有素的专业人员，从保险公司经理、保险经纪人、保险统计员到投资顾问应有尽有。这些专业人员受雇于外国公司，承担各种专业性、高水准的工作，对百慕大成为国际上重要的离岸中心功不可没。

第四，货币自由化程度高。百慕大货币是百慕大元，其与美元等值。美元也可在百慕大自由流通，离岸投资也可通过设立免税公司这一途径，避开当地公司对外国人入股数量的限制，并获免除交易管制，自由从事除百慕大本币以外任何币种的资产交易，也不受外汇管制，且对汇出股息、利息、特许权使用费等没有什么限制。

第五，无语言障碍。百慕大的官方语言是英语，虽然英语对于百慕大来说是殖民地的标记，但时过境迁，英语已是全球金融、贸易、投资和科学技术的世界性语言，使用英语的本身对于百慕大离岸中心的形成有很大的促进作用，也是其作为一个小型开放经济体在激烈的全球竞争中生存、发展的有力武器。

当然，百慕大离岸金融中心的崛起，也得益于百慕大政府长期以来采取的“少税低率”的优惠政策。百慕大政府不对个人所得、股息、资本利得和销售额等征收任何税款，也不开征预提税和遗产税；而且依据1966年税收保护法，向申请设立免税公司的外国企业保证，今后若开征上述税种的话，也至少在3016年以后。政府的财政收入主要来源于关税、工薪税、土地税、印花税及公司税费，但这些税种的开征也充分体现了低税率的特点。

a.关税。关税占政府税收收入的很大份额，税率一般为22.25%，但对于大多数食物商品仅征5%，对于当地制造业发展所需的某些原材料税率更低，当然对于轮船、汽车、电视等其他工业品税率较高些。

b.工薪税。工薪税为工薪收入的5%，但对于宗教、慈善组织和公共组织及年工薪收入低于5万百慕大元的雇员可以免缴。

c.土地税。对于除未开垦的土地、英嗣王室领地、政府土地、慈善组织用地、学校、外国政府土地和某些特殊地产外的所有地产按该地每年出租的估计收入付税，其中对商业地产按年租费的5.75%的税率缴税。

d.印花税。百慕大对公司开业资本和以后的资本增值部分征收0.25%的印花税；对债券、契约、抵押契据等有价证券，按其票面价值征收0.25%的印花税；对财产的转让证书、股票的过户凭单征收0.5%的印花税。1990年，百慕大政府又取消了对国际业务征收的印花税。

e.百慕大公司年费随公司资本金不同而定，最高年费为8400百慕大元，最低仅为1680百慕大元。

可见外国免税公司除了支付年费、支付公司雇员工薪税外没有任何形式的直接公司税费。不过，和其他岛国避税港离岸中心不同，百慕大与美国订有包括交换税收信息在内的税收协议。

③百慕大离岸金融中心的主要业务

百慕大离岸金融业务主要有保险业、银行和信托业。

a.保险业务。全球几乎一半的保险公司纷纷前往百慕大设立离岸保险子公司，目的就是扩大保险业务。随着国际保险公司的大举进驻，百慕大的保险经纪公司数量很多，业务也很发达。这其中当然不乏当今国际上著名的保险公司。

按照有关规定，百慕大当局对申请设立保险公司要经过两次审查：第一次由百慕大货币当局对拟开设保险公司的申请书及附件进行审查，审查内容不仅有对有关公司财务状况和申请人资信材料的审查，而且还必须对申请所附的包括公司资本来源、保险等级、最初营业年份预期的保险费收入和再保险安排等方方面面在内的保险业务规划和其他保险业务规划的细节内容进行审查。保险公司业务规划还应呈送公司注册处和由当地市场、公司注册处、百慕大货币当局人士所组成的承保人入市委员会审查。如此，申请书方为各方认可，然后再由百慕大货币当局将此材料推荐给财政部审查。一般外国保险公司可按照百慕大1981年《公司法》或议会关于公司利益议案规定的方法在百慕大组建，不过当成立股份有限公司形式的保险公司有特殊要求时，可采用后一种方法在百慕大注册，但这种注册需要的时间长些，约两个星期。若采用前一种方法注册，通过申请免税公司来组建保险公司，注册就非常快。百慕大当局还要求保险公司应遵循1978年《保险法》的规定，使注册公司有一个便于开展业务的灵活有效且不复杂的环境。

百慕大当局对开设保险公司有明确的资本金、保险费偿付准备金、赔款准备金和流动性等要求。当局还要求保险公司每年向百慕大公司注册处提交一份附有审计报告的财务状况报告书，在某些情况下，还要求有保险统计师证书。当然按照要求送审的保险公司所有财务资料都受百慕大法律中有关金融业保密条款的保护。此外，根据1978年《保险法》第二部分有关建立保险咨询委员会的条款，该委员会应就涉及政府与保险业关系事宜向财政部提出建议，而百慕大多年来保险业发展的实践也证明，当地的保险业务规则就是政府和保险业自身合作、共同努力的结果。保险咨询委员会成员由财政部部长任命，代表了承保人、经纪人、经理人、会计师、保险统计师、当地市场、承保人入市委员会和保险咨询师等方面人士，主席由保险业内人士出任。

此外，百慕大保险业的再保险业对当地离岸保险中心的繁荣也做出了重要的贡献。从1980年百慕大建立再保险中心以来，已对国外承保了价值10亿美元的离岸再保险业务。

b.银行业务。百慕大银行体系主要由“百慕大银行”“巴持·费尔德银行”和“百慕大商业银行”构成。由于附近其他离岸金融中心已有许多银行设立机构，故影响到其在百慕大的设点。百慕大银行体系的三大银行都是国际性银行，各自通过分支机构与欧洲、北美洲、亚洲等地金融市场保持着密切联系，可同时在纽约、伦敦、中国香港、卢森堡、巴哈马、开曼群岛、马恩岛、格恩西岛、泽西岛、新加坡等地开展业务，较好地满足了当地对银行服务的要求。百慕大银行的重要业务领域是投资管理及相应的附属服务，主要包括通过私营信托服务开展全球委托和资产托管。发展最快的业务是合伙投资企业，百慕大银行的专业共同基金管理更是闻名遐迩。"百慕大银行"被公认为是主要的全球托管银行。此外，私营银行除去做投资和资产管理业务外，还从事个人信托业务。

c.信托业务。百慕大当局允许世界各地人士来此创立信托公司，公司的建立在财产授予人和受托人之间是不公开的。在百慕大从事信托业务可以不必经过常规的审批手续。信托公司分为可撤销的和不可撤销的两种。可以是只注册一段时间的期间公司，也可以是长期经营的永久性公司。大量的资产如现金、证券、土地和其他资产被吸引到这一行业。

（2）英属维尔京群岛离岸金融市场

①英属维尔京群岛离岸金融市场发展的条件

英属维尔京群岛（British Virgin Islands，以下简称BVI）位于加勒比海，自1967年以来一直实行内部自治，从1962年起以美元作为官方货币。BVI实行民主管理体制，由执行委员会（Executive Council）和一院制议会负责一切事务。前者包括一名总督和四名由选举产生的部长及检察总长，后者则通过民主选举产生，四名已选出的部长亦包括在内。

BVI离岸金融业的发展与其吸引人的税收制度、完善的法律体系等一系列良好的基础和条件是分不开的。

第一，BVI的税收制度。岛上以免税和低税见长，除印花税外，不开征资本税和遗产税。对于在未签订避免双重征税条约的国家支付的税款，BVI允许对此类税款进行税额抵免。各种离岸实体在BVI享受着不同的税收优惠。国际商业公司可依法免除所有BVI的税务。

信托公司如果从事纯离岸信托业务，即受益人是BVI非居民、不拥有BVI土地、不在BVI开展业务，则可享受除50美元"信托税"（Trust Duty）以外的免税优惠。

其他BVI居民公司和非居民公司。前者指在BVI被管理和控制，公司中大多数董事是BVI居民，这类公司在全球范围内的一切收入扣去支出后均应纳税；后者的纳税范围只限产生于BVI或汇入BVI的收入。BVI裁定的基本税率为15%，但是，如果一家居民公司90%的收入产生于海外，则90%收入部分只需缴纳1%的税。

第二，BVI的法律体系。BVI非常重视法律建设，岛上现有的法律是在英国法律基础上加以修改而成。岛上没有外汇管制，资金可以自由出入。近年来，BVI加快了立法步伐，不仅对原有的《银行和信托公司法》《受托人法》《国际商业公司法》以及《公司管理法》进行了修订，同时建立了一套涉及面更广的法律。新提出的议案包括普通合伙和有限合伙、破产、互助基金管理、船只注册登记、版权、商标、专利等各方面。

除此之外，BVI还有完善的基础设施、先进的光纤电信系统、完善的金融服务和监管体系，以及政府承诺持续发展金融业等一系列促进离岸业发展的优势。

②BVI离岸公司的管理

BVI以全球离岸公司基地而著称。自1984年颁布《国际商业公司法》，宣告离岸业开始至今，在BVI登记注册的国际商业公司已有十几万家，且每年以30%左右的速度递增。

BVI的企业可分为两类：一类是国际商业公司，另一类是普通公司。

国际商业公司适用《国际商业公司法》，但亦有限制，包括：a.不得与BVI居民开展业务；b.不得在BVI拥有不动产权益，租用于办公的除外；c.未经许可不得经营银行、信托业或公司管理业务；d.未经许可不得经营保险或再保险业务；e.不得向BVI上市公司提供已登记注册过的办公场所或代理人；f.其他BVI法律禁止的业务。

国际商业公司的成立需要公司备忘录、公司章程等有关文件，同时须在BVI拥有一处经登记注册过的办公场所和一位经登记注册的代理人，公司的命名须事先明确，要求是不能同其他公司重复或引起误解。公司只被要求设立一名董事和一位股东，对董事和股东的国籍没有限制。公司可以发行多种形式的股票，包括记名或不记名股票，有面值或无面值股票，以及多种股混合在一起的股票。公司也可以多种货币发行股票，BVI对于国际商业公司没有最低注册资本要求。公司可随时修改其备忘录和章程，只要董事或公司成员决定即可，但决定的书面摘要和必需的费用须交给注册机构以确保变更登记生效。公司是一个高度保密的实体，BVI只要求公司将成立的有关文件和修改公司备忘录和章程的决定交给公司注册登记处归档。但是，BVI要求国际商业公司每年续领一次营业执照，并缴纳一定的费用。

③BVI离岸金融中心的主要业务

BVI在发展离岸公司的同时，亦非常重视离岸金融业的发展，以确保其离岸金融中心的地位。1990年，BVI颁布了两项有关银行、信托及公司管理的法令，它们是《银行信托公司法》及《公司管理法》，这两项法令对于从事银行、信托和公司管理的从业人员进行管理，主要允许发放下面六种经营许可证：a.普通银行许可证；b.有限制的一级（Class Ⅰ）银行许可证（限制银行与BVI居民之间的业务）；c.有限制的二级（Class Ⅱ）银行许可证（只允许与企业中指定的人进行交易）；d.普通信托业许可证；e.有限制的信托业许可证（只允许与企业中指定的人进行交易）；f.公司管理许可证（持有信托业经营许可证者除外）。

这两项法令详细规定了上述六种许可证须遵守的最低实缴资本金、年许可证费、会计和审计以及其他与申请者有关的要求。一般而言，申领经营许可证需首先通过一名律师或一个注册代理人提出申请，银行、信托及公司管理机构鼓励申请者直接提出有关咨询，该机构同时还负责对上述六种许可证行使监督管理职能。

银行可在BVI建成为国际商业公司，只要其业务完全是离岸性质的。

1993年，BVI对1961年的《受托人法》进行了广泛的修改，使之更符合形势所需。经修正的《受托人法》于1993年11月1日开始生效。其中一些主要的条款包括信托业适用的法律、定向信托（purpose trust）、永久所有权、保函条款、受托人权限一览表等，这些经修改后的新条款简化了业务程序，推动了信托业的发展。

在开展保险业方面，BVI一直为那些合法的、资本充足的保险公司提供异常吸引人的业务环境。BVI的保险管理条例只是用来鼓励新业务，特别是开发专业保险和再保险，政府对于新的专业保险公司和再保险公司的注册登记和监督采取非常灵活的政策。

（3）开曼离岸金融市场

①开曼发展离岸金融市场的条件

开曼位于牙买加和古巴南部海城中间，距牙买加200海里（约370千米），距美国佛罗里达州475海里（约880千米），面积259平方千米。它由四个岛屿组成：开曼、大开曼、开曼布拉克和小开曼。首都乔治敦位于大开曼岛上。开曼拥有自己的立法、司法和执法机构，法律系统延用英国普通法（English Common Law）。

开曼官方货币是开曼元。开曼经济有两大支柱产业：离岸金融业和旅游业。开曼是世界第五大金融中心，其金融资产屈居伦敦、东京、纽约、香港之后。它的形成与其他离岸中心一样，拥有健全而宽松的金融法律制度，低税率，良好的投资环境，众多的专业人才。其中最为引人注目的是税率政策与金融自由化。

第一，税率政策。开曼执行的是低税率政策，政府对公司和个人不征收所得税、财产税、增值税、资本转移税等，政府的收入主要靠间接税，如进口税、土地购买税等。对银行、信托、共同基金、保险等征收的年检费也很少，最多的是42 000开曼元，最少的是400美元。这些费用的多少依各机构业务范围而定。

第二，金融自由化。开曼对金融业管理制定有健全的法规，但在管理上也呈自由化趋势。1980年，开曼取消了外汇管制，对各类金融性公司的审批手续简便且宽松。对跨国银行和信托公司的经营活动没有过多限制，完全放开从事欧洲市场美元交易。对流动资本和资本清偿比率的要求不大严格。对合法减少或推迟本国的税收提供可能的便利，绝大多数银行、信托公司、保险公司都从事离岸金融业务，利润可以保留在境外也可自由汇入。

②开曼离岸金融中心的主要业务

a.银行与信托业

在开曼的银行有两大类：持A种许可证的银行与持B种许可证的银行。银行与信托公司的注册必须遵照《公司法》和1989年的《银行与信托公司法》。持A种许可证的银行既允许经营当地业务又可以经营离岸银行业务；

持B种许可证的银行只允许经营离岸银行业务。对于资本金，持A种许可证的银行最低资本金一般不少于400 000开曼元，持B种限制性许可证的银行资本金不低于20 000开曼元。

开曼对银行的经营活动限制较少。银行通常开展的业务有存款业务、欧洲货币借贷、债券及银团贷款、浮动利率票据的发行、期票等私人银行业务、票据贴现、分行银行业务、信托业务等。在费用的交纳方面，开曼也是较低的。

开曼是开展离岸信托业务理想的地区之一。开曼对信托业有一套完整的法规，受托人必须严格履行他们对委托人的各项职责。信托公司领取的信托许可证也分为三类：（1）信托许可证，允许经营法律规定范围内的一切信托业务；（2）有限制信托许可证，只能经营指定的或核准的信托业务；（3）委托信托业务许可证，只能办理受托人代理业务。

b.共同基金与保险业

目前在开曼设立的共同基金达600多家。基金迅猛发展的原因有三个：一是开曼有一套健全的法律体系，二是经营成本远远低于其他地区，三是开曼有众多富有经验的投资者。

开曼的共同基金有三种类型：

第一，领有许可证的共同基金。发起人须向监察官员递交申请报告，监察官员审查认定该发起人信誉良好，基金经营人才合格且充足，基金业务与资产能很好地运营就可以获准，且每年都要缴纳年检费。

第二，私营部门共同基金。登记较简便，基金管理人必须符合政府制定的规定并支付管理费即可获准。

第三，共同基金。又分为两种类型：一种是高级投资者基金；另一种是股票交易基金，经监察官员审定批准从事股票交易的基金。

开曼是世界上保险业发达的地区之一，岛内汇集注册保险公司400多家。此外，还有私有保险公司、再保险公司、人寿保险公司和专业保险公司等。开曼的保险公司须遵照1979年颁布的开曼岛《保险法》从事各项保险业务，该法规定了承保人、经纪人、机构设置及保险许可证发放条件等。在开曼注册的银行获准可经营保险业务，其经营许可证亦分两种：A级可经营岛内一切保险业务；B级经营离岸公司的保险业务。

2.混合型离岸金融中心

（1）伦敦离岸金融市场

①伦敦离岸金融市场的产生背景

伦敦是世界上最早产生离岸金融市场的城市。伦敦作为世界上最大的离岸金融中心，最早发展离岸金融市场，这与这座城市优越的政治制度环境和独特的区位优势是密不可分的。

第一，伦敦拥有得天独厚的地理优势。由于时差关系，伦敦能够在开始营业时受理亚洲金融市场发出的交易，在结束营业时与北美市场交易相衔接，因此很早就成为各大金融中心的枢纽。这种独特的区位优势不仅能够吸引各类金融机构，而且还为它们的发展提供了广阔前景。在位于伦敦的泰晤士河北岸2.54平方公里的地区内，有一个被称为“伦敦城”的区域，不但具有400多年的悠久历史，而且已成为众多国际金融机构的积聚地。

第二，伦敦是世界上发达的国际经济、贸易和金融中心。早在18世纪60年代到19世纪40年代，英国的工业革命就推动了英国资本主义经济大发展，使英国经济实力不断增强，对外贸易迅速扩大。于是，作为英国经济、政治、文化中心的伦敦便自然成为世界经济、贸易中心，而伦敦国际经济和政治中心地位必然又促进其国际金融中心地位的形成。伦敦对各类金融机构的吸引力来自于其通信便利、信息技术发达、计算机联网及证券交易所自动报价系统（SEAQ）便捷等。伦敦的金融机构种类齐全，数量众多，世界前一百家大银行在此均设有分支机构。另外，国际金融业务的长期对外开放还培养和造就了大批银行家和经验丰富的律师与会计师队伍。

第三，二战后，英国政府为恢复经济采取了灵活的金融政策，而且英国政府历来十分注重保护外国资本的利益，即使在战争时期也不例外。二战以后，欧洲经济亟待恢复，英国政府为了巩固伦敦国际金融中心地位十分重视金融业发展，对银行业的管制和干预较少，他们鼓励银行自我约束、自我发展。英格兰银行允许外国银行在伦敦自由设立分支机构，并保证其在同等条件下与英国银行自由竞争。这些政策措施极有利于国际金融业的发展。

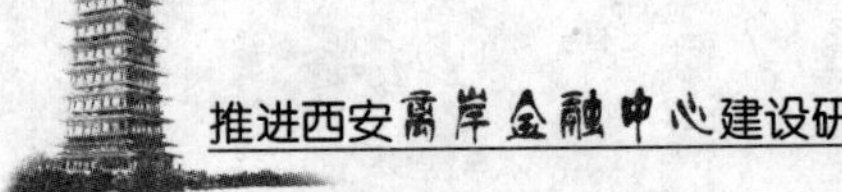

②伦敦离岸金融市场的发展

伦敦于20世纪60年代出现欧洲货币市场，也就是后来的离岸金融市场。由于该市场存在于美元发行国之外，无论是伦敦各银行之间的美元存放，还是除美国以外的别国同业银行之间的美元存放，相对于美国都是境外美元交易，因此，这类交易不受美国和英国的法律管制。

二战后，美国为改善国际收支状况采取了一系列限制措施，而伦敦的商业银行以较优惠的利率吸收了大量美元存款，加上美国因逆差而造成的美元资金外流形成了欧洲货币市场。美国的银行为解决国内企业和跨国公司的资金需求，纷纷在伦敦设立分支机构，在欧洲货币市场上大力开展欧洲美元的存放业务，并在伦敦发行可转让的美元定期存单，从而使伦敦欧洲货币市场成了一个规模庞大的国际资金市场。进入70年代，美国年年出现国际收支逆差，石油输出国组织成员国以美元为主的大量石油收入，使欧洲货币市场的规模急剧扩大，整个欧洲货币市场业务量的四分之一以上集中在伦敦，该市场经营的货币包括所有主要发达国家的货币，业务范围遍及全世界。

第一，伦敦货币市场资金来源与运用。伦敦欧洲货币市场除以上述欧洲美元市场为主外，其资金的主要来源首先是银行，它们吸收非银行客户的非英镑存款再行贷出；其次来源是富有的个人、各国的中央银行，特别是石油输出国组织各国的中央银行以及把多余资金做短期投资的跨国公司。伦敦欧洲货币市场的主要资金出路是贷给借款人包括各国政府（如包括英国在内的西欧国家、东欧国家以及发展中国家政府），它们通过借款来平衡国际收支逆差和发展工业。此外，还有国营工业和私人部门，而更重要的则是银行之间的拆借。银行所吸收的非英镑存款常有多余，以此贷给其他欧洲银行。

伦敦欧洲货币市场的交易往往由外汇经纪人居间安排，通过电话电报联系，银行内部也由外汇部门经办。存款利率分固定利率和浮动利率两种，到期可依照到期日的市场利率继续转让。放款业务是无抵押的信贷业务，除经营银行同业短期拆放外，也对企业贷放中期贷款，其后也对外国政府、国际机构和跨国公司贷放中长期贷款，对数额巨大者还联合若干家银行组成银团方式贷款。

第二，伦敦欧洲债券市场。伦敦欧洲债券市场除同业存放和中长期贷款外，还通过伦敦欧洲债券市场以发行欧洲货币债券的形式提供所需的长期资金。20世纪60年代美国限制资金流出后，跨国公司无法筹到足够的资金，便在伦敦发行长期债券，这些债券大多以美元和联邦德国马克为单位，由伦敦的银行代为发行。伦敦还存在这类债券的转让市场，起先主要集中于伦敦（以及卢森堡），那里大多数交易是买卖双方直接进行交易，价格以包括交易费用在内的净价为基础。市场的参加者包括银行，而银行本身就是东家而不是代理人。

伦敦欧洲债券市场也和欧洲货币市场一样，并没有固定场所。但大多数由国家发行的欧洲债券都在证券交易所挂牌。

第三，伦敦其他通货存款证市场。伦敦欧洲货币市场的发展还推动了其他通货存款证市场，特别是欧洲美元存款证市场的发展。以其他通货标值的存款证最早最重要的是美元存款证。伦敦市场的欧洲美元存款证期限从1个月到5个月，以1年期以下最有市场。发行面额较英镑存款证为小：短期（短于1年）从最低为1000美元到25 000美元，中期的（5年期以下）为10万美元。面额不大是欧洲美元存款证的优势，这对非银行小投资者很有吸引力，为被排除于欧洲市场（在那里最低交易额以百万美元计）之外的这些人提供了参加欧洲通货投机活动的机会。

欧洲美元存款证的性质和前述英镑存款证相同，也是可转让的持票人证券。欧洲美元存款证也有极活跃的二级市场。其交易额甚至超过欧洲债券二级市场。欧洲美元存款证和英镑存款证一样，也是到期付息的证券，其收益率且高于美国国内美元存款证。这是它不受美国准备金要求和联邦存款保险约束的结果。

除欧洲美元存款证外，还有其他欧洲通货存款证。1981年以后又有特别提款权存款证。特别提款权存款证市场是伦敦的若干国际银行组织的。特别提款权证可以用任何可兑换的通货支付，随贷款人的意愿，兑换率按特别提款权原规定计算。其利率按5个组成通货的欧洲通货利率加权平均计算。因此这种存款证的市值和利息相对稳定。

总之，伦敦欧洲货币市场是英国新型货币市场中最重要的市场。

③伦敦离岸金融市场的特点

第一，交易的币种非本币。即伦敦离岸金融市场交易的货币不包括所在地国家的法币，除了法币英镑以外其他任何欧洲货币都可以在这个市场上进行交易。尽管1979年英国废除外汇管制后，居民与非居民之间英镑账户的转移全部自由化，而且在伦敦的银行也可以经营欧洲英镑的存放业务；但这种交易仍然只能通过英吉利海峡群岛如泽西岛的离岸金融市场来达成。银行在那里设机构，但不一定派人去，可以通过电信设备进行交易，当然最后交易的银行英镑账户之间的转账结算仍旧在伦敦进行。所以从立法的角度看，伦敦仍然是不能直接经营英镑业务的离岸金融中心。

第二，参与者界限比较模糊。伦敦金融市场参与者不存在经营范围上的限制，无论是经营传统的国际金融业务还是离岸金融业务，在岸业务与离岸业务都没有严格的界限（即“内外一体”）。非居民可以经营在岸业务，但必须申请“全面业务”执照，交纳存款准备金和有关税款。当然英国政府严格控制“全面业务”执照的发行，因此，离岸业务规模还是占主导地位。

第三，国际化特征非常明显。伦敦离岸金融市场是英国国内金融市场与国际金融市场发展到一定阶段相互渗透的结果，其存在的环境也是国内金融市场和国际金融市场的一体化，无论是货币市场、证券市场还是外汇市场，都显示出这种国际一体化的基本趋势。而且欧洲货币市场的发展，打破了不同市场之间的界限，银行业的英镑业务和外国通货业务很快连成一体。证券交易所改组成国际证券交易所之后就成为世界上最国际化的交易所。这些国际化表现又同时显示了英国国内金融市场和国际金融市场的一体化，例如英镑货币市场和欧洲货币市场相通，参加资本市场活动的投资者常常要同时进行外汇交易。这是近年来金融市场大发展的必然结果，加之管制放松，各类市场日益互相依存，它们中间的界限日趋模糊。

（2）香港离岸金融市场

①香港离岸金融中心形成的背景

香港金融业形成规模是在第二次世界大战前夕。这是因为二战以后香港在其传统自由港经济的基础上进入了工业化阶段，建立了出口加工制造业，为其金融业的迅速崛起提供了内在需求和动力。随后，香港迅速发展成为国际性的金融中心。

尤其到20世纪70年代以后，香港金融市场迎来了高速发展时期。因为此时正逢国际金融资本向亚洲扩张、国际热钱寻求新的投资点之际，大量境外金融机构纷纷涌入香港。到1976年，西方最大的40家商业银行在香港设点，1980年香港115家持牌银行中，外资银行占88家。这些银行不仅改变了以往主要依靠港资的做法，而且大量借调境外资本向香港扩展国际信贷业务。因此，香港金融市场得到加速发展。从1970年到1980年，香港商业银行和财务公司合计资产负债值增长了19倍，其中贷款增长近20倍，存款增长近10倍。这一时期境外银行在香港的同业资金从18.45亿港元上升至1177亿港元，增长了62.7倍，香港存放的境外同业资金由57.22亿港元上升至908.9亿港元，增长了14.8倍，境外贷款也由1971年的6.3亿港元增加到1980年的294.3亿港元，这都表明香港参与国际金融活动的程度加深，境外业务量明显增加。此外，这一时期还有大量外资背景的财务公司、投资顾问公司、基金公司、代理人公司等金融机构带动了香港金融市场向多元化方向发展。债券市场、银团贷款的兴起，股票市场、外汇市场和黄金市场规模的日益扩大使香港在国际金融市场上的地位不断提升。

与此同时，香港诞生了离岸金融业务，并不断发展形成了一定规模的离岸金融市场。综观香港20世纪70年代金融市场的发展，一个突出特点是其金融业务量的增加与境外业务量的增大同步进行。从对境外的资产负债情况来看，香港对境外的贷款占总贷款比例由1970年年底的4.2%上升到1978年年底的54.4%，对境外负债占总负债比例由1970年年底的11%上升到1978年年底的42%。可见，香港金融市场的发展在相当程度上具有“境外”特色，香港国际金融中心拥有一个发达的离岸金融市场。

不过，由于历史的原因，香港在其金融业的兴起和发展中，以英资为首的外资金融机构的参与占据了重要地位。港英政府在1973年以前一直实行外汇管制，而且在1982年以前对外币存款一直实行征收15%的利息预扣税政策。这使得香港在吸收外币存款上与新加坡的离岸金融市场相比处于

不利的竞争地位。1980年年底，新加坡吸收的境外外币存款为543.9亿美元，而香港同期为300亿美元。另外，加上本地居民不能自由从事外汇业务政策的约束，香港在很长时间内不能形成在岸金融市场与离岸金融市场的统一。

20世纪70年代以来，香港为促进其金融业的全面国际化实行了自由的、开放的和最低干预的经济政策，先后于1973年取消外汇管制，1974年实行港币汇率自由浮动，并且开放黄金市场，1978年放宽对外资来港设置机构的严格限制，1982年3月取消对外币存款征收利息预扣税。这些措施扫清了香港发展离岸市场的障碍，离岸金融获得迅速发展。另外，取消外汇管制为居民离岸外币或进行外币投资打开了大门，实现了金融市场业务和离岸业务的统一。

②香港离岸金融业务

20世纪80年代以来，离岸业务在香港金融市场上迅速发展。不仅传统的银行存贷款业务离岸性明显增强，而且离岸业务在信贷市场、股票市场、债券市场以及外汇市场等方面都得到了不同程度的创新。离岸业务经营的多样性使得香港成为一个重要的国际离岸金融中心。

第一，信贷市场中的银团贷款业务。银团贷款是一种由多家银行以及金融机构联合组成的贷款集团向某一借款人提供巨额贷款的中长期资金融通业务。20世纪70年代中期以前，亚洲国家和地区的银团贷款往往都是由伦敦金融市场来集中安排，然而不充分活跃。依托香港自由开放政策优势(例如在港外资金融机构众多，它们大都资金来源广泛，且能迅速从欧洲货币市场筹集大量资金；香港对境外美元贷款的营业收入免征营业税政策的出台)，在香港的许多金融机构便迅速组成各种各样的银团，不断扩大银团贷款以满足亚洲国家和地区经济增长带来的旺盛需求。到80年代，由香港金融机构参与或由它们牵头安排的银团贷款已逐步形成规模。这使得香港成为世界第四大银团贷款签约中心，满足了大约50%的亚洲地区对银团贷款的需要，显示出香港作为这一地区银团贷款最主要资金融通中心的地位。

香港的银团贷款很大程度上属于在港银行所经营的离岸业务范畴。这一市场的主要组织者是来自美国、日本以及欧洲国家的国际性大银行（或其所属专营批发性银行业务的财务公司。其中最活跃的有大通亚洲、美银财务、住友财务等，它们提供的贷款资金大都由欧洲美元市场和亚洲美元市场拆入或由母公司调动）。与此同时，银团贷款市场上的主要借款者是亚太地区的发展中国家与地区。

第二，股票市场中的离岸业务。香港股票市场上离岸业务的开展主要体现在外资进入香港以后通过股市聚集，再流向各个来港上市的境外公司。香港股市虽有100多年的历史，但它形成相当规模并成为亚洲主要股市之一还是70年代尤其是80年代以后的事。

20世纪80年代，香港股市经历了“四会合一”的重要结构性调整。1986年4月，“香港联合交易所”取代了原来的四家证券交易所，不久即被国际证券交易所联合会接纳为会员，这使得港股成为国际有价证券，大大有利于外资金融机构对香港股市的参与。虽然缺乏具体资料显示境外投资在香港股市所占比例，但从联交所经“公司会员”进行的股票交易可发现（境外投资者主要是通过这类“公司会员”投资于港股）。此外，80年代以来香港股市不断加强监管，完善运作制度并积极向国际惯例靠拢，因此其日趋成熟，国际地位显著提高。

进入20世纪90年代，由于欧美及日本经济发展停滞，资金利用率低，国际资本积极寻求能带来高收益的投资点。香港股市以它所具备的优势再一次赢得了发展机会。这些优势主要体现在：a.中国经济的持续高速增长为西方投资者普遍看好，香港则被视为进军中国内地的跳板。许多来自美国、英国、日本等国家和地区的企业来港上市，希望利用这里的股市筹资供其在港或临近亚洲地区发展业务。b.迄今，在香港股市上中国内地控股上市企业的股票市值已占总币值的三分之一以上。这无疑增加了投资选择，改善了香港股市结构。c.没有外汇管制，资金进出自由。d.实行联系汇率制，外资投入没有外汇风险。e.股市市盈率较欧美市场更低。对境外投资者来说，投资股票相对便宜。正是凭借这些优势，越来越多的外资机构和基金到香港股票市场投资。

第三，债券市场中的离岸业务。香港的债券市场是指不论发行货币种类、发行机构注册地点、利率结构和发行后挂牌上市所在地等因素，在香港安排年期在三年以上的各类型债券公开发行的市场。香港债券市场在20世纪70年代中期以后渐具规模。如果以活动范围和发行货币种类来区分，香港债券市场既包括在岸市场（指港元债券，其供求活动主要集中在香港），也包括离岸市场（指通过香港金融机构组织发行非港元债券，并且其买卖活动都超逾香港的范围）。其中，离岸债券市场的发展过程可以由外资在港发行非港币债券的情况中大致看出。离岸债券业务的开展成为推动香港债券市场国际化发展的重要因素。

第四，外汇市场中的离岸业务。香港外汇市场从传统的主要经营港币与英镑之间的兑换逐渐向国际性市场转变是由一系列因素促成的，如1972年英镑实行浮动汇率制后港币改为与美元挂钩，1973年取消外汇管制，以及1974年港币实行浮动汇率制等。由于外汇市场的不断开放，加上所处有利时区，香港逐步成为上连纽约，下接伦敦的环球全天候外汇交易中间站，为国际离岸金融活动提供了新的选择点。

20世纪70年代中期以来，香港外汇市场上港元与美元间的交易不断扩大，以美元兑换其他货币的新市场也随之形成并发展起来，而且与境外其他主要外汇市场建立起了联系，世界各大银行几乎都是这一市场的参与者。上市交易的主要外币有美元、马克、日元、英镑、瑞士法郎、澳元和加拿大元，而且它们的交易主要是由来自境外和设立在港内的外资金融机构进行。这使得香港成为美元等国际主要货币在亚洲的离岸交易中心。

③香港离岸金融市场特点及其未来发展前景

香港的离岸金融市场，既不同于开曼、巴哈马等金融中心，也不同于美国纽约、新加坡、日本东京等离岸金融中心，而是与伦敦离岸金融中心有点相似，即香港的离岸业务是自发形成的，和在岸市场并没有严格划分开来。其原因可能首先是因为受英国做法影响较大。其次，香港的离岸业务在法律上也没有什么特殊的优惠和监管，本地的和外资的金融机构地位平等，公平竞争，皆可参与在岸的和离岸的各种金融活动。

香港没有中央银行，实行的是联系汇率制度，港内金融长期以来就一直与国际市场紧密联系。同时，香港具有时区优势，填补了纽约和伦敦间的时差空隙，有助于全球24小时金融服务。因此可以说，香港对开展离岸金融业务具有极大的吸引力。

目前，在港的外资银行机构比较多，离岸金融市场资产规模不断扩大，而且香港也显示出信心和决心要巩固和发展香港国际金融中心的地位。因此，随着国际交流与合作的不断扩大，香港离岸金融市场的发展前景是很光明的。

3. 内外分离型离岸金融中心

（1）纽约离岸金融市场

美国纽约离岸金融市场又被称作国际银行设施（International Banking Facility，简称IBF），该市场于1981年6月由美国联邦储备银行正式批准，并于同年12月3日正式开业。它的设立对国际金融中心的发展产生了深刻的影响，提高了美国的国际金融地位，增强了美国银行的国际竞争能力。

①国际银行设施的产生背景

20世纪80年代初期，美国正式建立国际银行设施是有其深刻背景的。纽约是美国最大的金融中心和全国金融机构的聚集地。纽约在国际电信设备、金融服务系统等基础设施方面享有的得天独厚的优势，使其成为世界最大的国际金融中心，国际资金大量流向美国，国际借贷活动与资金筹措也多集中在纽约。20世纪60年代以后，由于美国为应付国际收支赤字，实施了以限制最高利率为主要内容的《Q条例》，采取了一系列限制国外信贷的措施，外国资金流入受到抑制，纽约作为资金集散中心的地位逐渐被伦敦取代。据英国《银行家》资料显示，1981年年底，在伦敦设有分行办事处的外国银行达355家，但在纽约的却只有255家，伦敦作为欧洲货币市场的经营中心，商业银行的外国货币资产高达5590亿美元。而纽约则根本没有一个正式的离岸金融市场。因此，美国国内大量的国际银行业务转向欧洲及其他离岸市场，美国国际金融市场的吸引力逐渐降低。如何提高国内银行的国际竞争能力以便吸引更多的国际银行业务，便成为美国政府和金融界共同关心的课题。

第一，国际银行业务的飞速发展产生了巨大的需求。第二次世界大战以来，全球国际经济活动迅猛发展，国际贸易、国际投资都取得了长足的增长，国际资本流动日益庞大，国际银行业务迅速扩张。尤其是20世纪70年代中后期，由于石油价格上涨，石油输出国组织成员国出现了巨额资金盈余，同时另外一些国际收支逆差国又有强烈的借款要求，为此，国际性的银行在继续进行传统的非居民银行业务往来的基础上，把业务范围扩展到其他国家的国内市场和欧洲货币市场。在管理方面，世界各大离岸金融中心不受利率上限及准备金相关规定的影响。在税收方面，离岸金融中心以免税或以极低的税率产生巨大吸引力。在贷款方面，欧洲货币市场往往采取无抵押放款方式，使借款者乐于在此筹集资金。这样，巨额资金源源流入离岸金融中心，既能避开一些国家对银行业务的管理和限制，又能追求到更大的利润。

第二，美国银行业的国际突破构成了内部动力。在美国当时的法律监管下，美国金融市场上进行的国际业务主要包括那些在美国注册的银行和国内分支机构对外国客户办理的存款、放款业务，以及其国外机构办理的同外国客户的业务往来。美国的一些银行要想开展欧洲货币的存放款业务只能通过在外国建立的附属机构来进行。因为自从1950年代末欧洲货币市场形成以来，美国政府一直不准美国银行在国内经营欧洲货币业务。与其信贷和利率等法律限制比较严格的国内金融市场相比，欧洲货币中心具有管制松、税负低、费用廉等优势，故美国银行不得不通过国外分行在欧洲、加勒比海和新加坡等离岸金融中心办理欧洲货币的信贷业务。

起先，美国政府对美国银行在海外设立分支机构并不介意，甚至还采取措施鼓励美国的中小银行在巴哈马和开曼等国家建立“壳分行”（shell branches）。可是，经过将近20年的实践，美国金融机构的海外发展非常迅速，甚至直接威胁到纽约国际金融中心的霸主地位。20世纪60年代以前，只有美洲银行、万国宝通银行和大通银行等少数大银行在国外设立了分支机构，而到了1970年，美国银行在国外设立分支机构536家，其中在英国44家，西欧其他国家72家，巴哈马群岛61家，拉美国家223家，东亚79家，世界其他地区57家。在1973年年末到1983年12月的10年间，美国银行国外机构的资产总额和对有关机构的债权净额达3000亿美元以上，增长了200%。到1983年年末，国外附属机构的资产总额和对有关机构的债权净额达680亿美元。美国在国外的分支机构对外美元负债额约2370亿美元，占负债总额的75%左右。

第三，纽约国际金融中心巩固发展的需要。当更多的美国银行将其业务向在境外的离岸中心分支机构倾斜发展时，美国银行的国内竞争能力就被削弱了。因此，增加美国国内金融市场的吸引力，提高美国银行的竞争能力势在必行。为了加强对欧洲美元的管理，恢复并保持美国本土的国际金融活动，1970年代初，纽约的一些大银行提出了建立银行自由区的设想，建议在该区内免受联邦政府和州政府的法律管理，可以自由经营国际业务。在金融界的推动下，纽约州于1978年通过一项法令，准许本州从事某些国际银行业务的银行机构免交州或地方所得税。

这项计划虽得到了纽约州立法机关的批准，但在美国金融界引起了广泛争议。一种意见认为：开立境内银行自由区后，欧洲美元存款几乎可以替代国内活期存款，国际金融业务和国内金融业务之间可能发生资金漏损(Leakage)，外国和美国公司会利用它们在海外的分公司将两种存款转来转去，从而加剧通货膨胀，为国内货币供应量的管理和货币政策的实施增加困难；美国银行可能通过其海外分行在国内货币市场和欧洲货币市场之间套汇而逃避《Q条例》和《D条例》等法律条令的监管。直到美国联邦储备当局经过深入研究，逐渐认识到上述担心可能过分了以后，开辟银行自由区、建立国际银行设施的好处才得以认可：

a.可以将一部分境外美元吸引回国内，便于联储对这部分境外美元的管理和监督，观察研究其活动，并制定相应的对策。

b.在美国本土开辟银行自由区后，美国银行可以直接从事境外美元业务，美国政府可以有正当理由同有关国家达成合作管理欧洲美元的国际协定。

c.联储可以通过将本国货币活动与国际银行设施的交易活动隔绝开来，以及利用公开市场活动等措施来解决美国银行利用国际业务和国内业务的联系逃避当局货币政策管理、影响货币政策的有效性等问题。

于是，联储于1980年11月宣布同意在纽约开辟银行自由区，允许美国和外国银行在纽约建立国际银行设施，经营离岸金融业务。

1981年12月，美国联邦储备理事会修改《D条例》和《Q条例》，美国的各类存款机构、公司以及外国银行设在美国境内的分行和代理机构均可以建立一套独立的、只反映其国际银行业务往来的会计账户，此类账户可以享受联储理事会颁布的法律豁免条例和税收优待。这样，国际银行设施正式建立。

设立国际银行设施的主要规定有：

a.利用国际银行设施从事国际银行业务免于缴纳存款准备金和不受存款利率限制的，只限于吸收外国银行、外国公司、外国居民、其他从事国际银行业务的机构的存款，或向外国居民及其他从事国际银行业务的单位机构提供的贷款。

b.国际银行设施不得接受美国居民存款或向美国居民贷款。国际银行设施不得向居民发行可转让的定期存款单，不得做银行承兑业务或其他可转让票据业务。

c.国际银行设施只能接受国外非银行客户用于支援海外业务的存款，并只对需要资金融通的海外业务提供贷款。联邦储备委员会要求国际银行设施将这一政策通知所有非银行客户，对于美国公司在国外的联支机构，则要求他们必须书面确认。

d.国际银行设施只能吸收外国居民、外国银行、美国在外国公司的存款，存款的最低金额为10万美元。非银行客户提取存款需提前两天通知，银行提取的通知期为一日。

e.国际银行设施的负债和资产可以是任何一种货币。根据规定，国际银行设施既可以吸收外国居民（包括银行）和其他国际银行设施的定期存款，也可以向这些外国居民（包括银行）和其他国际银行设施提供贷款，前提是这种国际存贷款业务只能用来协助上述存款户在美国境外从事业务活动。

②纽约国际银行设施的特点

国际银行设施只是美国联邦储备银行专门为处理非居民之间存放款业务而允许设立的一套资产与负债账户，性质上并不是一种独立于银行之外的组织机构。国际银行设施也是金融机构为记载其在美国开展的国际银行业务以及与此有关的收支状况所专门设立的一套资产负债账户。国际银行设施除了是以美国本土为其所在地之外，其职能及业务性质与美国银行在境外设立的分行十分相似。因此，从联邦储备理事会的角度看，建立国际银行设施后美国国内的银行就能够通过经营国际银行业务来达到提高其国际竞争能力的目的。同时，在联储理事会对《D条例》和《Q条例》做出若干重要修正后，国际银行设施在法定储备金方面享有与欧洲美元相同的待遇（1990年12月起后者的储备金比率已由原来的3%降为0），美国境内银行可以为外国存款账户提供与欧洲美元存款相类似的优惠利率。这样，美国银行可以通过建立国际银行设施的形式，在美国境内享受到许多原来只能通过建立离岸银行才可以获得的好处。国际银行设施可以把美国银行以逃避美国的税收和法律为目的而在加勒比海地区，亚洲、欧洲等地设立的经营境外离岸金融业务（Offshore Banking）的分行吸引回美国来。

但是，与美国国内金融活动相比，美国联邦储备委员会对IBF的规定有以下几个方面不同：

a.成员资格。凡获准吸收存款的美国银行和外国银行，只要在规定时间内通知联储委员会，表示同意遵守有关规定，设立专门账户以区分境外美元和国内美元，均可以申请加入IBF成为其成员。

b.优惠待遇。IBF的交易可豁免存款准备金、利率上限、存款保险，交易者还可豁免利息预扣税和地方税。

c.存贷款规定。IBF的交易严格限制在会员机构与非居民之间进行，即一家IBF只能向非美国居民、其他IBF和它的总行借贷资金，不能向美国居民进行借贷。存放在IBF账户上的美元视同境外美元，与国内美元账户严格分开。美国总行从分行IBF所获得的资金视同从境外分行获得的融资，要交纳与后者比率相同的准备金。

d.业务限制。IBF只准吸收定期存款，最低存款额为10万美元。对属于银行机构的客户可接受隔夜存款；对非银行客户，存款期限至少为2天，或必须在提款前留有2天的通知期。禁止接受活期存款和储蓄存款，禁止发行可转让存单、银行承兑票据或其他可自由转让的信用工具。但可以从事信用证及美国政府债券业务；还可以从事有限的几种二级市场交易，经营贷款，参与放款及有价证券、存单的转让等。

概括起来说，纽约离岸金融市场的特征是其业务范围包括市场所在国货币（即美元）的境外业务，而在管理上将境外美元与美国境内美元严格分账，这便是离岸金融市场的纽约型特征。

③美国国际银行设施的作用

允许美国和外国金融机构建立国际银行设施，设立管制少、有吸引力的经营环境，其本质是设在美国本土的“欧洲货币市场”。国际银行设施的建立是国际货币金融领域的重大发展，立即起到了关键的积极作用，不仅没有影响其国内货币体系的正常运作，而且还为纽约建立了一个可以与伦敦的欧洲货币市场相匹敌的离岸金融市场。

a.提升了美国银行业的国际竞争力，使得美国银行在本土就能够从事离岸金融业务，而不必到境外离岸金融中心设立分支机构。这种成本的降低，第一次使得美国国内较小的金融机构也能参与某些种类的国际业务。从此，美国银行业获得了与外国银行公平竞争的同等条件，使得美国在国际银行业中的竞争地位显著增强，据统计，在国际银行设施设立后的第一个十年间，纽约的外国银行已增加为285家，显示出直追伦敦的势头（伦敦379家），纽约作为国际金融中心的地位有所加强。

b.给美国经济发展带来了活力。它的设立带动了美国银行业和有关的服务行业的发展，提供了许多就业机会，减轻了政府负担。另外，大量的外国银行在美国设立分支机构，使得美国政府还可以获得一笔额外的财政收入。

c.显著提高了纽约国际金融中心的地位。国际银行设施建立之初，有150家美国境内银行（包括美国拥有的和外国拥有的）向联储提出了建立该设施的申请。纽约拥有IBF总资产的80%，成为美国最大的离岸金融市场，从而加强了纽约作为三大国际金融中心之一的地位。

d.加剧国际金融市场的竞争。IBF建立以后，立即使美国与欧洲、新加坡等国家和地区的美元市场形成竞争态势，并在一定程度上影响到加勒比海地区和一些拉美国家的离岸金融业务发展，纽约金融市场一下子夺回了那部分本该属于自己的国际业务，并在一定程度上改变了国际上欧洲货币市场的资金流向和地区分布。据英国渣打银行计算，在国际银行设施设立后的半年间，外国顾客在伦敦的美国分行的存款减少了11%。美国银行设在巴哈马的分行的资产在1981年年末为1040亿美元，到1987年年初则下降到840亿美元。美国离岸银行业务在世界范围的欧洲货币市场所占的比重，已从1980年的毫无地位上升到1981年的3.4%，1983年则又上升到7.1%。但是，这种削弱和影响只能是有限度的和相对的，因为一些国家更愿意选择上述地区作为避风港。而且欧洲市场的集资和融资能力也远非美国本土国际银行设施所能取代，伦敦市场的货币构成更为多元化，伦敦的同业拆息率仍左右着欧洲货币市场的利率走向。因此，美国IBF的设立，一方面促成了伦敦、纽约和东京三足鼎立之势的形成，另一方面加剧了国际金融市场之间的竞争。

（2）新加坡离岸金融市场

①离岸金融市场的产生背景

新加坡离岸金融市场产生的背景是独特的。1965年新加坡独立后，经济结构发生了巨大变化。新加坡政府为了吸引外来投资，加速发展工业、海空运输业与服务业以繁荣经济，要把新加坡发展成一个国际金融中心。从20世纪60年代末至70年代，新加坡开始利用和挖掘自身各种有利条件，如稳定的政治经济，优越的时区和地理位置，完善的基础设施建设与通信设备，发达的国际贸易港口，高效率的行政管理，优惠的财政、税收政策等。

具体来讲，新加坡具备了发展离岸金融市场、形成国际金融中心的许多基本条件。例如：

a.政治稳定。新加坡独立后，国内政局一直十分稳定，行政效率很高。因此，对国际资金的流入无疑是一个良好的信誉保证。

b.金融监管体制健全。新加坡金融管理局对银行的监管到位，新加坡银行合理的资本结构是从事国际资金融通业务的必要保障。外国政府与金融监管当局也对新加坡金融监管体制充满信心。

c.良好的地理区位优势。新加坡在亚洲地区的地理位置上处于有利的形势。它以马来西亚、印度尼西亚、泰国、文莱、澳大利亚、新西兰、缅甸、印度及西南太平洋岛屿的各国为腹地，建立亚洲地区的资金交流中心能够顺应亚洲地区经济与金融发展之需要。

d.时区优势。新加坡在时间上衔接欧亚各主要国际金融市场交易的时间差。上午开市之后，可与中国香港、东京以及悉尼等金融市场交易相连接；下午三点半左右，可与刚开市的伦敦及其他欧洲金融中心交易对接。其离岸金融市场的发展能当天反映欧洲乃至全球各国金融市场的行情，对国际外汇业务的发展也是一大贡献。

e.现代化的金融运作体系。新加坡拥有极为完善的金融运作体系，能够提供国际金融市场发展需要的各种专业化服务，还有高度现代化的通信设施，英语使用程度较高，能与世界各主要金融中心保持密切联系。

此外，国际经济金融形势也十分有利于新加坡发展国际金融业，存在着促成新加坡建立一个离岸金融中心的许多有利条件。20世纪60年代中期，美国为了减少资金外流，缓和国际收支逆差，采取了紧缩金融的措施，结果欧洲货币市场对美元的需求大增，促使利率上升。与此同时，亚洲各国先后独立，积极从事国民经济建设，对外资金需求迫切。以美资为首的跨国公司于20世纪60年代中期大量涌入亚洲。为满足跨国公司调拨资金的需求，一些美资银行开始着手研究在亚洲设立类似欧洲美元市场的国际资金市场，以便把亚洲地区的流动资金集中起来，解决亚洲地区对资金的部分需求。同时，石油美元作为垄断资本在亚洲的活动，也需要在该地区设立一个资金支付结算中心。于是，国际银行业从资金调动出发，考虑将新加坡作为亚洲离岸金融市场。

新加坡政府当局的大力推动是促成新加坡离岸金融市场形成的内部因素。从当时的经济实力和金融环境来说，新加坡处于劣势。然而，当时的港英政府不愿意豁免对离岸货币交易所课的15%的利息预扣税，日本政府则坚持严格的外汇管制条例。因此，新加坡政府抓住了这一天赐良机。1959年，新加坡成为自治邦后就开始推行工业化运动以发展国民经济。20世纪60年代，伴随着工业升级和1965年脱离马来西亚宣布独立后单独进行经济建设的需要，新加坡政府提出把新加坡发展成为重要的国际或区域金融中心的目标，并通过各项优惠政策努力推进新加坡离岸金融市场的形成。1968年，美洲银行新加坡分行向新加坡政府建议，希望在此设立一个单独的离岸美元单位，以便吸收亚洲区域的非居民存款，充实该行亚洲信贷业务的部分资金。同年10月，新加坡政府批准美洲银行新加坡分行设立第一个亚洲货币单位（Asian Currency Unit，简写ACU，也称亚元单位），以20万美元的存款基数开始经营活动。翌年，其他银行，如花旗银行、华侨银行、标准渣打银行、汇丰银行等也先后获颁了经营亚元单位的准证。自此，新加坡的离岸金融市场便以亚洲美元市场的形式正式形成了。

②新加坡政府的政策推动

新加坡亚元市场自1968年成立以来，不断得到新加坡政府当局的推动。可以说，到20世纪80年代中期新加坡离岸金融市场发展成熟，亚元市场的每一步发展都与新加坡政府先后采取的一系列开放鼓励政策和税务优惠措施密切相关：

1968年，新加坡政府宣布取消对非居民持有外汇存款利息所得的预扣税。

1971年，新加坡政府批准第一笔亚洲美元债券的发行（新加坡开发银行发行的1000万美元的金融债券），从此拉开了离岸资本市场的序幕。

1972年，废除了大额可转让存单、亚元离岸贷款合同及有关文件的印花税；取消了亚元必须保持20%流动准备金以及必须提存6%最低现金余额的规定。

1973年，第一次允许居民开立亚元单位账户，存款上限为：个人不得超过10万新元，法人不得超过300万新元。

1975年，废除了存款利率的限制。

1976年，豁免了非居民持有亚元债券的利息税；将亚元经营单位的贷放收入所得税率，以及对经营亚元的机构从海外利润中付出的股息课税率，由40%降低到10%；废除了非居民持有的亚元单位存款、亚元债券的所得税，设定有关离岸贷款合同的印花税（合同金额的0.5%）上限为500新元，豁免有关的证书、票据类的印花税；提高居民名义的亚元单位存款额上限；个人由10万新元提高到25万新元，法人由300万新元提高到500万新元。

1977年，进一步减轻有关亚元单位交易的利息所得税；准许发行美元大额存单；再一次提高居民名义的亚元单位存款的个人上限，由25万新元提到50万新元。

1978年，全面取消外汇管制，包括取消外汇的批准手续以及外汇的交易限额，对岸外银行和证券银行放开同新加坡居民的外汇交易，扩大有关亚元单位交易的税务优待，降低对外汇交易及手续费的课税。

1979年，扩大非居民的短期离岸金融业务范围，如准许发行亚元商业票据在市场上吸收资金等。

1983年，为了发展新加坡的国际资本市场，提高同香港在国际银团贷款与欧洲债券发行等方面的竞争能力，决定从该年4月1日起的5年内及财政部部长核准的延长期限内，对金融机构所做的国际银团贷款和亚元债券的发行等有关方面的收入实行免税政策。

1985年，对1983年实施的银团贷款收入免税优惠措施，由到1988年为止的5年内有效延长到1993年的10年内有效。

③新加坡亚元市场的运作特点

第一，亚元市场是内外分离型金融市场，新加坡政府人为地将在岸银行业与离岸银行业分离开来，目的是促进离岸金融中心发展的同时，保证国内银行业务和货币政策的独立操作，防止国际资本大量频繁进出。对国内金融市场的稳定和货币金融政策的实施造成冲击。而且，这一发展战略很适合于新加坡国际金融中心地位的形成。从金融机构亚元单位的总资产来看，亚元市场总资产在1986年成立初期仅有3000万美元，到1993年年底则达到3860亿美元。而且据国际货币基金统计，亚元市场占全球离岸市场的比重是逐年上升的。

第二，区域性融资中心功能日渐突出。在世界经济重心东移、南亚区域经济蓬勃发展的大形势下，新加坡亚元市场的发展与本区域经济建设关系日益密切，本区域旺盛的资金需求与亚元市场发展之间的相互推动关系不断得到加强。从资金来源看，亚元市场成立初期，以非银行客户存款为主要资金来源，反映在资产负债表上，非银行客户存款1970年占负债总额63%，而同业资金占36%。随着国际性大银行纷纷涌入亚元市场，资金来源发生了变化，来自同业的资金占亚元市场负债总额的绝大比重，以

1988—1992年的情况为例，同业资金在亚元市场负债总额中所占比重介于79%～80%；其中，来自境外同业的资金，在同业资金总额中所占比重则介于84%～86%。从资金运用来看，情况正好相反，1970年非银行客户贷款在亚元市场运用中所占比重只有4%，当时吸收到的资金多调到欧洲美元市场。但是从1971年起，亚元市场逐渐形成本身的区域性特点，非银行客户贷款的比重越来越大，1988—1992年，非银行客户贷款在亚元市场资产总额中所占的比重逐年增加，从23.7%扩大到37.8%。而同业拆放的比重则逐年缩小，从1988年的69.5%下降至1992年的54.8%，且在非银行客户贷款中，对非居民非银行客户的贷款占主要部分。可见，从20世纪70年代初到90年代初的短短30年里，新加坡亚元市场完成了以下两个方面的转变：a.由地区资金拆出型向地区资金输入型的转变；b.由对国际大金融市场的依赖走向独具特色的融资中心，后者表现在银行同业资金往来仍然稳定维持在亚元市场资产（负债）的50%以上。

第三，亚元市场是国际一体化的金融市场，表现在：a.亚元市场中的资产负债结构与欧洲货币市场的借短放长趋势一致。b.亚元市场的自由利率与伦敦国际金融市场一致。亚元单位的利率不受任何限制，中心利率就是银行同业拆放利率SIBOR。其基本含义与欧元市场的拆借利率LIBOR相似，但是SIBOR的价格是参考前一日LIBOR的终值上下变动形成的，且到了当天下午四点半伦敦市场开市以后又马上向LIBOR靠近。因此，亚元市场的利率基本上是跟随欧元市场的调整来确定的，SIBOR一般情况下比LIBOR略微高些，两个市场之间的资金是自由流通的。c.亚元市场是在管制相对宽松的国际离岸金融市场环境中运作的，竞争较国内业务激烈，但资金来源不必遵循法定流动资产规定，因而交易成本很低。

第四，亚元市场对新加坡国内金融业的发展起了较大的带动作用。亚元市场的迅速发展带动了国内其他金融市场的发展。新加坡的资本市场（包括投票市场和债券市场）获得了迅速发展，新加坡外汇市场的发展也得益于亚洲区域经济体的崛起和亚元市场的迅速发展。

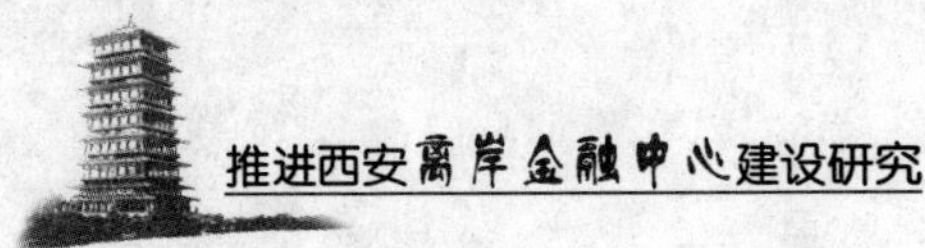

(四)国际离岸金融中心发展经验

从以上主要的国际离岸金融中心的类型来看，发达国家、发展中国家甚至于一些附属地区发展离岸金融中心的模式各不相同，发达国家之间模式选择也因各国（地区）具体国情不同而不尽相同。但在不同类型的离岸金融中心形成与发展的过程中，可以总结出一些共同特性，主要有以下几点：

1.离岸金融中心发展的基础

优越的地理位置和时区优势是离岸金融中心发展的基础。此外，政治局势、经济发展水平、金融体系、基础设施及国际声誉等都是影响离岸金融中心发展的关键因素。对于避税港型离岸金融中心来讲，多数位于加勒比海地区，与大陆无接壤，多处于交通枢纽位置，且远离战乱地区，政局相对稳定，为投资者创建了一个良好的投资环境。除了交通枢纽的优势外，还有时区优势，这对离岸金融中心提供全球性金融服务十分重要，新加坡所在的时区位置，让它可以进行一整天的金融交易活动。巴林的区位优势得到了中东石油资本的青睐从而发展成为离岸金融中心。发达国家的离岸金融中心除了具备便捷的交通和优越的地理环境之外，经济、金融发达也是其离岸金融中心形成发展的重要因素。伦敦、纽约、东京均是世界最大的港口，是所在地区海陆空的世界交通枢纽，交通运输系统发达，同时它们都拥有广阔的经济腹地，辐射周边区域，金融体系发展较为完善，本国货币用于国际流通、支付和结算，已成为国际货币。这些因素促成了纽约、伦敦和东京发展成为国际性的离岸金融中心。另外，对于任何一种类型的离岸金融中心来讲，先进的通信系统、良好的国际声誉、高端的专业人才也是必不可少的重要因素。

2.离岸金融中心发展的前提

离岸金融中心形成与发展的前提条件和重要经验就是具有宽松的金融

管制和优惠的税收制度。欧洲美元市场是离岸金融市场的雏形，其产生条件之一就是英国采取了比美国更为宽松的管制措施，从而吸收了大量美元存款并且能够从事美元国际交易。一国或地区要成为离岸金融中心，那么它就必定存在比其他地方更为自由和优惠的政策并以此吸引国际资金来此聚集、交易。伦敦、纽约、东京、新加坡等离岸金融中心均取消了外汇管制，经营离岸业务几乎没有准备金制度限制，且全面实行利率自由化，放宽甚至取消了离岸银行的信用额度制度。在税收制度方面，避税港型离岸金融中心就是典型的税收优惠代表，免税成了它们的标签，例如开曼群岛、英属维尔京群岛、百慕大等都不征收所得税、资本利得税、存款利息税、遗产税等。发达国家的离岸金融中心也在税费方面做了改进，有条件地降低税率或免除一些税负。

3.离岸金融中心发展的保障

完善的法律体系和监管措施是离岸金融中心发展的保障。完善的法律体系不仅使得离岸金融中心开展各项金融活动有法可依，同时，还能有效控制并防范金融风险，让离岸金融市场健康稳定发展。各离岸金融中心除了遵守国际惯例外，都制定有《金融服务法》等母法，还有关于具体离岸业务的子法，如英国、美国、新加坡针对银行、证券所制定的银行法、证券法，开曼的银行、信托保密法，非避税港型离岸金融中心设立的反避税法和反洗钱法，开曼等避税港型离岸金融中心的免税法等。此外，大部分国家和地区也都有监管机构对离岸金融中心进行监督管理，如英国的金融服务监管局、美国的联邦储备委员会、日本的大藏省等。

对于离岸金融中心的监管还包括市场准入、退出以及对市场主体的一些其他要求。市场准入决定了离岸金融中心参与的多样性与否，一些离岸金融中心，如日本东京、中国台湾地区等出于审慎性考虑，只允许银行进入离岸市场，另一类则是允许多种金融机构进入，限制较少，如加勒比海区的离岸中心。中国香港地区，新加坡、马来西亚等国家还通过颁发执照的方式进行许可管理。对于市场经营主体来说，有些离岸金融中心对其参与离岸业务有一定的资本要求，如新加坡规定本国银行从事离岸业务实收

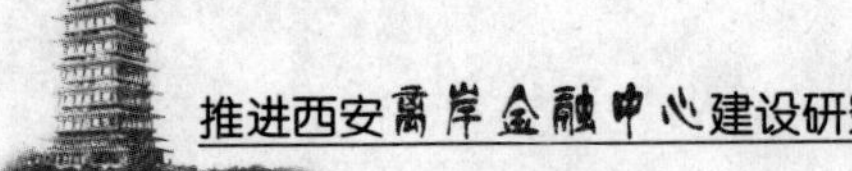

资本不少于15亿美元，外国银行在新加坡从事离岸业务，资本充足率要达到12%，总实收资本为20亿。考虑到风险问题，离岸金融中心一般还会设置退出机制，如危机预警制度、最后贷款人制度和存款保险制度，从危机一发生就采取措施，尽量维护公众的利益。内外一体型离岸金融中心的政府由于离岸与在岸账户的紧密关系而不得不妥善处理好退出问题，以维护整个市场的金融安全。

4.离岸金融中心发展的重要支撑

政府的支持是发展中国家建立离岸金融中心的重要支撑。对于新兴经济体和发展中国家来讲，政府必须从本国国情出发，选择离岸金融中心的发展模式，详细规划，灵活调整，循序渐进地开发本国金融资源，运用政策优势的助推作用，以及引导和规范作用。以中国台湾地区设立台北离岸金融中心为例，“台湾方面”取消了利率和外汇管制，制定了各种优惠的税费政策，以国际金融业务相关条例为依据，完善离岸金融法律制度。除了以上这些宽松的宏观环境和优惠政策外，马来西亚政府为建设纳闽离岸金融中心，大力改造基础设施建设，建立数据存储和管理系统，大型教育培训机构培养离岸金融专业人才，致力于将纳闽打造为国际金融中心。

(五)国际离岸金融中心对中国的挑战

国际离岸金融中心在我国利用外国直接投资中发挥了重要作用。尽管有很多正面影响，但国际离岸金融中心对中国的经济和社会发展等方面构成了挑战甚至是威胁。

1.“返程投资”现象严重

“返程投资”造成宏观经济决策的失误。从统计数据看，我国内地吸收利用的外资绝大部分是来自避税港型的离岸金融中心，中国香港地区，新加坡、英属维尔京群岛、巴巴多斯、开曼群岛等国家都位居前列。而这些地区也一直是我国对外直接投资最为集中的地区。其中，我国内地从香港吸收投资所占比例高达80%以上，而对拉丁美洲的直接投资高度集中在开曼群岛和英属维尔京群岛两个离岸金融中心。联合国的《2013年世界投资报告》（UNCTAD，2013）研究发现，国内外的跨国公司都是将在离岸金融中心设立各种特殊目的实体（SPV）作为其国际投资的一个"跳板"。因此，在某种意义上，来自这些离岸金融中心的外资都是"虚假的"外资。如果不剔除这些来自离岸金融中心的"返程投资"，势必有可能给我国的决策者传递错误信息，造成决策的失误。

2.境外转移资产与非法资本流动

利用离岸金融中心向境外转移资产成为我国腐败分子向境外转移资产的途径之一。全球金融诚信组织（GFI）发布的《发展中国家非法资本流动：2001—2010年》显示，在截至2010年的10年中，有总计约5.9万亿美元非法资金流出约150个发展中国家，其中以我国为最，非法资金流出规模最大，主要是流向境外避税港型的离岸金融中心或发达国家金融机构。报告显示，2010年我国非法资金流出总量为4200亿美元，在截至2010年的10年中总计2.7万亿美元，接近发展中国家总额的一半，是全球资本外流情况最严重的国家。巨额的非法资金外流会影响我国的政治形象和威胁到国家的经济安全。而目前的情况是，像英属维尔京群岛和百慕大群岛那样的离岸金融中心早就成了很多富豪和企业家、腐败分子转移业务和资产的最佳选择。

3.税收收入流失

离岸金融中心为避税者和逃税者提供了可乘之机。长期以来，我国政府用税收优惠来吸引外资，同时也推动了内地投资者使用离岸金融中心。例如，我国一些厂商用"返程投资"的方式避税：在境外成立子公司，由国内的母公司将在内地生产的产品低价卖给离岸的子公司。母公司由于账上利润少，甚至没有盈利，自然免税。然后再由子公司把产品以高价卖给别的公司，把利润汇回母公司。这部分利润被当作母公司从境外获得的"外商投资"，也无需向我国政府缴税。我国的对外直接投资和境外直接投

资集中于避税港型离岸金融中心的趋势越来越明显，税收无疑是重要因素之一。跨国公司利用转移定价和滥用税收协定等方式将本该在我国实现的利润或应缴纳的税款转移到离岸金融中心，给我国造成了巨额的税收收入流失。

4.为非法活动创造条件

有证据显示，一些公司和个人利用离岸公司进行非法活动。实际上，世界各国对离岸金融中心大多持自由放任的态度。直至2008年国际金融危机爆发后，离岸金融中心客户泛滥引起的涉嫌逃税、洗钱甚至资助恐怖组织等重大问题这才受到主要国家的重视。在美国的巨大压力之下，瑞士的保密法有所松动，离岸金融中心的避税港功能开始下降。随着各国反洗钱行动的深入，离岸市场非法资金流动的渠道也会越来越窄。

总之，国际离岸中心已经为中国的经济发展和金融稳定带来了诸多负面影响和挑战。因此，我国急需建立和发展自己的离岸金融中心，并加强对其监管，完善各项离岸金融法律法规，使我国离岸金融规范、健康、有序发展，充分发挥其积极作用。

四、国内离岸金融市场发展模式和经验

(一)国内离岸金融市场发展概况

1.我国离岸金融的区域发展特点

我国的离岸金融业务起步于20世纪80年代末。1989年5月，招商银行首先获准开办离岸银行业务，接着工商银行深圳分行、农业银行深圳分行、深圳发展银行（现平安银行）和广东发展银行先后获得批准开办离岸金融业务。此后，离岸金融业务经历了一个短暂的快速发展时期，但受1998年亚洲金融危机的影响，加上银行开办离岸业务自身经营管理的问题和离岸资产质量的下降，1999年年初，中国人民银行决定停止办理离岸银行业务，仅广东发展银行保留了该项业务。随着国际和国内经济形势的变化，2002年6月，中国人民银行先后批准招商银行、深圳发展银行、交通银行和上海浦东发展银行分别在深圳和上海开办离岸金融业务，离岸金融业务又进入了新的发展时期。近几年来，随着我国经济和金融市场的不断发展，我国批准了深圳市、上海市、天津市滨海新区等若干区域的离岸金融业务试点，这些地区正努力扩展离岸金融业务，建设离岸金融市场或者离岸金融中心，这些区域在经济环境、地理位置、政策支持力度、发展模式选择和开展业务情况等方面呈现出不同的特点。

表4　我国离岸金融试点情况

项目	深圳市	上海市	天津市滨海新区
经济环境	2013年，深圳市生产总值为14 500.23亿元，经济规模居于内地大中城市第四位，2013年年末深圳金融业总资产5.96万亿元，居国内大中城市第三位	2013年，上海市生产总值为21 602.12亿元，经济规模居于内地大中城市第一位，全年实现金融业增加值2823.29亿元，居全国第一位	2013年，滨海新区经济平稳增长，综合经济实力进一步增强，完成生产总值8020.4亿元，金融业增加值326.14亿元，增长24.4%；其中，融资租赁业务规模约占全国的1/4
地理位置	深圳地处广东省南部，位于珠江口东岸，南边的深圳河与香港相连；是重要的海陆空交通枢纽城市	上海地处长江入海口，东向东海，南濒杭州湾，西与江苏、浙江两省相接，共同构成以上海为龙头的中国最大经济区"长三角经济圈"，是良好的滨江滨海国际性港口，是内外经济接轨的重要枢纽	天津滨海新区位于山东半岛与辽东半岛交汇点、海河流域下游、天津市中心区的东面、渤海湾顶端，濒临渤海，是邻近内陆国家的重要出海口，拥有目前国内最大的人工港
面向区域	港澳地区	全球	东北亚
政策支持	"完善金融市场功能，增强金融市场的集聚和辐射能力，加快发展离岸金融业务"；前海合作区发展"经批准的离岸金融服务，推动以跨境人民币业务为重点的金融领域创新合作"	"可以在境内银行开立离岸账户用于集中管理境外成员公司的外汇资金"(2005)；注册在浦东的跨国公司地区总部离岸账户资金池试点；自贸区"在完善相关管理办法，加强有效监管的前提下，允许试验区内符合条件的中资银行开办离岸业务"	"研究探索离岸金融业务，进行跨境贸易人民币结算和人民币境外投资试点"
发展模式	内外分离型	内外分离型	内外分离型
开展业务情况	面向港澳传统的银行零售业务	以在外资银行开设离岸金融账户为主，用于贸易资金的流动	主要通过在外资银行开设离岸金融账户开展资金活动

（1）经济环境是发展离岸金融业务的关键因素

深圳、上海的经济规模和经济增速都在全国名列前茅，天津滨海新区在“十一五”期间，其国内生产总值年均增长24%，增速领跑全国，经济发展带来了更多的贸易投资机会，对离岸金融业务产生了巨大的需求。另外，深圳和上海具有优越的金融生态环境，并且是我国两大金融中心，且金融业规模不断扩大；天津滨海新区以融资租赁等业务为代表金融业发展迅速，这些都为离岸金融业务的发展提供了有利条件。

（2）地理位置是发展离岸金融业务的重要因素

深圳开展的离岸金融业务主要面向与其地理位置相邻的港澳地区。上海是我国的经济中心，拥有我国第一个自贸区，是世界上集装箱吞吐量最大的港口城市，开展的离岸业务能够面向全球。天津滨海新区是我国北方国际航运中心和国际物流中心，开展的离岸金融业务面向东北亚地区。因此，发展离岸金融的定位和目标在很大程度上取决于其地理位置。上海的目标是建立全球性离岸金融中心，天津滨海新区的目标是发展成为区域性的离岸金融市场，深圳则定位为香港离岸金融中心的“后花园”，为其发展提供多种金融服务，依托香港发展本地经济。

（3）国家政策支持是发展离岸金融业务的先决条件

离岸金融的发展在不同程度上受到国家和地方政策的支持。中国人民银行和国家外汇管理局为引导和管理离岸金融健康发展，在1997年10月23日发布了《离岸银行业务管理办法》，1998年5月出台的《离岸银行业务管理办法实施细则》，是各地发展离岸金融业务的重要政策性指导文件。2006年，深圳市政府批复了《关于加快深圳金融业改革创新发展的若干意见》，提出要加快发展离岸金融业务。2013年3月，国家发改委颁布了《深圳前海深港现代服务业合作区产业准入目录》，提出可以发展“经批准的离岸金融服务”，为深圳市离岸金融业务的开展提供了更多的政策依据。2005年10月，国家外汇管理局颁布了《关于浦东新区跨国公司外汇资金管理方式改革试点有关问题的通知》，提出“可以在境内银行开立离岸账户用于集中管理境外成员公司的外汇资金”。2006年，国家外汇管理局批准注册在浦东的跨国公司地区总部离岸账户资金池试点。2013年9月，由国务院颁布的《中国（上海）自由贸易试验区总体方案》中提出“允许试验区内符合条件的中资银行开办离岸业务”。2006年9月，国家外汇管理局批准了滨海新区的7项外汇改革政策，其中就包括允许区内金融机构开展离岸金融业务，滨海新区的离岸金融建设全面起步。2009年10月26日，国家发改委批复《天津滨海新区综合配套改革试验金融创新方案》，要求加快金融体制改革和金融创新，搞好外汇管理改革试点，研究探索离岸金融业务，进行跨境贸易人民币结算和人民币境外投资试点。2011年5月，国务院批复《关于天津北方国际航运中心核心功能区建设方案》，进一步明确滨海新区内东疆保税港区将开展离岸金融业务。同年7月，《天津滨海新区综合配套改革试验实施计划（2011—2013年）》要求深化金融对外开放，推进跨境贸易人民币结算业务等。三地离岸金融业务的开展依托国家政策的支持，确立了各自的离岸金融业务发展方向。

（4）我国离岸金融业务的发展模式是内外分离型

由于我国仍处于外汇管制下，资本项目尚未完全放开，为了保证金融市场秩序的稳定和健康发展，保障境内货币政策的有效性和政策调控的效果，按照国家外汇管理局的要求，开办离岸业务的银行都要设置专门的离岸业务部，管理离岸金融业务；离岸账户和在岸账户必须严格分离，离岸业务的服务对象是非居民。因此，离岸金融业务发展模式都属于内外分离型。目前开展的离岸金融业务主要是面向驻外中资企业和港澳台企业，以美元为主的存款、贷款、汇款和结算业务。以深圳为例，目前离岸银行业务的客户群体中，主要是中国内地驻港澳企业和外商企业客户为主，香港市场的客户和资金量占全部离岸客户和总资金量的90%以上。通过吸收境外金融机构美元存款和在银行开户的公司间歇资金、闲置资金，国外拆借的短期资金以及发行大额存款证等，提供传统的存款、贷款、汇款和结算业务。

2.我国离岸金融发展历程

我国离岸金融的发展结合我国国情，进行了以下方面的实践和探索：一是为我国金融改革和对外开放积累了丰富的实践经验，为国内金融与国际金融接轨、缩短与国外同业差距提供了一条有效途径。二是为积极实施我国“走出去”发展战略的企业，提供了相应的金融支持和服务，充分发挥了离岸金融对经济、金融的积极促进作用。总体来说，我国离岸金融的试点与发展经历了以下几个阶段：

（1）离岸金融的试点和探索阶段（1989年—1994年）

在此期间，我国基于离岸金融发展对国民经济和金融体系的积极作用的考量，批准了招商银行的离岸金融业务试点，对我国离岸金融的发展起到了探路作用。招商银行在这一期间的离岸金融业务试点为我国离岸金融的发展起到了重大作用。其离岸业务存贷款总额由1989年的3814万美元增长到了1994年的7.61亿美元，年均增长超过了180%。

（2）离岸金融的试点扩张阶段（1994年—1998年）

国家外汇管理局先后批准深圳发展银行、中国工商银行深圳市分行、中国农业银行深圳市分行以及广东发展银行深圳市分行开办离岸金融业务，成为开办经营离岸金融业务的第二批试点银行。我国离岸金融资产规模、存贷款规模及利润水平在此期间迅速扩大，招商银行占据了离岸金融市场的主导地位，贡献了离岸金融借贷总额的绝大部分，第二批试点银行（深圳发展银行、中国工商银行深圳市分行、中国农业银行深圳市分行和广东发展银行深圳市分行）则促进了拓展离岸金融业务继续快速的发展。1997年，我国的离岸存贷款总额由1994年的7.61亿美元上升到了1998年的44.53亿美元，年均增长了近56%，其中招商银行一家的离岸存贷款总额为25.6亿美元，占全国离岸存贷款的比重为57.5%，年均离岸存贷款总额增长了近50%。至此，我国的离岸金融业务试点阶段任务基本完成，离岸金融规模初步显现。

（3）离岸金融的总结清理阶段（1998年—2002年6月）

1997年，中国香港的经济和金融发展受泰国的亚洲金融危机的影响，导致以香港为主要离岸金融市场业务的质量下滑，离岸金融资产质量不断恶化，离岸不良贷款迅速上升，离岸借贷账户严重失衡。离岸金融陷入了严重亏损和离岸账户不平衡的困境，鉴于此，中国人民银行于1999年宣布暂停新的离岸资产业务，离岸金融业务进入了清理整顿阶段。各离岸银行通过几年努力，处理清收了逾期贷款、解决了头寸不足、完善了离岸业务风险监管，从而大幅减少了离岸不良资产的比例。

（4）离岸金融在我国的重新起航（2002年6月—2007年8月）

离岸金融业务试点的城市增加了上海市和深圳市，同时基于离岸金融市场对国民经济发展的积极作用的全面考虑，中国人民银行于2002年相继批准上海的浦东发展银行和交通银行经营离岸金融业务，批准深圳的深圳发展银行和招商银行恢复开办离岸金融业务。至此，加上从事离岸负债业务的中国工商银行深圳市分行、中国农业银行深圳市分行以及广东发展银行深圳市分行，经营离岸金融业务的中资银行增长到了7家，使得我国离岸金融的发展有了质和量的双重飞跃。央行恢复离岸金融业务之后，在我国“走出去”发展战略的推动之下，监管机构对离岸资本项目的管制也逐步放松，离岸金融业务自然而然随之进入了扩张的新阶段。2007年上半年，中资银行离岸存贷款总额已超过80亿美元。

（5）离岸金融业务种类和离岸金融范围的扩张阶段（2007年8月至今）

这一时期离岸金融业务试点城市逐步向区域中心城市扩展，相继批准了天津、海南、重庆以及北京为离岸金融业务试点城市，离岸金融业务也由单一的存贷款业务逐步向担保、外汇买卖、汇兑和各项国际结算业务、票据承兑、贴现以及国际金融市场资金拆借和融通等业务发展。2010年，我国对外直接投资额达到了688亿美元，境外投资企业数量已超1.8万家，对外承包工程实现营业额922亿美元，为我国离岸金融的发展提供了足够的资金来源和离岸贷款流向。这是我国实施“走出去”战略的结果，随着我国战略的继续实施、对外投资规模的继续扩大，我国离岸金融业的发展必将进入一个崭新的发展阶段。

(二)国内离岸金融市场

1.上海自由贸易区离岸金融中心建设经验与启示

上海离岸金融市场的发展在全国看来仅次于香港，仅就内地来看领先全国。

（1）定位

上海自由贸易区离岸金融市场依靠自身的经济优势、地理位置优势、政策优势，将目标设立为打造世界性金融中心。

（2）发展模式选择

上海自由贸易区离岸金融市场选择的是内外分离型。在发展的起步阶段，首先通过部分有实力、有资质的银行在自贸区开展离岸金融业务，实行“在岸账户”与“离岸账户”分离的管理方式，积极推动人民币境外交易，不断创新和完善离岸金融制度，逐步实现国际化的发展路径。

（3）离岸金融制度创新

首先，构建金融制度创新框架体系，推动投融资兑换便利化、人民币跨境使用、利率市场化等改革进入实际操作阶段；其次，金融平台的搭建，将在自贸区内设立国际能源交易中心、国际金融资产交易平台、中国外汇交易所等金融要素市场；最后，在金融监管和风险防范机制上实行“一行三会”的监管模式。

（4）上海发展离岸金融的优势

①地理位置因素

与国内诸多大城市相比，上海构建离岸金融中心享有得天独厚的地理区位和交通便利条件。从全球来看，上海位于太平洋西岸与国际金融中心伦敦、纽约构建连续24小时的接力交易。上海又位于东亚的中心点，辐射全球经济最具活力的东亚地区。从国内看，上海位于中国南北海岸中心点，长江和钱塘江入海汇合处，历来是内外经济接轨的重要枢纽。上海港是中国大陆最大的枢纽港，全球第二大港口。

②路径依赖因素

上海是中国现代金融业的发源地，也是中国最大的金融中心。上海深厚的金融城市历史积淀为现代上海国际金融中心的建设与崛起提供了市场基础、历史声誉、经验与信心。当前，由上海建设国际金融中心形成的集聚效应，也成为企业选址的路径依赖因素。

③金融机构因素

上海是我国金融机构的最大聚集地。上海建立了类型齐全的金融机构体系及监管体系，包括商业银行、证券公司、保险公司、基金管理公司、信托公司、期货公司、票据业务中心等。特别是上海的外资金融机构数量在国内处于领先地位。为推进上海国际金融中心建设，继开展跨境人民币贸易结算试点后，银行间市场清算所股份有限公司（简称上海清算所）于2009年11月28日在上海挂牌成立，为金融市场高效运行奠定了基础，为离岸金融业务顺利开展提供了支持。

④市场规模因素

上海的金融市场无论规模还是广度都已位居世界前列。目前，上海已经形成了以资本、货币、外汇、商品期货、金融期货、OTC衍生品、黄金、产权、再保险市场等构成的全国性金融市场体系，汇聚了世界上主要金融市场种类，金融市场的成交总额大幅度增长。

目前，上海各金融机构开发的金融产品不仅包括票据、信用卡、资金运营、中小企业金融、汽车金融、资产托管、产品研发等市场前沿的各个方面，也覆盖了数据处理、会计处理、国际贸易单证处理等多项银行后台业务处理功能。

表5　上海金融市场建设大事记

市场	主要功能	设立时间	规模水平
上海证券交易所	资本市场	1990年	占中国全部交易额的80%
中国外汇交易中心	外汇交易市场	1994年	交易总部
银行间同业拆借市场	货币市场	1996年	中国银行间同业拆借交易中心
人民币债券交易中心	货币市场	1997年	中国债券交易的中心
上海期货交易所	橡胶/铜/铝/燃油	1999年	中国期货市场的60%
上海黄金交易所	黄金市场	2002年	中国唯一的黄金市场
票据市场服务中心	票据交换信息/服务	2003年	中国首要的票据价格系统
中国金融期货交易所	金融衍生品交易	2006年	中国唯一的金融衍生品市场

⑤经济总量因素

经济实力是离岸金融中心形成的基础。扩大的生产和贸易对资金筹募和资本流通不断提出新的要求，从而直接促进了金融工具的发展和金融活动的集中。上海是全国的经济中心之一，具备了汇聚国内商贸并辐射全国乃至境外的作用。从2009年至今，中国城市竞争力报告的排名，上海在经济规模方面位于全国首位。

⑥政府推动因素

建设上海国际金融中心和航运中心是国家战略，这使得原来以地方推动为主升格为国家力量推动，中央、上海市和浦东区三级联动，形成政府推动合力，大大增强了协调建设的力度。各级政府及有关部门先后制定出台的一些优惠政策也成为上海离岸金融中心建设的重要推动因素。

2.天津自由贸易区离岸金融市场发展现状

2006年国务院颁布《关于推进天津滨海新区开发开放有关问题的意见》，天津滨海新区开始了离岸金融业务先行先试的探索。经过多年的实践探索，当前，天津自由贸易区离岸金融业务的主要特点是难以形成较大的现实离岸资金供给以满足离岸资金的需求。

离岸资金需求包括：a.具有非居民性质的单机单船项目融资需求；b.融资租赁公司潜在的离岸信贷资金融资需求；c.国际结算业务形成的潜在离岸资金需求；d.东疆保税港区内从事仓储、出口加工和转口贸易企业的离岸金融需求；e.中国境外投资企业的离岸金融需求。

离岸资金供给包括：a.融资租赁机构形成的现实离岸融资租赁供给；b.招商、平安、交通、浦发4家银行的现实离岸信贷供给；c.潜在的离岸金融供给。

从现实情况分析，随着天津自由贸易区的发展，离岸资金需求量会越来越大，而现实的离岸资金供给受到当前政策框架的限制，增长缓慢。目前，能够提供现实离岸信贷供给的4家银行只有总部获准在其总部所在地经营离岸业务，其分支机构不能向跨国经营客户提供离岸业务，分行只是窗口单位和营销前段，只能进行简单的资料审查、客户资质调查等工作，限制了离岸金融业务的发展，导致离岸资金供给增长缓慢，离岸资金供需不平衡。离岸资金供需不平衡是当前天津自由贸易区离岸金融市场面临的主要问题，严重影响了离岸金融业务的发展，同时对天津自由贸易区的发展起到了阻滞作用。

（1）天津自由贸易区发展离岸金融的模式选择

一国的经济发展水平、国内金融市场发达程度、自由化程度、监管环境都会影响到离岸金融市场的模式选择。离岸金融市场可以分为内外混合型、内外分离型、内外渗透型。内外混合型离岸金融市场，离岸机构申请程序不严格，离岸账户不单独设立，离岸账户与在岸账户统一管理，采取并账运作的方式，对于资金的出入没有严格限制，以伦敦、中国香港为代表；内外分离型离岸金融市场，需要当局审核、批准才可以设立离岸机构，有专门的账户对离岸业务进行管理，严格分开离岸交易和在岸交易，严禁离岸资金与在岸资金渗透，以美国IBF、日本JOM为代表；内外渗透型离岸金融市场，是内外分离型向内外混合型的过渡形式，以雅加达、曼谷为代表。内外混合型的离岸金融市场，属于自然形成型的离岸金融市场；内外分离型和内外渗透型离岸金融市场，属于政府推动型的离岸金融市场。

从天津自由贸易区离岸金融市场的发展现状看，因为天津的金融自由化程度和监管水平较低，而且离岸金融供给、需求不均衡。鉴于此，天津的离岸金融市场应采取以分离型为基础的分离渗透型模式。在离岸金融市场的建设初期，应采取绝对分离型的离岸金融业务模式，严格账户管理，在经过一段时期的运营后，特别是实现资本项目可自由兑换和监管手段成熟时，逐步放宽至内外渗透型模式。

（2）天津自由贸易区发展离岸金融的路径

天津一直以来都重点发展制造业，金融业发展远远落后于上海。虽然天津对离岸金融市场的研究较早，但是离岸金融的发展滞后。在这样的发展背景下，要采取逐步发展的策略，先以实体经济为主要服务对象，随着服务业在天津的发展，逐步转换服务对象。因此，在天津自由贸易区建立的初期，为实体经济服务是离岸金融市场发展的主要方向，可以将国际航运中心和物流中心作为重点服务对象，将融资、保险、国际结算等基础性的离岸金融业务作为重点发展。在离岸金融市场发展到一定规模和阶段后，可以重点发展以银行间批发交易为主的离岸金融业务。

天津自由贸易区的离岸金融市场应采取以分离型为基础的分离渗透型模式。要充分利用自由贸易区内先行先试的政策，实现金融市场的自由化，同时也要随着金融市场的发展，逐步推进、调整自由贸易区内的政策。目前，天津自由贸易区内的政策制定还在起步阶段，不成熟也不完善，政策环境还没有达到真正促进自由贸易区内经济实体发展所需要的水平。目前采取的办法是：逐步改革现行的离岸金融机构准入管理办法，在自由贸易区内允许设立离岸金融机构，允许开办离岸金融业务；在资本金数量、来源地和股权比例等方面取消差别性政策待遇，给予各类企业充分竞争的机会，促进自由贸易区内离岸金融业务和离岸金融市场的发展。

3.福建自贸区离岸金融市场的发展及特色

福建自贸区已具备发展离岸金融的条件，但与上海建设国际离岸金融中心相比，福建金融体系有待完善。福建自贸区离岸金融建设应避免与上海离岸金融同质化，应立足于福建实际情况，充分利用“侨乡”“毗邻台湾省”“海上丝绸之路起点”等优势，发展离岸金融业务，吸引国际资本，从而提升福建省的经济实力。福建省借鉴上海自贸区发展离岸金融市场的经验，并结合福建省自身的特点，采取“内外分离为主，适度渗透为辅”的发展模式。

2015年3月24日，中共中央政治局审议通过《中国（福建）自由贸易试验区总体方案》。《方案》指出，福建自贸区采取“先行先试”“灵活开放的优惠税收”等政策。其中，厦门市不仅是经济特区，同时也是福建自由贸易区的重点建设地区之一；福州被授予在自贸区内“引入外资金融机构、设立多币种产业基金”等金融方面的优先权利；平潭在“推进政府管理模式、开展两岸融合综合试点、推进金融领域开放”等方面拥有改革创新权。福建自贸区具备发展离岸金融的政策优势条件。

福建省位于我国东南沿海，台湾海峡西岸，是祖国大陆距离台湾省最近的省份。福建省自然环境优美，气候宜人，拥有众多的优良港口，已形成重要的海上运输线，同时是著名的侨乡。福建省可以为构建离岸金融市场提供和谐稳定的环境。台湾是福建自由贸易区的主要承接对象之一，自由贸易区设立离岸金融市场有利于两岸的经济交流。通过离岸金融可以为两岸经济发展提供契机，共同构建两岸的金融体系。根据两岸的实际情况，引进先进的金融理念，创新金融产品。创新金融产品不仅可以丰富金融市场，同时有利于解决台湾企业“融资难”的问题，实现两岸金融业的对接，有利于推动两岸经贸合作的新发展。

福建省的金融已经形成一定规模，以银行业为主导，期货、保险等相关业务不断完善。厦门市拥有的金融机构数量居全国第五位。随着福州保税区的进一步发展，福州金融业也逐步繁荣。平潭综合实验区则依靠自身优越环境的优势为金融业发展提供交流平台。福建自由贸易区离岸金融的设立有利于聚集“非居民”的资金，同时也为“非居民”资金融通提供渠道，实现投资便利化。自由贸易区放宽对企业设立的限制条件，开放资本投资管理项目，实施优惠的税收政策，使投资更便利。

4.深圳离岸金融市场的发展特色

深圳是我国最早获得经营离岸金融业务的试点城市。早在1989年7月，招商银行就成为我国首家获准开办离岸金融业务的银行，而后，中国工商银行深圳市分行、中国农业银行深圳市分行、深圳发展银行、广东发展银行深圳市分行分别获准相继开办离岸金融业务，揭开了我国离岸金融发展的序幕。深圳经营离岸金融业务的机构主要有三类：中外合资银行、外资银行驻中国的分行，以及国内商业银行。目前，深圳国内商业银行离岸金融业务的经营范围，基本上还是传统的国际业务，不同之处只是服务对象为中国的非居民，即具有境外身份的居民和机构及在中国注册但不具有中国法人资格的机构。根据国家外汇管理局的规定，国内商业银行离岸金融业务的经营范围大致如下：

a.吸收境外居民和非居民的外汇存款；

b.发放对境外居民和非居民的贷款；

c.办理对境外居民和非居民的外汇买卖、汇兑和国际结算业务；

d.参与国际金融市场的资金拆借业务；

e.组织和参与境外国际银团贷款；

f.代理境外居民和非居民的证券买卖业务；

g.办理在国际金融市场发行债券集资业务；

h.为境外公司和企业提供担保和见证业务。

在深圳，经办离岸金融业务的各银行均设有离岸业务部，下设职能科室，分别专门负责经营和管理各项离岸业务。这些职能科室主要包括信贷、资金、会计、国际结算等。

深圳离岸国际金融业务的优惠条件如下：

对离岸国际金融业务所吸收的境外资金，不提取存款准备金；离岸国际金融业务对境外贷款，不占银行信贷规模；离岸国际金融业务所吸收的外汇存款，可以免除国家外汇管制，允许其自由调拨、自由转换。随着我国离岸金融业务的发展，离岸金融业务的立法和监管工作正逐步建立，并不断改进。目前，已形成由法规管理、日常监管、内部控制和行业自律等组成的监控体系。由国家外汇管理局于1997年11月和1998年5月分别颁布的《离岸银行业务管理办法》和《离岸银行业务管理办法实施细则》是目前离岸金融业务的主要法规，其就离岸银行业务的性质、服务对象及业务范围的界定、开办方法和管理等方面做了明确的规定和解释。国家外汇管理局深圳分局通过各银行报送的报表、市场调研等对各地经办银行进行检查和日常监督，各经办银行内部制定各类业务管理办法及操作规程、实施办法来进行内部检查、内部控制。1998年，深圳成立的区域性离岸金融业务同业协会所制定的规章制度为离岸业务的行业自律措施。这些监管方法和手段对离岸业务的顺利开展起到了一定的作用。

在离岸银行业务实行内外分离的经营管理原则下，目前，深圳各行离岸业务的发展呈现出以下几个主要特点：

第一，在经营模式上，采用分离型经营。各家试点银行均设立独立的离岸业务部，专门经营离岸金融业务，避免对在岸业务造成影响和冲击；离岸业务与在岸业务实行分账户管理，离岸业务部单独设账，单独核算，行内并表；离岸账户与在岸账户严格分开，离岸金融业务开户、存款、贷款等业务对象均为外方非居民。

第二，在具体业务上，以传统的存、贷、结算等初级零售业务为主。相对于在岸业务来说，离岸金融业务风险较大。因此，在离岸金融业务开办初期，各行都采取了比较稳妥的经营方针，致力于发展存、贷、结算等传统业务。所以，目前在具体业务上，各开办行只以香港企业、外资企业的外方股东为主要服务对象，提供传统的存、贷、结算等服务，同业拆借等批发业务相对不足。目前，离岸资金来源主要是吸收存款，资金运用主要是商业贷款和贸易融资。

第三，在服务对象上，各行离岸客户群主要分布在港澳地区。在拓展离岸国际金融市场方面，深圳充分利用毗邻香港这个国际金融中心的地缘优势，大力拓展香港和澳门市场，以便充分利用国际信息，学习和借鉴国际惯例，规范业务运作。各离岸业务开办银行均在香港（有的还同时在澳门）设立了办事机构，负责港澳地区客户的联系、接单任务。从离岸业务起步到现在，各行离岸客户仍以境外中资企业以及国内外商投资企业境外股东为主要服务对象。目前，香港市场的客户和资金量占全部离岸客户和总资金量的90%以上。

第四，在资金来源上，主要有以下三种：一是直接吸收客户存款，二是通过国外同业拆借形式筹集短期资金，三是发行大额存款证吸引国际金融市场的储蓄资金、待用资金。

第五，各行重视提高离岸资产质量，控制信贷风险。为此，各行均采取了多种措施。1997年9月以来，国家外汇管理局深圳分局要求深圳市各行按月报送“离岸不良贷款统计表”和“离岸大贷款统计表”，初步建立了离岸资产质量跟踪监视系统。

(三)国内自贸区离岸金融市场政策对比

1.资本金意愿结汇

最早始于《中国人民银行关于金融支持中国（上海）自由贸易试验区

建设的意见》（银发〔2013〕244号）的表述，并在上海自贸区试行，2014年在部分地区开始推广，主要有《关于在部分地区开展外商投资企业外汇资本金结汇管理方式改革试点有关问题的通知》（汇发〔2014〕36号）将意愿结汇推广至以下15个地区：天津滨海新区、沈阳经济区、苏州工业园区、东湖国家自主创新示范区、广州南沙新区、横琴新区、成都市高新技术产业开发区、中关村国家自主创新示范区、重庆两江新区、黑龙江沿边开发开放外汇管理改革试点地区、温州市金融综合改革试验区、平潭综合实验区、中国—马来西亚钦州产业园区、贵阳综合保税区、深圳前海深港现代服务业合作区和青岛市财富管理金融综合改革试验区。

在2015年3月底，外管局已经在《国家外汇管理局关于改革外商投资企业外汇资本金结汇管理方式的通知》（汇发〔2015〕19号）中将资本金意愿结汇推向全国。所以广东、福建和天津在各自自贸区发展规划中提及意愿结汇已经失去其应有的意义。主要政策规定如下：

a.全面实施外债资金意愿结汇管理，企业可根据经营需要、汇率变动等因素，自主选择结汇或保留外汇。外商投资企业外汇资本金意愿结汇比例暂定为100%。

b.便利外商投资企业以结汇资金开展境内股权投资：除原币划转股权投资款外，允许以投资为主要业务的外商投资企业（包括外商投资性公司、外商投资创业投资企业和外商投资股权投资企业），在其境内所投资项目真实、合规的前提下，按实际投资规模将外汇资本金直接结汇或将结汇待支付账户中的人民币资金划入被投资企业账户。

2.企业跨境借款

主要是两个体系，一个是在“宏观审慎”框架出来之前，各地通过人民币跨境试点，允许在额度内从境外接入人民币债务。这主要有前海对接香港金融机构，新加坡地区银行对苏州工业园区企业在南京分行总额度内的跨境人民币贷款，新加坡地区银行对天津生态城的跨境人民币贷款，主要思路都是给中国境内企业一定借款额度，额度内该企业可以向特定地区（中国香港地区，新加坡）银行借人民币贷款，因为当时的境外人民币利率较低，境内企业可以享受一定的政策红利。局限在于借款对象只能是特定区域的金融机构。

另外，在上海自贸区、深圳前海、北京中关村、江苏张家港实施的宏观审慎外债管理框架，上海的宏观审慎框架实施最早，但2014年FT（自由贸易）账户体系覆盖面并不高，加上借款后FT账户的严格约束，一定程度上制约了企业从境外借款的积极性。2015年，央行上海总部进一步放松了相应额度限制，同时明确了金融机构境外借款的规则。江苏张家港、深圳前海和北京中关村的宏观审慎管理不覆盖金融机构（因为缺乏FT账户体系，担心风险不可控），不过企业借款的额度非常类似，且没有期限和币种的调整系数，借款资金回流后使用灵活程度更高。

从目前上海、广东、福建和天津四大自贸区的表述看，其企业跨境融资仍然是金融领域的重点：

表6　四大自贸区的企业跨境融资情况

内容	上海	广东	福建	天津
企业跨境融资	1. 通过分账核算管理，全方位构建了在上海率先开展可兑换试点的金融安全网； 2. 设立跨境资金流动内在调节机制，设立作用于微观主体的资本融资杠杆率指标，设立作用于跨境资金流动的宏观审慎调节参数等应急性调节工具； 3. 设立跨境流动性逆向调节机制，设立金融层面的防火墙机制	1.推动自贸区域、港澳地区开展双向人民币融资； 2.允许在自贸区注册的机构在宏观审慎框架下从境外融入本外币资金； 3.建立健全全口径外债宏观审慎管理框架，探索外债管理型模式； 4.境内企业可在跨境融资余额上限内自主开展本外币跨境融资； 5.外汇局广东省分局自行开发全口径跨境融资额度计算及业务汇总分析程序，制定操作指引和业务表格，规范业务审核资料及业务处理流程	1.台湾地区的银行向自贸试验区内企业或项目发放跨境人民币贷款等； 2.探索建立境外融资与跨境资金流动宏观审慎管理政策框架，支持企业开展国际商业贷款等各类境外融资活动； 3.建设银行、中信银行、邮储银行福建省内机构等为海交所搭建“银商通”交易资金结算系统，提供电子商务资金结算与清算、资金托管以及贸易融资、信贷资金监管等综合性金融服务	1.支持租赁业境外融资，放宽区内企业在境外发行本外币债券的许可和规模限制； 2.自贸区内企业3亿美元以下对外直接投资，只需在自贸区管委会进行备案即可；这种备案制在材料完备的情况下2到3天即可办结； 3.同时也表达“建立健全外债宏观审慎管理制度”的意愿

在当前宏观经济下行压力下，发改委最新的文件《关于推进企业发行外债备案登记制管理改革的通知》（发改外资〔2015〕2044号）已经将企业中长期境外借款以及境外发行债券改为事前备案制，尽管此类备案仍然有部分资格审核，以及区域总额度限制，但在资金回流上已经比自贸区和部分试点地区更开放。

2016年4月29日，央行发布《关于在全国范围内实施全口径跨境融资宏观审慎管理的通知》（银发〔2016〕132号），正式将原在四个自贸区试点的跨境融资（银发〔2016〕18号文）推广到全国。

3. 金融机构境外融资

表7　四大自贸区的金融机构境外融资情况

内容	上海	广东	福建	天津
金融机构境外融资	币种和期限系数调整，不占用区外法人银行现有外债额度： 非银行金融机构： 1.建立自由贸易账户(FTA)体系的区内法人金融机构为其资本的3倍； 2.建立上海市级自由贸易账户(FTA)体系的分支机构为其境内法人机构资本的8%； 3.未建自由贸易账户(FTA)但在其他金融机构开立自由贸易账户(FTA)的区内法人按其资本的2倍设定； 4.区内的直属分公司按境内法人资本的5%(没有任何自由贸易账户)； 银行： 1.新设法人银行(如华瑞银行)为一级资本的5倍； 2.上海市级试验区分账核算单元(FTU)为其境内法人机构一级资本的5%	1.(银行与港澳同业开展跨境人民币借款)研究适时允许自贸试验区企业在一定范围内进行跨境人民币融资、允许自贸试验区银行业金融机构与港澳同业机构开展跨境人民币借款等业务； 2.允许自贸试验区金融机构和企业从港澳及国外借用人民币资金	1.区内的台湾金融机构向母行(公司)借用中长期外债实行外债指标单列，并按余额管理； 2.允许区内企业、银行从境外接入本外币资金，企业接入的外币资金可结汇使用	1.人民币境外借款政策允许自贸区内企业和金融机构，不分中资外资，都可以按照宏观审慎原则从境外借用人民币资金； 2.自贸区内机构借用外债采取比例自律管理，允许区内机构在净资产的一定倍数内借用外债； 3.允许自贸区内符合条件的融资租赁收取外币租金

2017年1月13日，中国人民银行下发《关于全口径跨境融资宏观审慎管理有关事宜的通知》（银发〔2017〕9号，简称“9号文”），在原有“全口径原则下”进一步放松跨境融资政策。主要政策变动如下：

a.进一步扩大了境内机构全口径跨境融资的额度，由原境内机构净资产1倍扩大到2倍。

b.内保外贷按照20%纳入银行跨境融资风险加权余额计算，此前该业务需全额占用。

c.企业和银行的本外币贸易融资、境外主体存放在金融机构的本外币存款、境内银行向境外同业拆借资金等6种业务类型不纳入跨境融资风险加权余额计算。

4.企业境外放款

在《关于印发支持中国（上海）自由贸易试验区建设外汇管理实施细则的通知》（上海汇发〔2014〕26号）中将上海自贸区内企业境外外汇放款金额上限由其所有者权益的30%调整至50%，将境外直接投资债权登记纳入境外外汇放款登记管理。同时取消境外融资租赁债权审批，允许境内融资租赁业务收取外币租金。现今该文件已被替换失效。其他几个自贸区的规则表述并没有明确境外放款，只有天津简单表述为：“进一步提高对外放款比例。”

目前，全国的规则是依据《关于境内企业境外放款外汇管理有关问题的通知》（汇发〔2009〕24号），放款人境外放款余额不得超过其所有者权益的30%，并不得超过借款人已办妥相关登记手续的中方协议投资额。如企业确有需要突破上述比例的，由放款人所在地外汇局初审后报国家外汇管理局审核。

中国人民银行于2016年11月29日印发《关于进一步明确境内企业人民币境外放款业务有关事项的通知》（银发〔2016〕306号）。为了进一步规范境内企业人民币境外放款业务，引导境外放款跨境人民币结算有序开展，防止过多的套利投机性行为，央行此次紧急发文。

5.境外人民币或外币债券发行

2012年5月，国家发改委放开境内企业赴境外发行人民币债券。2015年9月14日，国家发展改革委发布了《关于推进企业发行外债备案登记制管理改革的通知》(发改外资〔2015〕2044号)，再次"松绑"企业境外发债的条件，鼓励境内企业发行外币债券，取消发行外债的额度审批，实行备案登记制管理。2016年5月，中国人民银行发布《中国人民银行关于在全国范围内实施全口径跨境融资宏观审慎管理的通知》(银发〔2016〕132号)，统一国内企业的本外币外债管理，将原先在自贸区试点的全口径跨境融资推广到全国范围内执行。

几个自贸区也都明确表达了区内企业境外发行人民币或外币债券并回流使用的意愿。

表8　区内企业境外发行人民币或外币债券情况

内容	广东	福建	天津	全国
境外人民币或外币债券发行	放宽区内企业在境外发行本外币债券的审批和规模限制，所筹资金根据需要可调回区内使用	允许区内符合条件的金融机构和企业赴境外发行人民币和外币债券并回流使用	放宽区内企业在境外发行本外币债券的审批和规模限制，所筹资金根据需要可调回区内使用	最新的国务院关于取消非行政许可审批事项中，已经明确取消境内企业境外发行人民币和外债额度审批；发改委于2015年9月16日正式发布文件宣布境内企业境外发债或中长期贷款实行备案制，但仍然受地区额度限制

此外，外币债券和人民币债券回流限制仍然是一大障碍，尽管各大自贸区在表述上鼓励回流，但外管局能否放行仍值得怀疑。结合此次发改委有关中长期外债的新规，估计各大自贸区也只能在回流和额度上争取更多优惠。

6.FT账户体系

2014年5月22日，央行上海总部正式发布《中国（上海）自由贸易试验区分账核算业务实施细则（试行）》和《中国（上海）自由贸易试验区审慎管理细则（试行）》，上海自贸区自由贸易账户体系正式落地。结合央

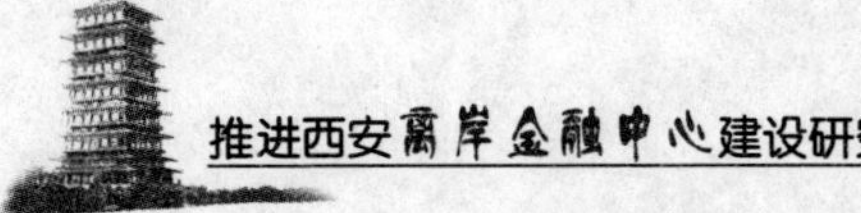

行公布的两个细则，当下可以使用自由账户的业务包括：

a.自由贸易账户可办理经常项下和直接投资项下的跨境资金结算。

b.区内主体以及设立分账核算单元的金融机构，可通过开立自由贸易账户，按规定开展人民银行支持自贸区建设的三十条意见第三部分的投融资汇兑创新及相关业务。

目前只有上海真正建立起了自由贸易账户（FTA）体系，2014年年底正式开始第一批银行通过央行上海总部验收。现已经有30多家银行通过验收，通过自由贸易账户（FTA）体系相对有效地将自贸区内的创新业务或改革试验带来的风险和区外进行隔离。本来设想包括利率及汇率市场化改革都将通过自贸区先试先行，再全国实施。但现在看来其试验的意义非常有限，仅仅外币利率的放开是从自贸区试行后向全国推广，其他政策如CD、存款利率上限、汇率改革等都直接在全国推广。

粤、津、闽三大自贸区在研究自由贸易账户（FTA）后，拟借鉴上海自贸区自由贸易账户（FTA）的框架和经验，各地细则将在不久后陆续落地。目前自贸区工作进度总结如下：

表9　目前自贸区的工作进度

内容	上海	广东	福建	天津
分账核算	截至2015年上半年,接入央行有关检测管理系统的金融机构共有30家,开立了近2万个自由贸易账户(FTA),70家企业获准开展跨国公司总部外汇资金的集中运行管理。截至8月14日,自由贸易账户(FTA)跨境本外币结算总额超过2万亿元	探索通过设立自由贸易账户(FTA)和其他风险可控的方式,开展跨境投融资创新业务	未提及(仅提及建立与自贸试验区相适应的账户管理体系,完善人民币涉外账户管理模式)	支持通过自由贸易账户(FTA)或其他风险可控的方式,促进跨境投融资便利化和资本项目可兑换的先行先试。但到目前为止尚未启动

7. 跨境资金池政策方面

2014年2月，人行上海总部印发《关于支持中国（上海）自由贸易试验区扩大人民币跨境使用的通知》（银总部发〔2014〕22号）。2014年6月，将其进一步拓展至全国。但由于缺乏实施细则，跨国企业实际开户操作并不多，直到2014年11月，央行发布《关于跨国企业集团开展跨境人民币资金集中运营业务有关事宜的通知》（银发〔2014〕324号）正式出台实施细则，才解决了法规层面的障碍。此后，2015年9月，央行为进一步便利跨国企业集团开展跨境双向人民币资金池业务印发279号文。2016年4月，广东、福建等地的自贸区也各自出台了关于自由贸易试验区扩大人民币跨境使用的通知，同样提出了资金池的概念。

目前，国内的跨境双向人民币资金池业务的现状正处于全国版与各地自贸区版并存的局面。现将差异对比如下：

表10 国内的跨境双向人民币资金池业务对比

对比项目	2015年全国版	广东、天津、福建自贸区版	上海自贸区版
法规依据	《中国人民银行关于进一步便利跨国企业集团开展跨境双向人民币资金池业务的通知》（银发〔2015〕275号）	《关于支持中国（广东）自由贸易试验区扩大人民币跨境使用的通知》（广州银发〔2016〕13号） 《关于支持中国（天津）自由贸易试验区扩大人民币跨境使用的通知》 《关于支持中国（福建）自由贸易试验区厦门片区扩大人民币跨境使用的通知》	《关于支持中国（上海）自由贸易试验区扩大人民币跨境使用的通知》（银总部发〔2014〕22号）

续表10

<table>
<tr><th>对比项目</th><th>2015年全国版</th><th>广东、天津、福建自贸区版</th><th>上海自贸区版</th></tr>
<tr><td>境内成员企业定义</td><td colspan="2">指在境内依法注册成立，经营时间1年以上，未被列入出口货物贸易人民币结算企业重点监督名单的跨国企业集团非金融企业成员</td><td rowspan="2">集团指包括区内企业(含财务公司)在内的以资本关系为主要联结纽带，由母公司、子公司、参股公司等存在投资性关联关系成员共同组成的跨国集团公司</td></tr>
<tr><td>境外成员企业定义</td><td colspan="2">指在境外(含香港、澳门和台湾地区)依法注册成立，经营时间1年以上的跨国企业集团非金融企业成员</td></tr>
<tr><td>跨境双向人民币资金池账户资金用途</td><td colspan="2">境内主办企业账户内资金按单位存款利率执行，不得投资有价证券、金融衍生品以及非自用房地产，不得用于购买理财产品和向非成员企业发放委托贷款</td><td>跨境双向人民币资金池业务指集团境内外成员企业之间的双向资金归集业务，属于企业集团内部的经营性融资活动</td></tr>
<tr><td>放宽成员企业条件</td><td>境内成员企业上年度营业收入合计金额不低于10亿元人民币
境外成员企业上年度营业收入合计金额不低于2亿元人民币</td><td>境内成员企业上年度营业收入合计金额不低于5亿元人民币
境外成员企业上年度营业收入合计金额不低于1亿元人民币</td><td>无约束性规定，只需在央行上海跨境办进行备案</td></tr>
<tr><td>主办企业(2015年全国版新增境外)</td><td>跨国企业集团母公司在境外的，也可以指定境外成员企业作为开展跨境双向人民币资金池业务的主办企业，即境外主办企业</td><td>—</td><td>集团总部指定一家区内注册成立并实际经营或投资的成员企业(包括财务公司)，选择一家银行开立一个人民币专用存款账户</td></tr>
</table>

续表10

对比项目	2015年全国版	广东、天津、福建自贸区版	上海自贸区版
跨境双向人民币资金池业务结算银行的选择范围扩大	1.可以选择1～3家 2.结算银行可以为跨境双向人民币资金池人民币专用存款账户办理日间及隔夜透支		未提及
宏观审慎系数	跨境人民币资金净入额上限=资金池应计所有者权益×宏观审慎系数 宏观审慎政策系数值为0.5	跨境人民币资金净入额上限=资金池应计所有者权益×宏观审慎系数 宏观审慎政策系数值为1	目前没有额度限制，也不受FT账户体系约束
账户管理	1.境内主办企业开立人民币专用存款账户 2.账户内资金按单位存款利率执行 3.境外主办企业开立境外机构人民币银行结算账户；未开立基本存款账户的，该人民币银行结算账户纳入基本存款账户管理		未提及

注："—"表示无数据。

(四)国内自贸区离岸金融数据对比

我们从国内各自贸区生产总值、银行业发展状况、金融增加值、对外贸易量以及利用外资情况和对外非金融类直接投资存量这五个方面来对国内各自贸区发展状况进行对比分析。

1.国内各自贸区生产总值对比

2005—2015年，国内各自贸区生产总值均在逐年上升。上海的生产总值排在第一位，并且明显高于其他五个地区，其余地区的排序依次是深圳、天津、重庆、西安、厦门，西安超过厦门排在第五位，但距重庆还有明显的距离。

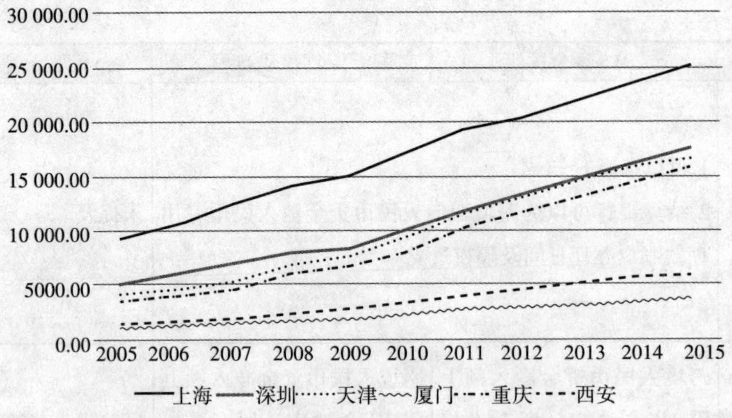

图4　2005—2015年各地区生产总值(单位:亿元)

2015年，西安的生产总值增速为8.2%，位于第4位。高于上海和厦门。但2014年上海的生产总值为23 567.7亿元，西安的生产总值为5492.64亿元，基本是上海的1/4，生产总值增长基点明显低于上海。

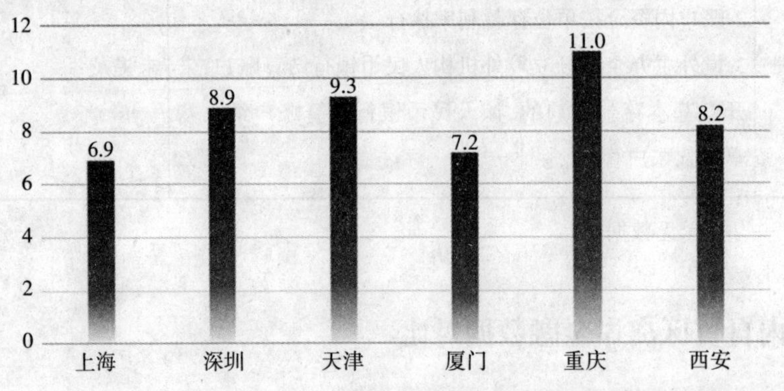

图5　2015年各地区生产总值增速

2.国内各自贸区银行业发展状况对比

2005—2015年各地区银行业金融机构平稳发展，从各地区银行营业网点数量来看，上海市银行营业网点数量最多，到2015年共有3022家，西安市银行营业网点数量位于第四位，到2015年共有2177家，基本是上海的一半。

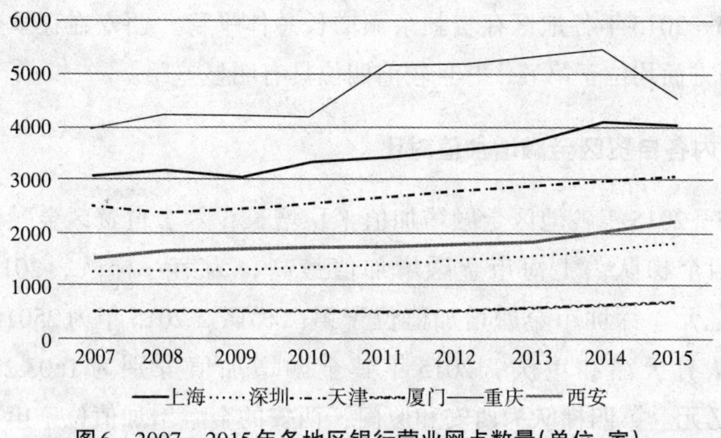

图6　2007—2015年各地区银行营业网点数量(单位:家)

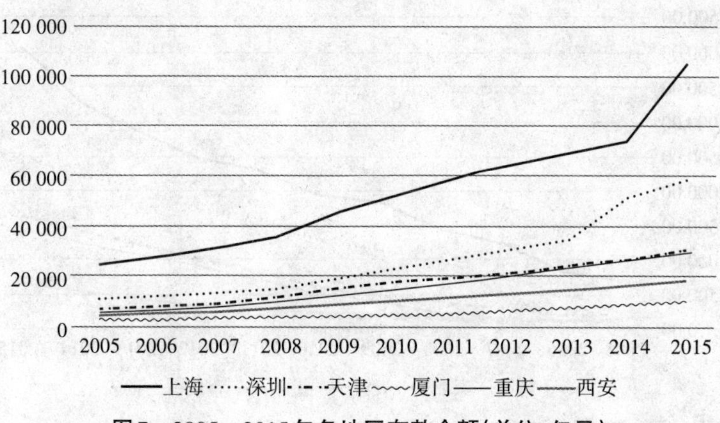

图7　2005—2015年各地区存款余额(单位:亿元)

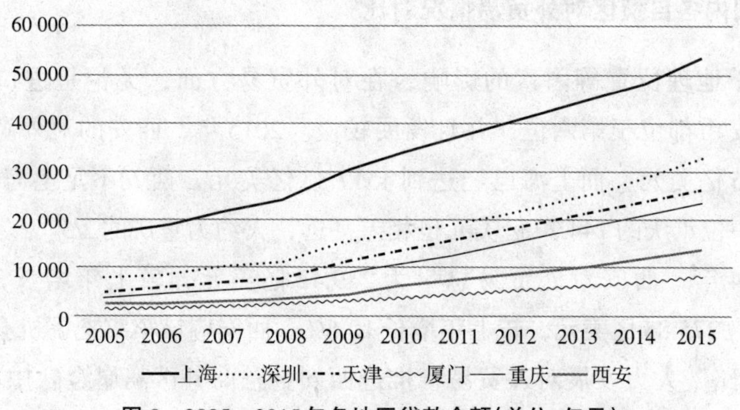

图8　2005—2015年各地区贷款余额(单位:亿元)

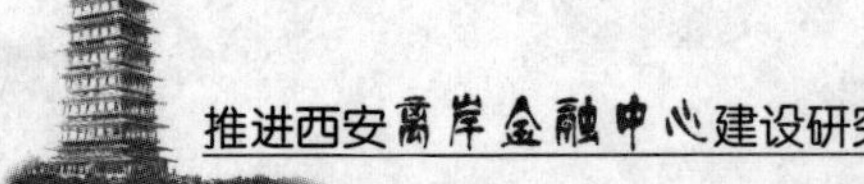

2005—2015年各地区存贷款余额增长总体平稳，西安在存款余额和贷款余额两方面均位于第五，并且较前四位具有明显差距。

3. 国内各自贸区金融增加值对比

2005—2015年各地区金融增加值平稳增长，六个自贸区金融增加值可以分为四个梯队。上海市金融增加值最高，为第一梯队，2015年已达4052.23亿元。深圳市金融增加值位于第二梯队，2015年为2501.57亿元。第三梯队有天津和重庆，2015年其金融增加值分别为1603.23亿元和1410.18亿元。第四梯队为西安和厦门，西安的金融增加值位于第五，2015年为658.9亿元，而厦门在2015年的金融增加值为371.39亿元。

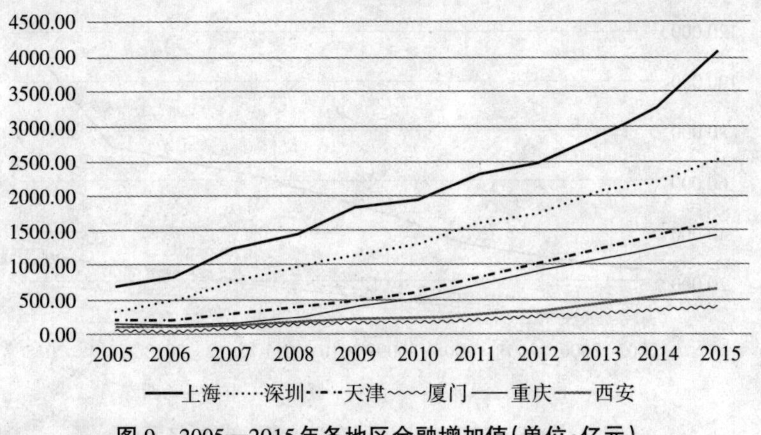

图9 2005—2015年各地区金融增加值(单位:亿元)

4. 国内各自贸区对外贸易情况对比

由于地理位置等因素的影响，在对外贸易方面，无论是进口还是出口，西安市都位于第六位，并且发展较慢。2015年，西安的对外贸易总量为275.85亿美元，而上海已经达到4517.33亿美元，西安不足上海的1/16。距离前一位重庆的744.77亿美元也相差甚远，大约为重庆的2/5。

2014年，西安对外贸易总量为249.42亿美元，较上年增长38.68%，2015年为275.85亿美元，较上年增长10.6%。西安应该牢牢把握机会，借助“一带一路”大力发展对外贸易，推进西安金融商务区离岸金融中心建设，支持“走出去企业”，提升对外贸易总量。

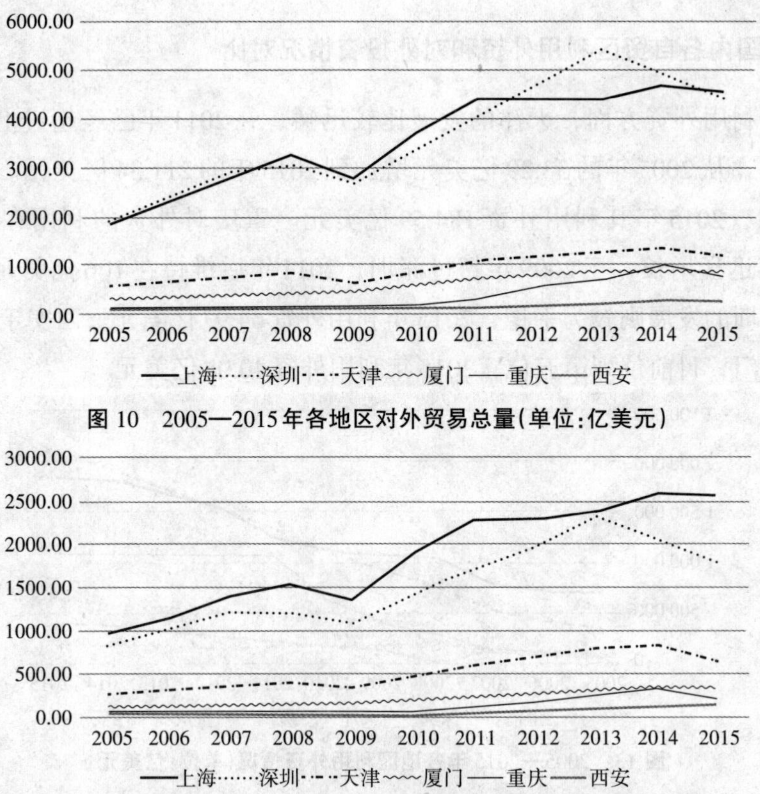

图10　2005—2015年各地区对外贸易总量(单位:亿美元)

图11　2005—2015年各地区对外贸易进口情况(单位:亿美元)

与重庆相比较，西安的差距更为主要地体现在出口方面，2010年后，重庆的出口发展较快，在2014年超越了厦门，从2010年的198.38亿美元增加到2015年的551.9亿美元。相比之下，西安的发展则较为缓慢，2015年，西安的出口总额为128.38亿美元。

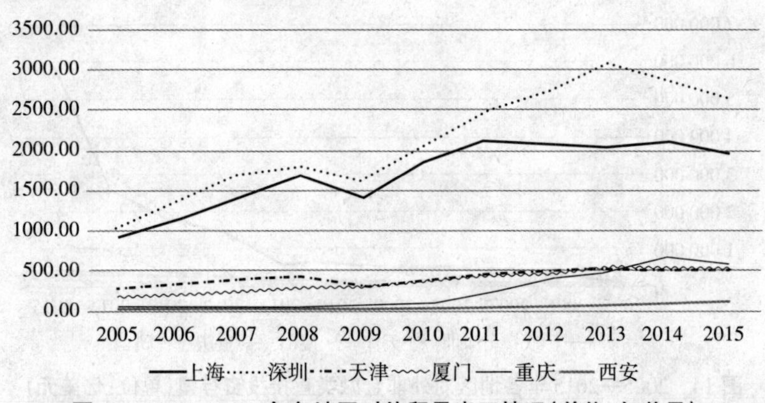

图12　2005—2015年各地区对外贸易出口情况(单位:亿美元)

5. 国内各自贸区利用外资和对外投资情况对比

在利用外资方面，天津的发展比较迅猛，在2011年已经超过上海，位列第一，从2005年的33.29亿美元增加到2015年的211.34亿美元。上海位列第二，2015年其利用外资184.59亿美元。重庆对外资的利用在2005到2011年迅猛增长，于2009年超过深圳，2011年后维持在106亿美元左右不变。深圳的发展则较为平稳，2015年利用外资64.97亿美元。西安于2011年超越厦门，目前位列第五位，2015年利用外资40.08亿美元。

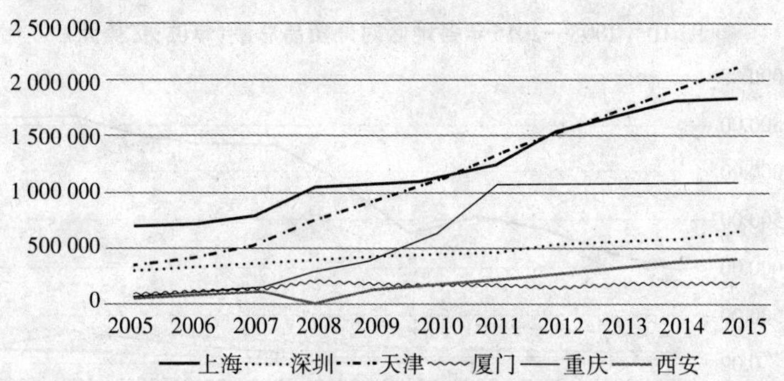

图13　2005—2015年各地区利用外资情况（单位：亿美元）

在对外非金融类直接投资方面，上海和深圳远远高于其他四个地区，2015年对外非金融类直接投资存量分别为583.62亿美元和386.87亿美元。天津在2012年后对外非金融类直接投资存量增加，超过重庆、厦门和陕西，2015年为109.42亿美元。而重庆、厦门和陕西在对外非金融类直接投资存量方面不相上下，陕西在2015年为28.55亿美元。

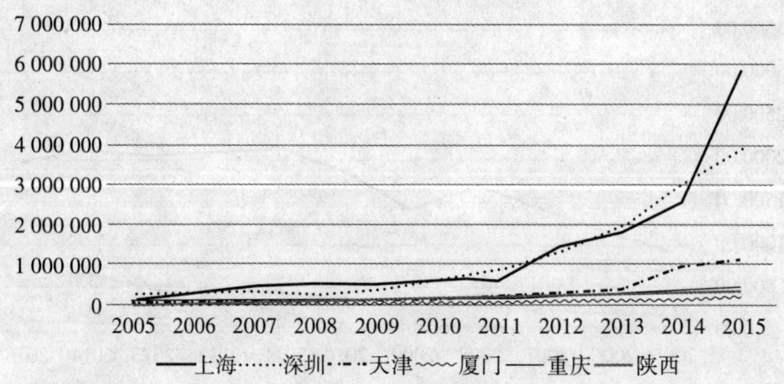

图14　2005—2015年各地区对外非金融类直接投资存量（单位：亿美元）

西安建立离岸金融中心可以为西安搭建一个投融资便利的平台，增加西安对外资的利用以及对外的直接投资。

6.我国RQFII和QFII情况

为防止热钱涌入对我国资本市场造成冲击，我国实施了一种有创意的资本管制，在资本项目尚未完全开放的情况下有限度地进行对外投资和引进外资。目前我国RQFII（人民币合格境外投资人）和QFII（合格境外机构投资者）仅在上海进行。

在RQFII方面，2011年获得审批的机构数仅有10家，2013年增加至49家，获审批额度也有较大幅度的增加，2011年仅获审批107亿元，至2013年就达到了945亿元。其中南方东英资产管理有限公司在2013年获得了108亿元的额度，易方达资产管理（香港）有限公司在2013年获得了88亿元投资额度，华夏基金（香港）有限公司在2013年获得了68亿元投资额度，位列前三。

表11　RQFII获审批情况

项目	2011年	2012年	2013年
获审批机构数	10	17	49
审批额度(亿元)	107	563	945

在QFII方面，2012年获得审批的额度大幅上升，从2011年的18.6亿美元一跃增加到159.03亿美元。2012年获得资格的机构数也由2011年的22家突增到98家。2012年获得投资额度的机构主要有卡塔尔控股有限责任公司、香港金融管理局、加拿大年金计划投资委员会等，2013年获得投资额度的机构主要有科威特政府投资局、高瓴资本管理有限公司等。

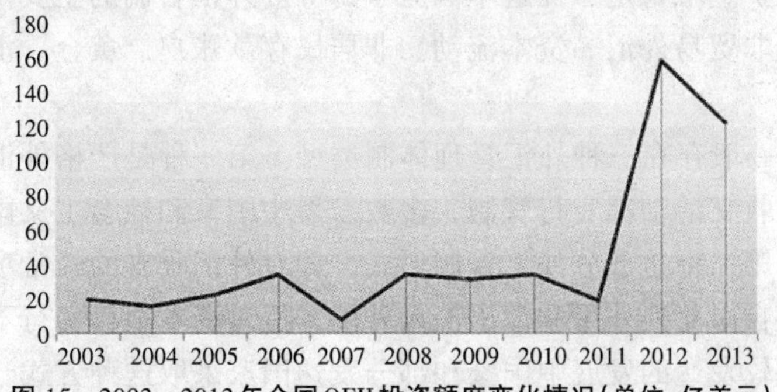

图15　2003—2013年全国QFII投资额度变化情况(单位:亿美元)

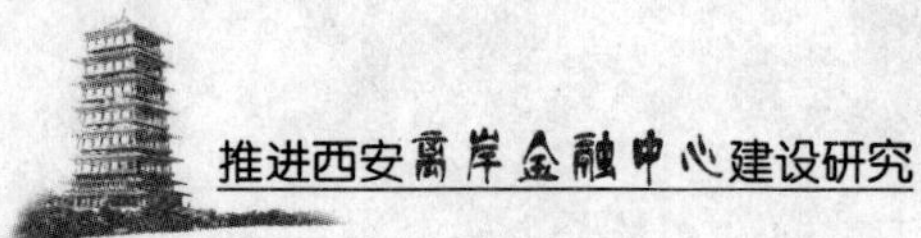

(五)我国建立离岸金融中心的策略选择

离岸金融已经在国际金融舞台上取得了突出的成绩与地位。如今，伦敦、纽约、东京、中国香港等大型国际金融中心，均同时拥有在岸和离岸市场；而建设一个不能经营离岸业务的“主流”国际金融中心，则是不可想象的事情。

然而，目前在中国的离岸金融市场，离岸金融仍然属于新生事物。尽管离岸金融试点从深圳扩展到上海和天津，尽管各地媒体和学术界对于谁应当建立离岸金融中心争论激烈（当然一般是论证应在本地建立离岸金融中心），就目前看来，离岸金融中心建设的正式启动还是比较遥远的事情。但是，要想全面参与国际金融竞争并争取国际金融秩序的话语权，就必须建立中国自己的一流国际金融中心。而在这一竞争过程中，中国离岸金融市场的建设，是颇为关键的一环。

在阐明了必要性的前提下，策略选择的问题，即以何种方式推进离岸金融市场建设的问题，就变得非常关键了。具体来说，有关的策略选择应当涵盖外汇管制、业务发展、市场选择和法制建设四个问题，而这四个问题正是未来离岸金融市场建设必须突破的重点和难点所在。

1.外汇管制策略

所谓外汇管制，是指一个国家通过法律、法令、条例等形式对外汇资金的收入和支出、汇入和汇出、本国货币与外国货币的兑换方式及总兑换比价所进行的限制。外汇管制的目标，一般是维持本国收支平衡、保持汇率秩序、维护金融稳定、促进本国竞争力等。外汇管制的主要内容，一般包括贸易与非贸易外汇、资本流动、非居民存款账户、黄金、汇率调整及波动等。

目前，一般存在三种外汇管理体制类型。第一种是严格外汇管制，即对所有外汇收支活动都实行管制，多数发展中国家和社会主义国家都采取这种方式。第二种是部分外汇管制形式，即对外汇收支的经常项目不实行管制，准许自由兑换外币和汇出汇入外汇，但对资本项目实行不同程度的管制，少数较发达的发展中国家和部分发达国家采取这种方式。第三种是名义上不实行外汇管制，即原则上对居民和非居民的经常项目和资本项目的外汇收支都不加限制，允许货币自由兑换，但不排除在特定情况下实施间接的或变相的限制措施。

外汇管制的方法可分为直接管制方法和间接管制方法。前者是指外汇管制机构明文规定外汇的买卖方式、数量以及汇率，并对各种外汇业务实行直接、强制的管理和控制。后者则是指国家通过诸如许可证制度、进口配额制度、外汇平准基金制度（主要通过央行实施）、互惠信贷协定网络制度（主要在发达国家央行之间运用）等形式，间接影响外汇业务，从而达到外汇管制的目的。从另一个角度来讲，外汇管理的方法又可分为数量管制、汇价管制和综合管制三种，即从外汇业务的数量上、汇价上、两者的结合上实行外汇管理。

在国际层面上，调整外汇管制问题的规范主要是《国际货币基金组织协定》第8条。该条第2款（a）规定，未经国际货币基金组织（IMF）批准，成员国不可对经常性国际交易的支付和转移进行限制或实行歧视性汇兑安排或多重货币做法，但是，这一规定仅适用于为经常性国际交易所进行的付款和转移。而该条第2款（b）规定，包含任何一个会员国货币的汇兑合同，如果与该成员国外汇管制条例相抵触时，在任何会员国境内均属于不能强制执行的合同，该成员国的外汇管制条例的存续与实行必须与本协定相一致。这实际上就赋予了成员国外汇管制法律的域外效力。同时，《国际货币基金组织协定》第14条对成员国实施有关外汇管制的国际义务做了过渡安排。依据这一条款，成员国可以通知IMF保留某些限制并根据情况调整，成员国不能恢复已经取消的限制或实行新的限制，成员国与IMF应每年进行磋商以决定是否继续实行限制，但成员国不能出于非国际收支方面的原因实施限制措施。

可见，就目前的国际规范而言，《国际货币基金组织协定》仅要求实现经常项目的可兑换，不把放松对资本项目的管制作为成员国的义务，IMF仅可在特定环境下要求国家加强资本控制。这一标准尽管较低，但有利于在绝大多数国家内部推行和实施，因此，中国目前的外汇管制状况，也是符合《国际货币基金组织协定》的要求的。然而这里的问题在于，若要推行离岸金融业务乃至建立离岸金融市场，这样的低标准显然是不够的，不解决外汇管制的问题，就无法顺利地建立中国的离岸金融市场。

目前的外汇管制问题的焦点，还是在人民币资本项目下的可兑换问题上。所谓资本项目，是指一国在国际收支中因资本输出和输入而产生的资产负债增减项目，包括直接投资、贷款、证券等。1996年，中国实现了人民币经常项目下可兑换，而资本项目下的可兑换一直处于逐步推进的过程中。目前，在IMF所划分的43个资本项目中，在中国有将近一半的资本项目交易不受限制或较少受限制，4%以上的资本项目交易受较多限制，1%以上的资本项目交易受严格管制。也就是说，人民币在资本项目下尚未实现完全的可自由兑换。

实现人民币资本项目下的完全可自由兑换，是中国政府的一个长期策略，也是实现离岸金融市场建设的关键一步。因为离岸金融彻底的国际性，必然要求交易货币为可自由兑换货币，如果市场所在国的本币不能实现可自由兑换，那么该离岸金融市场就很难建立起来，即使建立起来了，在激烈的国际金融市场竞争中也很难占到优势。

但关键在于，是否因为实现人民币资本项目下的完全可自由兑换是一个长期的步骤，中国的离岸金融市场建设可以选择一些短期的策略，从而既能够立即推进中国的离岸金融市场建设，又能够与逐步完全取消外汇管制的长远规划相适应。

在短期策略上，我们可以在维持人民币在资本项目下不可完全自由兑换的前提下，做两种选择。第一种选择，就是将本币——人民币排除在交易货币之外，而仅选择可自由兑换的货币作为离岸金融交易的货币。第二种选择，就是允许本币作为离岸金融业务的交易货币，但交易对象仅限于本国金融机构——居民，本币离岸金融交易暂时不对非居民开放。

目前，第一种短期策略是比较可行的。因为，很多发展中国家在建立自己的离岸金融市场的时候，都采用了这一做法，即将尚未实现可自由兑换的本币排除在离岸金融交易货币范围之外。但需要注意的是，这绝非长久之计。很多发展中国家尽管采用这种做法建立起了自己的离岸金融市场，但是其竞争力却因此大打折扣，难以抗衡本币业务充分开展的纽约、东京离岸金融市场，而目前离岸金融市场交易货币本币化的趋势已经比较明显，就连禁止本币交易的鼻祖——英国伦敦，也已经开始变相地从事本币交易业务。因此，这一策略至多只能作为过渡措施采用，一旦本国离岸金融市场顺利建立、本币实现完全可自由兑换条件基本具备，就应当转换策略，使本币与其他自由货币一样成为离岸金融交易货币。

而就第二种策略选择来说，这一做法既可以放开本币业务，又可以避开资本项目可兑换问题，还可以保护本国金融机构的业务份额。尽管这样做看似比较灵活，但无论在法律上还是经济上都会遇到较多障碍。尤其是中国已经加入了WTO，依据GATS（服务贸易总协定）和自己的入世承诺，将赋予外资金融机构以国民待遇，《外资银行管理条例》的颁布，表明中国积极地履行了对WTO的义务；但若放开离岸金融业务，又不允许非居民从事本币离岸金融交易，显然违背了国民待遇原则。更何况，离岸金融交易的主力，历来就是非居民，居民从事的离岸金融交易在市场上所占份额不大，如果通过行政手段强行将本币业务局限在居民范围内，不仅违背离岸金融的运行规律，而且有喧宾夺主之嫌。因此，此种策略一定要慎用，如果非用不可的话，也必须在充分研究有关法律机制以及经济得失的基础上实行。较有可能被主管部门采用的贯彻这一短期策略的具体做法，应该是推行本币离岸业务的“试点”，而从事试点的单位自然是由主管部门指定的本国金融机构。

总之，在外汇管制的策略选择上，短期内我国可以暂时维持人民币资本项目下的管制，同时将本币业务排除在允许的离岸金融业务范围之外，或者先由本国金融机构试点办理本币业务，而从长远来看，我国应当取消外汇管制，实现人民币资本项目下的可自由兑换，使人民币成为中国离岸金融市场上的交易货币。

2.业务发展策略

在离岸金融业务的发展上，也有一个策略选择的问题。就是说，未来中国的离岸金融市场，是将业务范围限制在传统的离岸货币业务上呢，还是将业务范围扩展到离岸证券业务乃至其他衍生业务上。

多数国家和地区在建立离岸金融市场的时候，并未将离岸金融业务范围限制在传统的货币业务上，仅有少数国家（如日本）将离岸金融业务范围限定在存贷款业务上。显然，若要充分发挥离岸金融市场的筹资融资作用，将业务范围限定在存贷款上是不明智的。对于中国这样一个处在发展中的经济大国而言，建立离岸金融市场，就是为了有效地吸引和利用资金，而不是像日本当年那样为了回流海外日元而建立离岸金融市场，因此，我们不可能将离岸金融的业务范围限制在存贷款业务上。

尽管在目前的离岸金融业务试点中，我国确实仅开展了部分离岸货币业务的试点，试点单位也仅限于部分银行，但这毕竟不同于正式的实施离岸金融市场建设。试点的业务范围绝不等同于未来中国离岸金融市场的业务范围。更何况，目前中国金融改革开放的步伐进一步加快，所推出的一些改革措施，实际上已经触及离岸证券业务的范畴。这其中的代表性措施就是QFII和QDII机制。尽管QFII和QDII还不是真正意义上的离岸金融，但两者一个是非居民投资中国证券市场，一个是居民投资境外证券市场，都具有较强的国际性，一旦内地的离岸金融市场启动，有关的机构就可以顺势将这两种业务整合并移植到离岸金融市场这一个平台上。更重要的是，这两款涉外证券投资金融工具的推出，本身就已经说明中国金融改革的目标不仅仅限于货币业务。由此可以看出，尽管目前的离岸金融业务试点局限于传统的银行存贷款业务，但是未来的离岸金融市场上，业务范围应当既包括离岸货币业务，也包括离岸证券业务。

但随之而来的一个问题是，若允许开展离岸证券业务，如何具体规定离岸金融业务的范围。也就是说，除了传统意义上的货币和证券业务，其他金融衍生产品的离岸业务是否可以开展。从国际上的做法来看：有的国家允许市场主体从事离岸债券、离岸股票和离岸票据业务，但是没有将更多的金融衍生产品列入可交易的行列；而有的国家则允许所有的金融产品，包括层出不穷的金融衍生产品进入离岸金融市场进行交易。从中国的国情来考虑，应该采取第一种做法，即将债券、股票、期货等传统的证券业务列入离岸业务范围，而不将其他金融衍生产品列入离岸金融范围。这首先是因为，一般只有避税港型离岸金融市场和内外业务混合型离岸金融市场才可能在最广泛的程度上规定离岸业务范围，而内外业务分离型离岸金融市场一般采取适中的业务范围，中国没有可能选择前两种市场模式，采取适中的业务范围也就是顺理成章的了。其次，离岸金融衍生产品在全部离岸业务中所占的份额一般比较少，将其排除不会影响离岸金融市场的建设质量。再次，金融衍生产品发展迅速、机制复杂、风险较大，即使在监管相对较严格的在岸市场上都很难加以规制，如果在监管相对宽松的离岸市场上开展此类业务，更容易因监管法制的失位而导致风险。最后，考虑到中国金融市场开放的进度，目前多数金融衍生产品即便是在在岸市场上都不能经营，要想将这些产品搬到离岸金融市场上交易，就更是不可能的事情了。

总之，在业务发展策略的选择上，我国未来的离岸金融市场应同时发展离岸货币业务和离岸证券业务，但其中的离岸证券业务应仅包括传统的证券业务，而不包括诸多金融衍生产品业务。

3.市场选择策略

广义上讲，市场选择策略应该包括两个方面的问题，一是选择何种离岸金融市场模式，二是选择在何处建立离岸金融市场。

离岸金融市场的模式选择，乃是市场所在国实行监管的前提和基础。目前存在内外业务混合型、内外业务分离型和避税港型三种类型的离岸金融市场模式，其中内外业务分离型为当今的主流模式。

显然，内外业务分离型离岸金融市场模式更能适应我国的需要。首先，这种市场模式适应于由国家政策推动而建立的离岸金融市场，美国和日本在建立自己的离岸金融市场的过程中均采取了这种模式，这与我国的情况是类似的。也就是说，中国离岸金融市场的建立，需要也必须依靠国家政策的推动，这跟英国这样的具有长期金融传统的国家自发建立内外业务混合型离岸金融市场的情况是根本不同的。其次，尽管我国离岸金融市场的建立是基于国家政策推动，但是我们的国家政策绝不是通过提供避税便利吸引离岸资金入账和离岸公司注册来获得收费，而是要真正地从事离岸金融业务，建立真正的、具有竞争力的国际金融中心，因此，避税港型离岸金融市场绝非我国的选择。再次，内外业务分离型市场模式通过隔离在岸账户与离岸账户，可以最大限度地降低因内外业务渗透而带来的风险，起到保护国家金融秩序的作用。最后，考虑到我国的外汇管制仍然将在相当长的一段时间内维持，那么在离岸金融业务中实行内外业务的分离就是不二选择了。

很多发展中国家的离岸金融市场，虽然是内外业务分离型的，但也允许离岸账户与在岸账户一定程度的渗透，而过分严格的内外分离会使创建离岸金融市场的意义打折扣。因此，我国在建立内外业务分离型离岸金融市场的过程中，也需要考虑内外业务渗透的可能性及其程度。基于我国的具体情况，在市场建立初期，内外业务的渗透绝对是要禁止的，因为前期建设中的主要问题是开展离岸业务，顺利建成离岸市场而不是扩展渗透业务，且由于渗透业务监管上的难度更大，所带来的风险较高，若贸然推进，不仅得不到预期效果，反而很容易引发风险并导致损失，可谓得不偿失。在离岸市场已经建立、市场秩序已经稳定、离岸业务顺利铺开、监管法制比较成熟的基础上，我国可以考虑逐步地允许一定程度的内外业务渗透，从而最大限度地拓展业务，利用资金。

具体到内外业务渗透的制度设计上，可以采取循序渐进的做法。首先，在一开始的时候，应当只允许离岸资金向国内渗透，而不允许国内资金向离岸渗透，这样可以控制因国内流动性过剩而可能导致的离岸金融市场泡沫；其次，在有关的金融制度构建比较成熟，尤其是金融监管法制比较完备之后，可以进一步允许离岸与在岸业务的双向渗透；再次，渗透的规模总的来说是不断扩大的，但是也不能就此认为其规模不可以缩减，渗透规模应当是灵活而适度的，从而既满足国内经济建设的需求，又不冲击国内物价水平，也不妨碍国家货币政策的实施；最后，在允许渗透的同时，必须加强对离岸账户与在岸账户渗透关系的监管，有关的监管措施应当有效和及时，且在设计有关的法规的时候，应当确保监管当局能够随着离岸业务渗透的进展对监管措施做出相应的调整。

4. 法制建设策略

完整意义上的离岸金融法一般包括三大部分：离岸金融法基本原则、离岸金融交易法、离岸金融监管法。那么，相应地，作为市场所在国的中国，在建设本国离岸金融市场，对发生于其境内离岸市场上的离岸金融关系进行规制与协调的过程中，也需要依靠这三部分的法律制度作为规范交易和监管的标准。只不过，在具体推行上述法制建设的过程中，我们可以依据情况的需要，选择不同的策略。

理论上讲，最理想的立法方式，就是制定一部《离岸金融法》，全面调整离岸金融交易关系与离岸金融监管关系，明确有关法律原则。至于一些相关的细节问题以及经常发生变化的问题，则可以由行政法规、司法解释、部门规章、地方法规以及规章来处理。但是，这种法制状态是很难一步到位的。首先，在开放离岸金融业务并建设本国离岸金融市场的过程中，国家很可能会采取逐步的、渐进的方式，比如先放开离岸货币业务再放开离岸证券业务，有关的法制建设只有跟着市场建设形势逐步开展，而不可能一步到位。其次，在建立离岸金融市场之初，国家可能有一段对外资金融机构实行业务限制的过渡期，立法机关或主管机构也可以先制定一些层级较低的、暂时适用的法律法规，待到内外资一视同仁的时机成熟，再在清理相关法规的基础上制定统一的《离岸金融法》。尽管可能必须经历一个过渡阶段，但只要立法的长期策略是制定统一的《离岸金融法》，那么法律规制的最优效果仍然可以实现；而且，我们可以通过这一逐步法典化的过程，根据现实中的问题进一步调整和完善有关法律制度，从而使最终制定的《离岸金融法》具备并保持先进性。

当然，除了上述方式之外，还有两种选择。一种是将离岸金融交易法和离岸金融监管法分开，各自制定法律，这种做法也是可以接受的，但是相比之下比较浪费立法资源，且可能导致离岸金融法的基本原则被分割；另一种就是不集中制定离岸金融交易法和离岸金融监管法，而是将它们分散到合同法、税法、外汇法、证券法、银行法等既有法律中去，也就是说主要靠修订原有法律完成对离岸金融关系的规制。不过这种选择不能完全

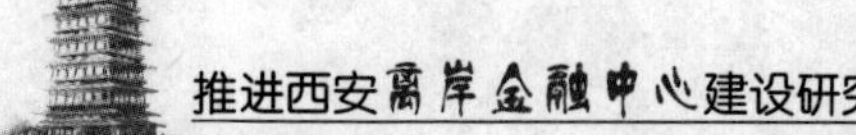

体现离岸金融法的性质，也不利于法律的明确性，容易出现法律规定不一致的情况；况且由于离岸金融的特殊性，即使主要采取修订原有立法的方式也不能避免在某些问题上另立新法，实际上根本不能节省立法资源；更为关键的是，对于离岸金融关系这个快速发展的新兴事物，如果没有规定统一的、普遍的、抽象的法律原则，无论是对旧法的修改还是对具体问题的另立新法都赶不上离岸金融实践的发展速度，届时法官面对具体法律规则没有规范的新问题就只能是束手无策。

纵观各国，金融制度发达国家（如美国、英国）一般没有专门的、集中的离岸金融立法，但那是有着深刻的历史文化缘由的。首先，这些国家的金融法制已相对完备、适应性较强、修改机制灵活；其次，这些国家很多采用司法能动主义的普通法体系，在必要时，法官可以自己造法（做出判例），可以通过司法解释弥补既有法律的缺陷与漏洞，甚至可以修改法律（突破先例），这与我国的实际情况并不符合。而发展中国家（如马来西亚）则一般采取了专门的立法方式，相对而言这对我国是更有借鉴意义的。

可见，在中国离岸金融法制建设的总体策略上，最好是选择制定统一的法典——《离岸金融法》，由于这是一个长期的策略，故而在逐步法典化的过程中，可以先制定一些低层级的过渡性规范，待条件成熟时再统一清理。未来的《离岸金融法》应该主要包括三大块的内容，即基本原则、离岸金融交易法和离岸金融监管法。这一法律架构能够令其既具有稳定性又具有先进性，并与离岸金融关系形成有利的互动。

总的来说，中国建立离岸金融中心的策略选择，应当是在逐步实现人民币可自由兑换的基础上，进一步扩展离岸金融试点的地区和机构，最终在条件成熟的时候建立中国自己的离岸金融市场，并逐步完善相关的法律制度。

五、我国离岸金融业务及政策法规

(一)经常项下跨境人民币

1.跨境人民币业务经常项目政策规定

跨境人民币结算，是指将人民币直接使用于国际交易，进出口均以人民币计价和结算，居民可向非居民支付人民币，允许非居民持有人民币存款账户。跨境贸易人民币结算通常有两种操作模式，一种是代理模式，另一种是清算模式。跨境人民币系统CIPS上线以后，将逐渐切换到CIPS为主的清算模式。

在2009年之前，虽然在经常项下已经出台针对香港和澳门的人民币跨境政策，主要为方便内地游客消费及刷境内人民币卡，以及方便港澳居民汇款至境内。但这些都是针对个人旅游及消费的小额业务，针对企业的贸易项下一直是空白。2009年4月、7月央行等六部委联合发布《跨境贸易人民币结算试点管理办法》，从上海、广州、深圳、珠海、东莞五城市率先开展跨境贸易人民币结算试点，人民币国际化征程正式启动。

2010年6月，人行等六部委联合发文《关于扩大跨境贸易人民币结算试点有关问题的通知》，将试点地区扩大至北京、天津等20个省、自治区、直辖市，不再限制境外地域范围。

2011年8月，人行发布《关于扩大跨境贸易人民币结算地区的通知》

（银发〔2011〕203号）进一步扩大试点地区，跨境贸易人民币结算境内区域范围扩展至全国，业务范围涵盖货物贸易、服务贸易和其他经常项目。

2012年2月，人行等六部委明确参与出口货物贸易人民币结算的主体不再限于列入试点名单的企业，所有具有进出口经营资质的企业均可开展出口货物贸易人民币结算业务。自同年6月起，境内所有从事货物贸易、服务贸易及其他经常项目的企业均可选择以人民币进行计价结算。

2013年7月和2014年6月，人行分两次简化跨境人民币业务流程，简化了经常项目跨境人民币结算业务办理流程。2013年年底，人行发布《关于调整人民币购售业务管理的通知》将人民币购售业务由额度管理调整为宏观审慎管理，即只要境外参加行有境外客户真实的货物贸易背景，就可以通过境内代理行平盘，没有额度上限。

2015年8月，人行发布《关于拓宽人民币购售业务范围的通知》进一步拓宽人民币购售业务范围，境内代理行或境外清算行与境外参加行可为服务贸易和直接投资项下的跨境人民币结算需求办理人民币购售业务，不再只是局限于货物贸易。但因为2015年“8·11”汇改之后引起的人民币汇率大幅波动，在岸与离岸人民币对美元汇率长时间维持在数千点以上，在巨大的利益驱动下，不少企业与部分境外参加行一拍即合，操作了许多没有真实交易背景的“外结内购”的套利业务。央行为抑制套利行为，首先是通知部分外资行，调高人民币购售平盘交易手续费率至0.3%（正常的银行间即期外汇手续费是1/100 000）来提高其交易成本，之后又暂停了数家外资行的境外人民币购售业务。与此同时，为进一步推动中国外汇市场对外开放，央行与外管局发布了中国人民银行、国家外汇管理局告〔2015〕第40号文，允许符合条件的人民币购售业务境外参加行进入银行间外汇市场，并可通过中国外汇交易中心交易系统参与全部挂牌的交易品种。

2016年5月20日，中国外汇交易中心公布，首批境外参加行已完成备案，中国工商银行（亚洲）有限公司、招商银行香港分行、中国信托商业银行股份有限公司、台北富邦商业银行股份有限公司、渣打银行（香港）有限公司和花旗银行香港分行，正式进入了中国银行间外汇市场。

2014年3月，人行等六部委联合发布《关于简化出口货物贸易人民币结算企业管理有关事项的通知》下放了出口货物贸易重点监管企业名单审核权限。同年6月，在全国范围开展个人货物贸易、服务贸易跨境人民币结算业务，支持银行业金融机构与支付机构合作开展跨境人民币结算业务。同年11月，人行发布《关于跨国企业集团开展跨境人民币资金集中运营业务有关事宜的通知》允许跨国企业集团开展经常项目跨境人民币集中收付业务。2015年，人行进一步放宽了“全国版”人民币资金池的要求，对于准入门槛、净流入额度等方面的要求均有所放松。

经常项下跨境人民币结算是人民币跨境使用的主要渠道，结算金额从2009年的35.8亿元，逐年递增至2015年的7.23万亿元。其中货物贸易结算金额6.39万亿元，服务贸易及其他经常项目结算金额0.84万亿元。为进一步支持扩大人民币跨境使用，建设成立人民币跨境支付系统CIPS，构建覆盖主要时区、安全高效的人民币跨境支付和清算体系。

2. 贸易项下跨境收支要求

经常项下的跨境人民币收付同外币一样，大体可分为贸易项下与非贸易项下。虽然根据人行《关于简化跨境人民币业务流程和完善有关政策的通知》，对于经常项下跨境人民币结算，境内银行可在满足“展业三原则”的要求下，自行决定是否需要企业提供单据，甚至可以仅凭企业的《跨境人民币结算收/付款说明》直接办理资金的收付。但事实上，在满足了人行的要求以外，企业仍需满足外管局的要求。贸易项下的跨境收支，根据汇发〔2012〕38号文货物贸易外汇管理改革的要求，企业应当按照“谁出口谁收汇、谁进口谁付汇”的原则办理贸易外汇收支业务，外管局对企业的贸易外汇管理方式由现场逐笔核销改变为非现场总量核查，外管局通过货物贸易外汇监测系统，全面采集企业货物进出口和贸易外汇收支逐笔数据，定期比对、评估企业货物流与资金流总体匹配情况，实现货物流、资金流的总量核查；对存在异常的企业进行重点监测，必要时实施现场核查。

3. 非贸易项下跨境收支要求

外管局2013年印发的《服务贸易外汇管理指引》（汇发〔2013〕30号）

简化了服务贸易项下外汇收支，办理单笔等值5万美元（含）以下的服务贸易外汇收支业务，银行在满足“展业三原则”的前提下可自行决定单据审核要求。境内机构和个人向境外单笔支付等值5万美元以上的，应向所在地主管国税机关进行税务备案，并在付汇时向银行提交《服务贸易等项目对外支付税务备案表》及相关单据。因此可认为对于服务贸易项下的跨境收付，人民币与外币的要求基本一致，即银行在满足“展业”的要求下自行决定单据要求，对交易单证的真实性及其与外汇收支的一致性进行合理审查，对于需在境内缴税的项目且对外支付金额在5万美元以上的还需提供税务备案表。

《服务贸易外汇管理指引》中列举了国际运输项下，对外劳务合作或对外承包工程项下，对外承包工程签订合同之前服务贸易项下前期费用对外支付，专有权利使用费和特许费项下，利润、股息和红利项下对外支付、代表处（办事处）办公经费项下，技术进出口项下，国际赔偿款项下，具有关联关系的境内外机构代垫或分摊的服务贸易费用项下，服务贸易项下退汇，其他服务贸易项下外汇收支等11项服务贸易的单据要求。

而《关于服务贸易等项目对外支付税务备案有关问题的公告》（国家税务总局国家外汇管理局公告2013年第40号）则列举了15项无须办理和提交《税务备案表》的情况，除了该15个项目之外的，在向境外单笔支付5万美元以上时，均应向所在地主管国税机关进行税务备案。无须备案的情况为：a.境内机构在境外发生的差旅、会议、商品展销等各项费用；b.境内机构在境外代表机构的办公经费，以及境内机构在境外承包工程的工程款；c.境内机构发生在境外的进出口贸易佣金、保险费、赔偿款；d.进口贸易项下境外机构获得的国际运输费用；e.保险项下保费、保险金等相关费用；f.从事运输或远洋渔业的境内机构在境外发生的修理、油料、港杂等各项费用；g.境内旅行社从事出境旅游业务的团费以及代订、代办的住宿、交通等相关费用；h.亚洲开发银行和世界银行集团下属的国际金融公司从我国取得的所得或收入，包括投资合营企业分得的利润和转让股份所得、在华财产（含房产）出租或转让收入以及贷款给我国境内机构取得的利息；i.外国政府和国际金融组织向我国提供的外国政府（转）贷款［含外国政府混合（转）

贷款］和国际金融组织贷款项下的利息。本项所称国际金融组织是指国际货币基金组织、世界银行集团、国际开发协会、国际农业发展基金组织、欧洲投资银行等；j.外汇指定银行或财务公司自身对外融资如境外借款、境外同业拆借、海外代付以及其他债务等项下的利息；k.我国省级以上国家机关对外无偿捐赠援助资金；l.境内证券公司或登记结算公司向境外机构或境外个人支付其依法获得的股息、红利、利息收入及有价证券卖出所得收益；m.境内个人境外留学、旅游、探亲等因私用汇；n.境内机构和个人办理服务贸易、收益和经常转移项下退汇；o.国家规定的其他情形。

碍于篇幅，仅列举较为常见的利润支付时的单据要求，从法规层面来看，对于利润支付提供的单据要求已几经调整：2013年的《服务贸易外汇管理指引》中要求利润支付时提供“会计师事务所出具的相关年度财务审计报告、董事会关于利润分配的决议和最近一期的验资报告。境内机构可依法支付中期境外股东所得的股息、红利”；而《国家外汇管理局关于废止和修改涉及注册资本登记制度改革相关规范性文件的通知》（汇发〔2015〕20号）剔除了利润支付时的审计报告和验资报告要求；但在最新的《关于进一步促进贸易投资便利化完善真实性审核的通知》（汇发〔2016〕7号）中，外管局再次对直接投资外汇利润汇出管理进行了规范，明确“银行为境内机构办理等值5万美元以上（不含）利润汇出，应按真实交易原则审核与本次利润汇出相关的董事会利润分配决议（或合伙人利润分配决议）、税务备案表原件及证明本次利润情况的财务报表。每笔利润汇出后，银行应在相关税务备案表原件上加章签注该笔利润实际汇出金额及汇出日期。”此外根据“展业三原则”的要求，银行可能仍会要求企业继续提供会计师事务所出具的相关年度财务审计报告和最近一期的验资报告，且要求对外支付利润的金额不大于企业财务报表中的未分配利润和应付股利之和。之所以会在法规中明确利润汇出的要求，也与近期大量借服务贸易的名义将境内资金转移出境的情况有关。

(二)直接投资(FDI和ODI)

1.外商直接投资（FDI）

2015年2月13日，汇发〔2015〕13号文，取消了境外直接投资项下外汇登记核准行政审批，改由银行按照《直接投资外汇业务操作指引》直接审核办理境外直接投资项下外汇登记。

自2015年6月1日起，外汇局不再负责境外投资外汇登记事项，而只是通过银行对直接投资外汇登记实施间接监管。直接投资外汇登记指客户到银行办理相关直接投资外汇登记手续，并领取业务登记凭证，作为账户开立和资金汇兑等后续业务的依据。直接投资登记跟行为相关，跟交易无关，由于在外管局登记，所以叫外汇登记，不仅仅指外汇，还包括跨境人民币。本次改革后，境内直接投资前期费用基本信息登记，新设外商投资企业基本信息登记，外国投资者并购境内企业办理外商投资企业基本信息登记，境内直接投资货币出资入账登记，境内直接投资存量权益登记（年度），前期费用外汇账户的开立、入账和使用，外汇资本金账户的开立、入账和使用等多项业务可直接在银行办理登记，而币种变更、A股减持、吸收合并、自贸区企业再投资、股权投资试点有限合伙登记、境外放款、境内居民特殊目的公司外汇登记、特殊目的公司项下境内个人购付汇等业务则不在本次外管局下放的范围之内，相关业务的办理仍然需要至外管局办理。此外，对于直接投资项下相关主管部门的前置审批或者登记备案要求并未改变，例如新设外商投资企业基本信息登记需要商务部颁发的《外商投资企业批准证书》或者自贸区管委会颁发的《外商投资企业备案证明》。外资行业准入限制主要适用《关于外商投资企业境内投资的暂行规定》《指导外商投资方向规定》《外商投资产业指导目录》（2015年）等法律法规。外商投资项目分为鼓励、允许、限制和禁止四类，中国境内的外商投资监管主要由商务主管部门整体负责。

在银行办理FDI直投登记阶段，如涉及特殊目的公司返程投资的，根据

《关于境内居民通过特殊目的公司境外投融资及返程投资外汇管理有关问题的通知》（汇发〔2014〕37号）要求，外商投资企业应按照现行外商直接投资外汇管理规定办理相关外汇登记手续，并应如实披露股东的实际控制人等有关信息。对于境内居民个人以境内外合法资产或权益已向特殊目的公司出资但未按规定办理境外投资外汇登记的，在境内居民个人向相关外汇局出具说明函详细说明理由后，相关外汇局按照个案业务集体审议制度审核办理登记。此外，商务部对于外资准入方面还有特别的要求，特别是房地产行业会在返程投资问题上非常敏感，在该问题上还需与监管部门做好充分沟通。

在资本金使用方面，需遵守汇发〔2015〕13号和《改革外商投资企业外汇资本金结汇管理方式的通知》（汇发〔2015〕19号）的要求。资本金结汇资金“不能用于企业经营范围之外或者国家法律禁止的范围；除法律法规另有规定外，不得直接或间接用于证券投资；不得直接或间接用于发放人民币委托贷款（经营范围许可的除外）、偿还企业间借贷；除外商投资房地产企业外，不得用于支付购买非自用房地产的相关费用”。资本金对外支付及结汇所得人民币资金支付按照实需原则使用，在办理每一笔资金支付时，银行均需审核前一笔支付证明材料的真实性与合规性。

表12　外商投资性公司及其再投资

类别	内容
定义	投资性公司系指外国投资者在中国以独资或与中国投资者合资的形式设立的从事直接投资的公司;公司形式为有限责任公司
注册资本	投资性公司的注册资本不低于3000万美元

续表12

类别	内容
经营范围	1.在国家允许外商投资的领域依法进行投资； 2.受其所投资企业的书面委托（经董事会一致通过），向其所投资企业提供下列服务： (1)协助或代理其所投资的企业从国内外采购该企业自用的机器设备、办公设备和生产所需的原材料、元器件、零部件和在国内外销售其所投资企业生产的产品，并提供售后服务； (2)在外汇管理部门的同意和监督下，在其所投资企业之间平衡外汇； (3)为其所投资企业提供产品生产、销售和市场开发过程中的技术支持、员工培训、企业内部人事管理等服务； (4)协助其所投资企业寻求贷款及提供担保； 3.在中国境内设立科研开发中心或部门，从事新产品及高新技术的研究开发，转让其研究开发成果，并提供相应的技术服务； 4.为其投资者提供咨询服务，为其关联公司提供与其投资有关的市场信息、投资政策等咨询服务； 5.承接其母公司和关联公司的服务外包业务； 6.经商务部批准，允许被认定为地区总部的投资性公司从事经营性租赁和融资租赁业务； 7.允许被认定为地区总部的投资性公司委托境内其他企业生产/加工产品并在国内外销售，从事产品全部外销的委托加工贸易业务
所投资企业	1.投资性公司直接或与其他外国投资者和/或中国投资者共同投资，投资性公司中折算出的外国投资者的投资单独或与其他外国投资者一起投资的比例占其所投资企业注册资本的25%以上的企业； 2.投资性公司将其投资者或其关联公司、其他外国投资者以及中国境内投资者在中国境内已投资设立的企业的股权部分或全部收购，投资性公司中折算出的外国投资者的投资单独或与其他外国投资者的投资额共同占该已设立企业的注册资本25%以上的企业； 3.投资性公司的投资额不低于其所投资设立企业的注册资本的10%

续表12

类别	内容
所投资企业性质	1. 投资性公司投资设立企业，按外商投资企业的审批权限及审批程序另行报批； 2. 投资性公司中折算出的外国投资者的投资单独或与其他外国投资者一起投资的比例一般不低于其所投资设立企业的注册资本的25%，其投资设立的企业享受外商投资企业待遇，发给外商投资企业批准证书和外商投资企业营业执照； 3. 出资比例低于25%的，按照现行设立外商投资企业的审批登记程序进行审批和登记
资金来源	1. 外国投资者须以可自由兑换的外币或其在中国境内获得的人民币利润或因转股、清算等活动获得的人民币合法收益作为其向投资公司注册资本的出资，中国投资者可以人民币出资； 2. 自营业执照签发之日起2年内出资应不低于3000万美元，注册资本中剩余部分出资应在营业执照签发之日起5年内缴清
资本和外债比例	1. 注册资本不低于3000万美元，其贷款额不得超过已缴付注册资本额的4倍；注册资本不低于1亿美元，其贷款额不得超过已缴付注册资本额的6倍； 2. 投资性公司的经营需要，贷款额拟超过上述规定，应当报商务部批准
审批权限	1. 注册资本1亿美元及以下的投资性公司及其变更事项（每次增资超过1亿美元的除外），由注册地省级商务主管部门负责审批； 2. 商务部批准设立的投资性公司后续变更事项（单次增资超过1亿美元、投资者变更的除外），由省级商务主管部门审批
特别提示	汇发〔2015〕19号：便利外商投资企业以结汇资金开展境内股权投资 除原币划转股权款项外，允许以投资为主要业务的外商投资企业（包括外商投资性公司、外商投资创业投资公司和外商投资股权投资公司），在其境内所投资项目真实合规的前提下，按实际投资规模将外汇资金直接结汇或将结汇待支付账户中的人民币资金划入被投资企业账户

表13 外资对上市公司的战略投资

类别	内容
定义	战略投资是外国投资者对已完成股权分置改革的上市公司和股权分置改革后新上市公司通过一定规模的中长期战略性并购投资，取得该公司A股股份的行为
基本要求	1.以协议转让、上市公司定向发行新股方式以及其他方式取得上市公司A股股份； 2.投资可分期进行，首次投资完成后取得的股份比例不低于该公司已发行股份的1/100，但特殊行业有特别规定或经相关主管部门批准的除外； 3.取得的上市公司A股股份3年内不得转让； 4.法律法规对外商投资持股比例有明确规定的行业，投资者持有上述行业股份比例应符合相关规定；属法律规定禁止外商投资的领域，投资者不得对上述领域的上市公司进行投资； 5.涉及上市公司国有股股东的，应符合国有资产管理的相关规定

表14 外商投资设立阶段

类别	内容
前期费用	1.累计汇出额原则上不超过300万美元且不超过中方投资总额的15%； 2.境外机构汇出境外的前期费用，可列入其境外直接投资总额； 3.境内机构凭业务登记凭证直接到银行办理后续资金购付汇手续； 4.境内投资者在汇出前期费用之日起6个月内仍未设立境外投资项目或购买境外房产的，应向注册地外汇局报告其前期费用使用情况并将剩余资金退回，可适当延长，但最长不得超过12个月； 5.累计汇出额超过300万美元或超过中方投资总额15%的，外汇局按个案业务集体审议办理
投资登记	1.外商投资企业应在领取营业执照后到注册地银行办理信息登记，取得业务登记凭证；外商投资性公司与外国投资者共同出资的，被投资企业须分别办理接收境内再投资基本信息登记和新设外商投资企业基本信息登记手续，其中办理新设外商投资企业基本信息登记时，外商投资性公司视为中方股东登记； 2.申请人应如实披露其外国投资者是否直接或间接被境内居民持股或控制； 3.外国投资者以其在境内合法取得的利润用于境内再投资或转增资本的，出资方式登记为人民币利润再投资；以其在境内股权转让所得、减资所得、先行回收所得、清算所得用于境内再投资和以所投资企业的盈余公积、资本公积和外债本金及利息转增资本的、出资方划转的，出资方式登记为境内外汇； 4.外商投资企业应于每年1月1日至9月30日(含)期间，通过外汇局资本项目信息系统企业端、银行端或事务所端向外汇局报送上年度境内直接投资存量权益相关数据信息

表 15 外商投资经营阶段

类别	内容
境外再投资	1.境内机构接收以投资为主要业务的外商投资企业(外商投资性公司、外商VC以及外商PE等)再投资外汇资金或接收其他境内主体再投资外汇资金的,应在注册地银行申请办理接收境内再投资基本信息登记后,再开立境内再投资专用账户; 2.境内机构或个人接收境内主体以外汇支付的股权转让对价,应在注册地(个人主要资产所在地)银行申请办理接收境内再投资基本信息登记后,再开立境内再投资专用账户
利润分配	等值5万美元以上(不含)利润汇出,审核与本次利润汇出相关的董事会利润分配决议(或合伙人利润分配决议)、税务备案表原件及证明本次利润情况的财务报表;每笔利润汇出后,银行应在相关税务备案表原件上加盖签注该笔利润实际汇出金额及汇出日期
资本金	100%意愿结汇,通过"资本项目—结汇待支付账户"支付
外债结汇	由结汇待支付账户划出用于担保或支付其他保证金的人民币资金,除发生担保履约或违约扣款的,均需原路划回结汇待支付账户
保证金	除担保公司外,境内企业借用的外债资金不得用于抵押或质押,但结汇后可用于担保

2.境外直接投资(ODI)

根据我国现行法律法规,境内企业进行境外投资并购交易,须获得发改委、商务部门的核准或备案,并在银行进行外汇登记。如果是国有企业,还必须取得国资委的核准或备案。其中,发改委主要是从境外投资角度对投资项目进行核准,商务部门主要是从境外投资设立境外企业的角度进行核准,银行主要是对境外投资所涉的外汇及汇出进行登记,国资委主要是从国有资产监督管理的角度进行核准。

国家发展改革部门备案批准。根据2014年5月8日起施行的《境外投资项目核准和备案管理办法》的规定,发改委根据不同情况对境内法人以新建、并购、参股、增资和注资等方式进行的境外投资项目,以及境内法人以提供融资或担保等方式通过其境外企业或机构实施的境外投资项目实行核准或备案管理。

商务主管部门备案批准。根据2014年10月6日起施行的《境外投资管理办法》的规定,商务部对境内企业通过新设、并购及其他方式在境外拥

有非金融企业或取得既有非金融企业所有权、控制权、经营管理权及其他权益的行为实行核准或备案管理。

银行直接投资登记。获得发改委和商务部门核准或备案文件之后，需要在银行办理境外投资外汇登记。本次改革后，境内机构境外直接投资前期费用登记、境外直接投资外汇登记、境外直接投资存量权益登记等多项业务可直接在银行办理登记。以境外直投登记为例，同样需要商务部颁发的《企业境外投资证书》或者自贸管委会出具的备案文件，境内机构在以境内外合法资产或权益（包括但不限于货币、有价证券、知识产权或技术、股权、债权等）向境外出资前，应到注册地银行申请办理境外直接投资外汇登记，在外汇局资本项目信息系统中登记商务主管部门颁发的企业境外投资证书中的投资总额。

国资委审批或备案。若境外投资主体是国有企业，则会涉及国资委的审批或备案。根据《国务院国有资产监督管理委员会关于加强中央企业境外投资管理有关事项的通知》（国资发规划〔2008〕225号）第六条规定，属于企业主业的境外投资项目要报国资委备案，非主业境外投资项目须报国资委审核。未列入企业年度投资计划中的追加境外投资项目应及时向国资委报告，其中境外收购项目应在签署具有法律效力的文件前不少于12个工作日正式向国资委行文报告。

表16　境外投资项目

类别	内容	
	境外投资项目核准	境外投资项目备案
核准和备案	1.中方投资额10亿美元以上的境外投资项目，由国家发改委核准； 2.涉及敏感国家和地区、敏感行业的境外投资项目不分限额，由国家发改委核准； (1)敏感国家和地区：未建交和受国际制裁的国家，发生战争、内乱等国家和地区； (2)敏感行业包括：基础电信运营、开发，输电干线，电网，新闻传媒等行业； 3.中方投资额20亿美元及以上并涉及敏感国家和地区、敏感行业的境外项目，国家发改委提出审核意见报国务院核准	1.左列之外的境外投资项目实行备案管理； 2.中央管理企业实施的境外投资项目、地方企业实施的中央投资额3亿美元及以上境外投资项目，由国家发改委备案； 3.地方企业实施的中方投资额3亿美元以下境外投资项目，由省级政府投资主管部门备案

续表16

<table>
<tr><th>类别</th><th colspan="2">内容</th></tr>
<tr><td>事前项目信息报告</td><td colspan="2">中方投资额3亿美元及以上的境外收购或竞标项目，投资主体在对外开展实质性工作之前，应向国家发改委报送项目信息报告；国家发改委对符合国家境外投资政策的项目，在7个工作日内出具确认函：
1.境外收购项目：是指投资主体以协议、要约等方式收购境外企业全部或者部分股权、资产或其他权益的项目；
2.境外竞标项目：是指投资主体参与境外公开或不公开的竞争性投标等方式获得境外企业全部或部分股权、资产或其他权益的项目；
3.对外开展实质性工作：境外收购项目是指对外签署约束性协议，提出约束性报价及向对方国家或地区政府审查部门提出申请；境外竞标项目是指对外正式投标</td></tr>
<tr><td>程序及条件</td><td>1.地方企业直接向所在地的省级政府发改委提交项目申请报告，省级发改委提出审核意见后报送国家发改委；
2.中央管理企业由集团公司或总公司向国家发改委报送项目申请报告</td><td>1.属于国家发改委备案的项目，地方企业应向所在地省级发改委提交申请，由省级发改委报送国家发改委；
2.中央管理企业由集团或总公司向国家发改委报送申请表及有关附件</td></tr>
<tr><td>申请及附件</td><td colspan="2">项目申请报告主要包括项目名称、投资主体情况、项目必要性分析、背景及投资环境情况、项目实施内容、投融资方案、风险分析等内容。项目申请报告应附以下附件：
1.公司董事会决议或相关的出资决议；
2.投资主体及外方资产、经营和资信情况的文件；
3.银行出具的融资意向书；
4.以有价证券、实物、知识产权或技术、股权、债权等资产权益出资的，按资产权益的评估价值或公允价值核定出资额，并应提交具备相应资质中介机构出具的审计报告、资产评估及有权机构的确认函，或其他可证明有关资产权益价值的第三方文件；
5.投标、并购或合资合作项目，应提交中外方签署的意向书或框架协议等文件</td></tr>
<tr><td>书面审核</td><td>对核准的项目出具书面核准文件</td><td>对符合备案条件的境外投资项目出具备案通知</td></tr>
<tr><td>变更登记</td><td colspan="2">项目规模、主要内容、投资主体或股权结构发生变化；中方投资额超过原核准或备案的20%及以上</td></tr>
<tr><td>有效时间</td><td colspan="2">建设类项目核准文件和备案通知书有效期2年，其他项目核准文件和备案有效期届满前30个工作日内可申请延长有效期</td></tr>
</table>

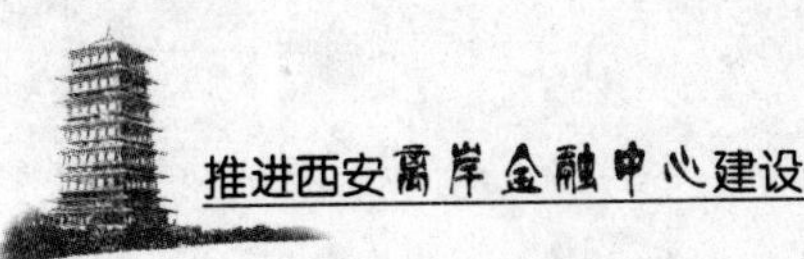

表 17　境外投资

类别	内容	
	境外投资核准	境外投资备案
核准和备案	涉及敏感国家和地区、敏感行业的，实行核准制： 1.敏感国家和地区：未建交和受联合国制裁的国家，必要时，商务部可另行公布其他实行核准管理的国家和地区的名单； 2.敏感行业：涉及中国限制出口的产品和技术的行业，影响一国/地区以上利益的行业	左列之外的境外投资实行备案管理
途径	商务部境外投资管理系统	
程序及条件	中央企业向商务部提出申请；地方企业通过所在地省级商务主管部门向商务部提出申请	—
申请及附件	1.申请书，包括投资主体情况、境外企业名称、股权结构、投资金额、经营范围、经营期限、投资资金来源、投资内容等； 2.《境外投资申请表》并加盖印章； 3.境外投资相关合同或协议； 4.有关部门对境外投资所涉的属于中国限制出口的产品或技术准予出口的材料； 5.企业营业执照复印件	中央企业和地方企业通过商务部境外投资管理系统按要求填写并打印《境外投资备案表》，加盖印章后，连同企业营业执照复印件分别报商务部或省级商务主管部门备案
驻外使领馆意见	1.核准境外投资应征求我驻外使(领)馆意见； 2.涉及中央企业的，由商务部征求意见；涉及地方企业的，由省级商务部主管部门征求意见	不适用
书面审核	对核准/备案的项目出具书面《企业境外投资证书》	
变更触发	《企业境外投资证书》载明的事项发生变更，企业应当向原备案或核准的商务部主管部门办理变更手续	
有效期间	自领取《证书》之日起2年内，企业未在境外开展投资的，《证书》自动失效，如需再开展境外投资，应当按照本章程序重新办理备案或申请核准	
负责登记人	境外企业中方负责人应当面或以信函、传真、电子邮件等方式向驻外使领馆报到登记	
再投资登记	完成境外法律手续后，应通过商务部境外投资管理系统和书面《再投资报告表》向商务主管部门报告	

注："—"表示无数据。

表 18　设立、经营以及退出阶段

阶段	类别	内容
设立阶段	前期费用	1. 累计汇出额原则上不超过300万美元且不超过中方投资总额的15%； 2. 境内机构汇出境外的前期费用，可列入其境外直接投资总额； 3. 境内机构凭业务的登记凭证直接到银行办理后续资金购付汇手续； 4. 境内投资者在汇出前期费用之日起6个月内仍未设立境外投资项目或购买境外房产的，应向注册地外汇局报告其前期费用使用情况并将剩余资金退回；可适当延长，但最长不得超过12个月； 5. 累计汇出额超过300万美元或超过中方投资总额15%的，外汇局按个案业务集体审议办理
	投资登记	1. 境内机构以境内外合法资产或权益（包括但不限于货币、有价证券、知识产权或技术、股权、债券等）向境外出资前，应到注册地银行办理境外直接投资外汇登记，在ASONE系统中登记商务主管部门颁发的企业境外投资证书中的投资总额； 2. 境内机构以境外资金或其他境外资产或权益出资，应向注册地银行申请办理境外直接投资外汇登记； 3. 多个境内机构共同实施一项境外直接投资的，由约定的一个境内机构向其注册地银行办理境外直接投资外汇登记；银行通过ASONE完成境外直接投资外汇后，其他境内机构可分别向注册地银行领取业务登记凭证； 4. 境内机构设立境外分公司，参照境内机构境外直接投资管理
	资金来源	自有经常项目和资本项目外汇资金、国内外汇贷款、人民币购汇或实物、无形资产及外汇局核准的其他外汇资产来源等进行境外直接投资，境内机构境外直接投资所得利润也可留存境外用于其境外直接投资
经营阶段	境外再投资	反应在境内投资主体境外直接投资存量权益登记中
	利润分配	1. 汇回利润可保留在相关市场主体经常项目外汇账户或直接结汇； 2. 完成境内投资主体境外直接投资存量权益登记的银行方可为其办理利润汇回手续； 3. 银行应在业务办理后及时完成国际收支申报
退出阶段	资产转让撤资清算	1. 银行可根据境内机构、境内个人的申请直接办理境外资产变现账户； 2. 银行应在查询ASONE中登记开户主体可汇回额度后，为其办理入账手续，资金可结汇； 3. 账户使用完毕后，银行可根据开户主体的申请直接办理账户注销手续

注："—"表示无数据。

(三)跨境融资

1.全口径跨境融资

全口径跨境融资的前身有多种叫法，由最早的“外债”一直到多个试点地区的“跨境人民币贷款”，再到上海自贸区的“跨境人民币借款”和8号文的“境外融资”，其实质都是通过债权方式从境外获得融资，并在额度、用途等方面加以限制。在“全口径”实施之前，人民币与外币的外债分别由人行与外管局分管，人民币境外借款主要遵循《中国人民银行关于明确外商直接投资人民币结算业务操作细则的通知》（银发〔2012〕165号）的要求，而外币外债的主要法规则是《外债登记管理办法》（汇发〔2013〕19号），其中人民币外债全部按照发生额管理，这一点甚至比外币的外债要求更加严格。“全口径跨境融资”统一了人民币与外币的外债管理，同时也将短期外债与中长期外债（发改委特批的中长债除外）一并管理，标志着全国范围内的跨境融资宏观审慎管理的开始。

最初的外债及跨境融资试点地区，包括四个实施跨境融资试点的自贸区（上海、天津、广东和福建）、三个实施外债宏观审慎管理试点的地区（中关村、张家港和深圳前海深港）和其他十二个可以借用外债的地区（深圳前海深港、广州南沙、珠海横琴新区、青岛、泉州、厦门、昆山、苏州、中新天津、广西、云南和中哈霍尔果斯）。

2016年4月29日，央行发布《关于在全国范围内实施全口径跨境融资宏观审慎管理的通知》（银发〔2016〕132号，以下简称132号文），正式将原在四个自贸区试点的跨境融资（银发〔2016〕18号文）推广到全国。至此，以上提到的十几个地区相对应的外债/跨境融资政策可以被认为已经失效（部分地区有一年的过渡期），从5月3日起，跨境融资将在全国正式实施。

表19　现行跨境融资/外债监管原则

<table>
<tr><th>类别</th><th colspan="2">机构</th><th>适用模式</th><th>监管机构</th><th>备案</th><th>备注</th></tr>
<tr><td rowspan="6">跨境融资</td><td rowspan="2">27家试点银行</td><td>内资</td><td>全口径</td><td rowspan="2">央行为主</td><td rowspan="4">事后备案</td><td rowspan="6">原有管理模式下的跨境融资未到期余额纳入全口径管理</td></tr>
<tr><td>外资</td><td>二选一（全口径/短期外债余额指标）无论选择哪种，短期外债统一按照余额纳入全口径计算</td></tr>
<tr><td rowspan="2">除27家试点银行以外的非银行金融机构</td><td>内资</td><td>全口径</td><td rowspan="4">外汇局为主</td></tr>
<tr><td>外资</td><td>二选一（全口径/短期外债余额指标）无论选择哪种，短期外债统一按照余额纳入全口径计算</td></tr>
<tr><td rowspan="2">企业</td><td>内资</td><td>全口径</td><td rowspan="2">事前签约备案</td></tr>
<tr><td>外资</td><td>二选一（全口径/投注差）无论选择哪种，短期外债统一按照余额纳入全口径计算</td></tr>
<tr><td rowspan="3">境外发债（中长债）</td><td colspan="2">96家外资银行</td><td rowspan="3">核定规模
中长期外债统一按照余额纳入全口径计算</td><td>发改委</td><td>事前备案</td><td rowspan="3">全口径跨境余额上限与发改委的核定规模遵循“属地”原则；逐笔批准的，以批准额度为准</td></tr>
<tr><td colspan="2">21家试点企业</td><td></td><td>事后备案</td></tr>
<tr><td colspan="2">除21家试点企业以外</td><td></td><td>事前备案</td></tr>
</table>

注：

1.为中国人民银行、国家外汇管理局实行本外币境外融资等区域性跨境融资创新试点设置1年过渡期，1年过渡期后统一按132号文模式管理。

2.“二选一”模式一经选定，原则上不再更改。如要更改，须向央行、外汇局提出申请。外商投资企业、外资金融机构过渡期长短和过渡安排，另行制定方案。

3.三个实行比例自律管理的试点地区（中关村、张家港、深圳前海深港）在18号文规定的1年过渡期内（即2017年1月22日）继续有效。

4.外商投资租赁公司、外商投资性公司等，可继续适用现行的外债管理规定中明确的外债数量控制方式借用外债（待外管局确认细则）。

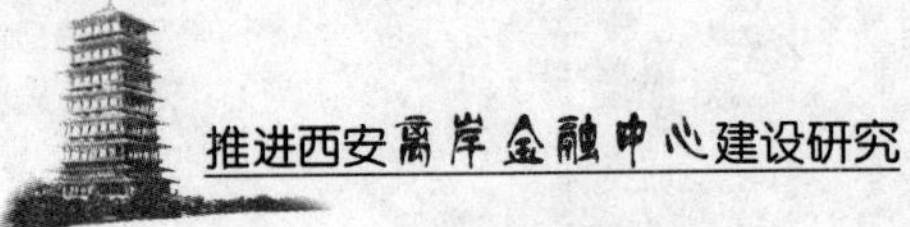

2. 人民币跨境担保

人民币跨境担保涉及外管局和央行主管人民币跨境的货币政策二司之间的监管权分配，以及如何切割跨境人民币和外管局监管的问题。

(1)《国家外汇管理局综合司关于规范跨境人民币资本项目业务操作有关问题的通知》要求境内机构（含金融机构）提供人民币对外担保，原则上按现行对外担保管理规定操作。

(2)《中国人民银行关于明确跨境人民币业务相关问题的通知》（银发〔2011〕145号）第五条、第六条规定，人民银行对与跨境贸易人民币结算相关的远期信用证、海外代付、协议付款、预收延付、为客户出具境外工程承包、境外项目建设和跨境融资等人民币保函业务不实行额度管理。

(3) 但外管局的汇综发〔2011〕38号文仍然要求原则上按现行对外担保管理规定操作，此类争执在中国人民银行与国家外汇管理局联合发布了《关于跨境人民币业务管理职责分工的通知》（银发〔2012〕103号）后得以终结。2012年9月，货政二司在《中国人民银行货政二司关于明确人民币融资性担保是否占用融资性对外担保余额指标的通知》中更是做了非常明确的答复："银行开立人民币融资性对外保函不占用银行年度融资性对外担保余额指标。"

(4)《关于简化跨境人民币业务流程和完善有关政策的通知》（银发〔2013〕168号）将人民币内保外贷的境内担保人扩展到境内非金融机构。

(5) 2014年5月，外管局推出跨境担保新规定《跨境担保外汇管理规定》（汇发〔2014〕29号），大幅度放松跨境担保，将审核制改为事后备案制，同时允许个人在内保外贷和外保内贷中担任担保人。

但是人民币跨境担保是否需要参照执行，仍然没有明文的统一说法。目前的口径仍然只是部分外管局窗口要求，多数仍然是参照外币到外管局进行登记执行，但人民币对外担保的担保人不能是个人。在外贷资金回流方面，人民币对外担保并不受外管局29号文的约束，相对宽松。尤其在当前的宏观背景下，根据最新发改委发布的企业外债登记规定即便是外币外债在回流方面也已松动。

因为最新的外币跨境担保也已取消额度控制和事前审批，所以即便人民币对外担保参考的是29号文的外币做法，对实际展业的阻碍并不明显。因此，央行和外管局关于跨境担保的不同看法目前看来影响有限。

不过需要特别注意的是，人民币内保外贷的主体和外币内保外贷不同，最主要的依据为《关于简化跨境人民币业务流程和完善有关政策的通知》（银发〔2013〕168号文）“五、境内非金融机构可以按照《中华人民共和国物权法》《中华人民共和国担保法》等法律规定，对外提供人民币担保。境内非金融机构对外担保使用人民币履约时，境内银行进行真实性审核后，为其办理人民币结算，并向人民币跨境收付信息管理系统报送相关信息。履约款项也可由境内非金融机构使用其境外留存的人民币资金直接支付”。该条款实际上是将银发〔2011〕145号文中规定的担保人从银行扩展到了非金融机构。

综上所述，人民币内保外贷的担保人只局限于银行和非金融机构，不包括非银行金融机构，也不包括个人。

如按照外管局的《跨境担保外汇管理规定》，则所有形式的跨境担保仅分为三类：a.内保外贷（担保人注册地在境内、债务人和债权人注册地均在境外）；b.外保内贷（担保人注册地在境外、债务人和债权人注册地均在境内）；c.其他形式的跨境担保（如内保内贷）。从严格意义上讲，跨境担保不应该被分类为资金跨境的渠道之一，因为跨境担保管理的初衷是支持债务人在当地业务的发展，并不鼓励通过保函履约的方式最终形成跨境资金流动。跨境担保中形成的银行债务，其第一还款来源应该是债务人本身，而不应是保函项下的履约资金。如按照正规途径办理的跨境担保，从办理之初就确定将来会通过保函履约的形式归还境内/境外债务的，则有通过保函恶意履约来实现跨境资金转移的嫌疑。这样操作的结果：一是外管局会事后核查跨境担保的合规性，对存在问题的业务很有可能处罚企业及银行；二是对于银行来说有保函履约率考核的问题；三是对企业来说有外债额度和境外放款额度的问题，保函履约后企业需办理对内/对外债权登记，在归还履约资金之前不得再次办理跨境担保。为了规避跨境担保管理办法的要求，境内企业和银行往往通过全球授信、维好协议、流动性支持函、股权

回购承诺等多种形式将跨境担保包装成非担保类业务，有跨境担保之实而无跨境担保之名，在表面上不符合外管局对于跨境担保定义的则不用进行跨境担保登记，而这样操作是否合规仍存在一定疑问。

表 20　各类跨境担保情况

<table>
<tr><th colspan="2">项目</th><th>银行业金融机构</th><th>非银行业金融机构</th><th>非金融机构</th></tr>
<tr><td rowspan="7">内保外贷</td><td rowspan="2">审批要求</td><td colspan="2">按照行业主管部门规定，具有相应担保业务经营资格</td><td>不适用</td></tr>
<tr><td colspan="3">可自行签约</td></tr>
<tr><td>登记要求</td><td>向资本项目信息系统报送数据</td><td colspan="2">15个工作日内办理内保外贷签约登记手续</td></tr>
<tr><td>资金用途</td><td colspan="3">1.仅用于债务人正常经营范围内的相关支出；
2.原则上不得直接或间接调回境内使用；
3.用于直接或间接获得对境外其他机构的股权或债权时，该投资行为应符合国内相关部门有关境外投资的规定；
4.被担保的债务为境外机构衍生交易项下支付义务时，债务人从事衍生交易应当以止损保值为目的，符合其主营业务范围且经过股东适当授权</td></tr>
<tr><td>注销登记</td><td>向资本项目信息系统报送数据</td><td colspan="2">15个工作日内办理内保外贷签约登记手续</td></tr>
<tr><td rowspan="2">发生担保履约</td><td>自行办理</td><td colspan="2">凭登记文件在银行直接办理</td></tr>
<tr><td colspan="3">成为对外债权人的境内担保人或反担保人应办理对外债权登记</td></tr>
<tr><td rowspan="3">外保内贷</td><td>审批要求</td><td colspan="3">境内非金融机构在满足以下条件的前提下，可接受境外机构或个人提供的担保，并可自行签订外保内贷合同：
(1)债务人为在境内注册经营的非金融机构；
(2)债权人为在境内注册经营的金融机构；
(3)担保标的为金融机构提供的本外币贷款(不包括委托贷款)或有约束力的授信额度；
(4)担保形式符合境内外法律法规(境内中资企业不需要申请外保内贷额度，外商投资企业也不再需要在投注差范围内接受境外担保)</td></tr>
<tr><td>登记要求</td><td colspan="3">需要向资本项目信息系统报送数据</td></tr>
<tr><td>发生担保履约</td><td colspan="3">1.金融机构可直接与境外担保人办理担保履约收款；
2.债务人应办理短期外债签约登记及相关信息备案手续；
3.外汇局在外债签约登记环节对合规性进行事后核查；
在境外担保人履约后，境内债务人欠付境外担保人的债务不得超过境内债务人上一年度末审计净资产的数额；超过上述数额的，占用自身的外债额度；自身外债额度不足的，按未经批准擅自对外借款处理</td></tr>
</table>

续表20

项目	银行业金融机构	非银行业金融机构	非金融机构
物权担保	1.当担保人与债权人分属境内、境外，或担保物权登记地（或财产所在地、收益来源地）与担保人、债权人的任意一方分属境内、境外时，担保人或债权人申请汇出或收取担保财产处置收益时，可直接向境内银行提出申请； 2.构成内保外贷或外保内贷的，应当按照相关规定办理		
其他形式跨境担保	1.除外汇局另有明确规定外，不需要办理登记或备案； 2.可自行办理担保履约，但担保项下对外债权债务需要事前审批或核准，或因担保履约发生对外债券债务变动的，应按规定办理相关审批或登记手续		

（四）资本市场跨境业务

1.银间市场对境外资金进一步开放

回顾银行间市场对境外开放的步伐，首先是2009年为配合跨境人民币试点，对境外清算行可以在其存款的8%范围内投资银行间市场。继中国银行（香港）有限公司、中国银行澳门分行进入全国银行间同业拆借市场以来，2014年，中国工商银行新加坡分行和中国银行台北分行先后于5月和10月获准进入，全国银行间同业拆借市场中的人民币清算行成员增至4家。2014年，4家境外人民币清算行在全国银行间同业拆借市场累计发生同业拆借交易4714.8亿元，同比增长88%。

后来，2010年发布《关于境外人民币清算行等三类机构运用人民币投资银行间债券市场试点有关事宜的通知》（银发〔2010〕217号）允许境外参加行、境外清算行及境外央行在人民银行审批的额度内投资银行间债券市场。

然而，所有这些都是非常有限的参与空间，主要体现在严格资格审查（尤其是境外参加行），以及有限额度及投资品种（局限于债券现券市场，无法渗透到其他资金市场如回购、互换等）。

目前QFII、RQFII进入银行间市场需要三步：一是获得证监会资格审查，获取QFII、RQFII资质；二是向外管局申请投资额度（外管局实行双额度，即先给一个地区总额度，比如香港2700亿元，然后对该区域的金融机构逐个批复额度）；三是向银行申请银行间开户许可，再去中债登和上清所开户。每个步骤都是严格准入管理。

我国银行间市场将进一步对QFII，RQFII取消资格审查和额度限制。如果能取消资格和额度审批，直接将银行间额度进行备案制管理，对银行间而言算是迄今为止引入境外资金最大的改革力度。很可能通过债券结算代理统一备案，即一家结算代理行可能有一家或多家QFII、RQFII，外管局通过结算代理行统一进行备案，而不是针对单个QFII、RQFII。

2015年5月底，银行间市场对境外机构交易品种做了延伸，包括债券回购和《关于境外人民币业务清算行、境外参加银行开展银行间债券市场债券回购交易的通知》。

最终央行在2015年7月正式发布的文件《中国人民银行关于境外央行、国际金融组织、主权财富基金运用人民币投资银行间市场有关事宜的通知》中放开境外央行、国际金融组织和主权基金三类机构投资银行间市场的准入，且取消额度管理。交易范围包括：债券现券、债券回购、债券借贷、债券远期，以及利率互换、远期利率协议。上述法规的三类机构和2010年发布的《中国人民银行关于境外人民币清算行等三类机构运用人民币投资银行间债券市场试点有关事宜的通知》，只有境外央行有重叠，所以也是对2010年文件的一项修改。这也是我国资本项目开放的一大步，但相对于QFII、RQFII而言，这类机构数量和规模仍然相对较小。

2016年2月17日，央行发布《关于进一步做好境外机构投资者投资银行间债券市场有关事宜的公告》（中国人民银行公告〔2016〕第3号），《公告》将境外机构范围进一步扩大，从原来的境外央行，中国香港、中国澳门地区人民币业务清算行，境外参加银行，国际金融组织，主权财富基金，QFII和RQFII扩大到绝大部分境外金融机构。同时，参与银行间债券市场的流程进一步简化，但值得注意的是，交易类型并未进一步放松，只明确了可开展债券现券交易。

参与银行间债券市场的境外机构范围进一步扩大，流程进一步简化，总结之前的相关规定如下：

a.《中国人民银行关于境外人民币清算行等三类机构运用人民币投资银行间债券市场试点有关事宜的通知》（银发〔2010〕217号）。

b.经中国人民银行同意后，境外机构可在核准的额度内在银行间债券市场从事债券投资业务。

c.《中国人民银行关于合格境外机构投资者投资银行间债券市场有关事项的通知》（银发〔2013〕69号）。

d.获得中国证券监督管理委员会核发合格投资者资格及国家外汇管理局核批投资额度的合格投资者可以向中国人民银行申请进入银行间债券市场。

e.《中国人民银行关于境外央行、国际金融组织、主权财富基金运用人民币投资银行间市场有关事宜的通知》（银发〔2015〕220号）。

f.相关境外机构投资者进入银行间市场，应当通过原件邮寄或银行间市场结算代理人代理递交等方式向中国人民银行提交中国银行间市场投资备案表。

g.备案完成后，相关境外机构投资者可在银行间市场开展债券现券、债券回购、债券借贷、债券远期，以及利率互换、远期利率协议等其他经中国人民银行许可的交易。相关境外机构投资者可自主决定投资规模。

与之前相关规定相比，两点变化值得注意：

第一，境外机构范围进一步扩大。从原来的境外央行，中国香港、中国澳门地区人民币业务清算行，境外参加银行，国际金融组织，主权财富基金、QFII和RQFII扩大到绝大部分境外金融机构。

第二，流程进一步简化。此前央行在2015年7月14日曾公告允许境外央行、主权基金等机构进入银行间债券市场，没有资格审查和额度约束。此次彻底放开所有类型的境外机构银行间市场准入。至此基本可以认为银发〔2010〕217号文对三类机构进入银行间市场的规则被彻底废止。不仅如此，此次将范围进一步拓展到QFII和RQFII的范畴。

2015年7月，央行比较大幅度的开放动作是允许境外央行或货币当局、国际金融组织、主权财富基金在备案后进入银行间市场，开展债券现券、债券回购、债券借贷、债券远期，以及利率互换、远期利率协议等其他交易。此次政策最大突破在于不需要额度批复，不需要资格准入。境外央行或主权基金备案后可以自己决定投资规模。这是对以往资本项目证券投资（包括股票和债券）管理方式的一个颠覆。

第三，交易类型进一步放松。

a.针对交易类型。3号文只说明“符合条件的境外机构投资者可在银行间债券市场开展债券现券等经中国人民银行许可的交易”，并未像银发〔2015〕220号提及的，可以进行“债券现券、债券回购、债券借贷、债券远期，以及利率互换、远期利率协议等”。但值得注意的是，在5月27日央行发布的《中国人民银行有关负责人就境外机构投资者投资银行间债券市场有关事宜答记者问》中提到，各类境外机构投资者现阶段均可在银行间债券市场开展现券交易，并可基于套期保值需求开展债券借贷、债券远期、远期利率协议及利率互换等交易。

b.关于“长期投资者”。为维护债券市场平稳健康发展，人民银行鼓励境外机构投资者基于资产保值增值的需要进行长期投资。这与境外央行类机构基于流动性管理需要，开展一些短线的投资和头寸调整并不矛盾。对于境外机构投资者其他的投资需求，央行并没有禁止。从国际经验看，央行和货币当局、国际金融组织、主权财富基金基本上都是各国金融市场的长期投资者，也符合我国银行间债券市场对长期投资者的定义，对此类投资者没有持有期限和最低持有量的要求。

c.关于“宏观审慎管理”。中国人民银行一直鼓励相关境外机构投资者到境内银行间市场投资。69号及220号《通知》中提到的“对等性原则”并不意味着我行对境外央行类机构投资我银行间债券市场预设条件。从国际经验看，央行、国际金融组织、主权财富基金在各国金融市场进行投资也都符合对等性原则和宏观审慎管理的要求，我们欢迎各国央行、国际金融组织、主权财富基金投资中国的债券市场。

d.符合条件的境外机构投资者应当委托结算代理人进行交易和结算，中国人民银行另有规定的除外。

这也是银行间债券市场仅存的丙类户结算模式，即境外金融机构仍然作为丙类户开户，需要通过甲类户进行结算交易。目前，银行间债券市场其他类型客户，比如信托、理财、企业都改为乙类户。其中，企业选择北金所或柜台债券（非直接开户）进行债券交易。

e.但QFII、RQFII总体投资额度和资格审批不在央行，而是首先需要证监会资格审批，再获得外管局的额度审批。所以QFII、RQFII应该只是在外管局总体额度范围内投资境内银行间债券市场不再设置额外审批和限制。相关解读梳理如下：

2016年5月9日，上清所发布《关于发布〈中国（上海）自由贸易试验区跨境债券业务登记托管、清算结算实施细则〉〈上海自贸区跨境债券业务登记托管、清算结算业务指南〉的通知》，这可以看成是中国债券市场对外全面开放的开端。总结其特点，对投资方来说：一是上海清算所与国际托管机构建立互联的安排，国际投资人可"一点接入"参与全球多个市场，而无须单独在各市场开户、结算；二是没有投资额度限制；三是交易既可以在集中电子平台进行，也可以通过自贸区商业银行柜台。对融资方来说，境内外机构可面向境外发行人民币债券。

2016年5月27日，央行上海总部发布《境外机构投资者投资银行间债券市场备案管理实施细则》（中国人民银行公告〔2016〕第3号）正式出台。《细则》强调，新的合格境外机构投资者进入银行间债券市场需向央行上海总部备案，这也延续了此前2008年发布的《关于全国银行间债券市场准入备案工作有关事宜的公告》（中国人民银行上海总部公告〔2008〕第3号）的相关规定，境内合格机构投资者进入银行间债券市场需向上海总部备案。此外，《细则》中需要特别强调的一点，"境外机构投资者自备案完成之日起9个月内汇入的投资本金不足其备案拟投资规模50%的，需重新报送拟投资规模等信息"，此条在之前的相关法规中未曾提及。

同日，外管局发布《关于境外机构投资者投资银行间债券市场有关外汇管理问题的通知》（汇发〔2016〕12号），主要内容包括：a.对境外机构投资者实行登记管理，境外机构投资者应通过结算代理人办理外汇登记；b.不设单家机构限额或总限额，境外机构投资者可凭相关登记信息，到银行直接办理资金汇出入和结汇或购汇手续，不需要到外汇局进行核准或审批；c.要求资金汇出入币种基本一致。投资者汇出资金中本外币比例应保持与汇入时的本外币比例基本一致，上下波动不超过10%；首笔汇出可不按上述比例，但汇出外汇或人民币金额不得超过累计汇入外汇或人民币金额的110%。

同日，中债登联合同业拆借中心、上清所发布《关于发布〈境外机构投资者进入银行间市场联网和开户操作指引〉的通知》（中债字〔2016〕52号），明确境外机构投资者在银行间债券市场联网和开户流程，境外机构投资者进入银行间债券市场可由结算代理人分别向同业拆借中心、中债登和上清所书面提出联网或开户申请。

2.合格境内有限合伙人（QDLP）

这是以有限合伙的形式，设立私募基金（境外证券投资基金企业，即QDLP），且管理人为外资背景（资产管理排名较为靠前，如前100名），境外投资基金企业募集到的资金运用投资于境外二级市场。但境外投资基金管理企业仍然需要设立在特定地区（如上海，深圳，青岛），只是管理企业发起人为境外市场成熟的基金管理人，投资业绩良好。

但从之前的情况看，其规模非常有限，且参与者是外管局，跨境币种是外币，不是人民币。上海首批试点6家QDLP（总共3亿美元额度）几乎和上海自贸区政策差不多同一时间落地，后续青岛和重庆也相应获得类似政策试点。但最终在税收领域并没有获得优惠，在投资标的方面和传统QDII相比只有很小的突破，比如在一级市场投资和不动产投资，青岛QDLP有部分突破。

其劣势在于：

a.双重征税。QDLP属于境内LP资金结汇投向境外二级市场，在资金结汇返还境内期间，除了按境外国家税法须征收利得税与资产转移税，LP还得依照国内税收规定缴纳所得税。境外投资缴利得税，资金返回国内缴20%的所得税。

b.结汇效率问题。QDLP在操作上存在着一个人民币和美元结汇的问题，外管局等部门相对复杂的结汇审批流程，可能会令投资者等待相当长的时间，才能完成份额赎回手续并取回资金。

其投资范围也较易受到限制，投资范围一般被限定为境外证券投资，具有一定的局限性，可大致分以下两个阶段：

第一阶段（2013年9月—2015年2月）：境外证券投资。直接投资境外二级市场，倾向大部分募集资金投向ETF、高信用评级债券、境外蓝筹股等高流动性品种。

第二阶段（2015年3月至今）：境外证券投资。境外一级市场、二级市场、大宗商品交易。

总体而言，QDLP（QDIE）在跨境人民币领域影响非常有限。

（五）人民币跨境资金流

1.个人人民币跨境业务

一、非贸易经常项下如香港、台湾地区居民每日8万人民币同名划转至境内人民币账户；二、后来上海自贸区放开个人人民币双向支付目的（银行基于审慎三原则，不一定非要审核相关凭证），2014年6月央行将该政策推广向全国；三、2014年6月初人民银行南京分行和新加坡监管机构MAS签订协议，开展苏州工业园区，推出4项人民币创新措施，继台湾对接昆山地区之后，再次试点以个人名义进行资本项目的对外投资。

央行在2014年6月的《关于贯彻落实<国务院办公厅关于支持外贸稳定增长的若干意见>的指导意见》只是惜墨如金地提及“六、开展个人跨境贸易人民币结算业务。银行业金融机构可为个人开展的货物贸易、服务贸易跨境人民币业务提供结算服务。银行业金融机构在‘了解你的客户’‘了解你的业务’‘尽职审查’三原则的基础上，可凭个人有效身份证件或者工商营业执照直接为客户办理跨境贸易人民币结算业务，必要时可要求客户提交相关业务凭证”。但因为缺乏后续细则支撑，很少有银行正式开展此项业务。

只是在几个省份的中支在转发过程中新增了一些执行细则要求，比如济南分行提出细化的标准：对金额50万元（含）以下的个人跨境人民币货物贸易结算业务及金额30万元（含）以下的个人跨境人民币服务贸易结算

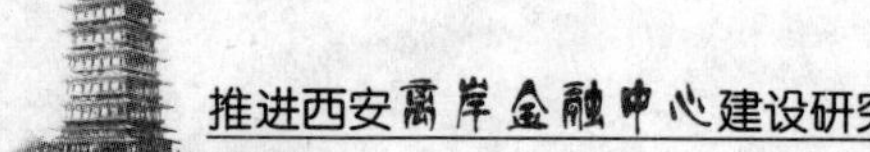

业务，银行业金融机构在“了解你的客户”“了解你的业务”“尽职审查”三原则的基础上，可凭个人有效身份证件或者工商营业执照直接为客户办理跨境贸易人民币结算业务；对金额超过50万元的个人跨境人民币货物贸易结算业务及金额超过30万元的个人跨境人民币服务贸易结算业务，银行应要求客户提交相关业务凭证。

2016年4月，广东、天津和福建相继发布扩大人民币跨境使用的通知，扩大了个人跨境人民币业务的范围，允许为个人办理经常项下和直接投资项下的跨境人民币结算业务。

按照现行跨境人民币政策，结算银行可办理个人项下货物贸易、服务贸易、直接投资（境外个人新设或并购境内企业、境内个人向境外投资者转让境内企业股权）、其他投资（境外个人同名汇入及原路退款）等跨境人民币收支业务。

表21　跨境人民币收支业务

个人类型	跨境收入				跨境支出			
	金额限制	资金来源	审核重点	业务申报	金额限制	资金来源	审核重点	业务申报
境内个人	8万元以内	台湾非居民个人账户	境外汇款身份及区域	其他经常项目	—	原路退款	属于境外汇入且未动用的个人账户资金内退回	其他经常项目
	—	境外（含港澳台）账户、人民币NRA账户	跨境货物贸易、服务贸易证明材料	货物贸易、服务贸易	—	跨境货物贸易、服务贸易对外支付	跨境货物贸易、服务贸易证明材料	货物贸易、服务贸易
	—	境外（含港澳台）账户、人民币NRA账户	企业股权转让证明材料	直接投资	—	—	—	—
境外个人	8万元以内	香港、台湾同名非居民个人账户	境外汇款人身份及区域	其他投资	—	原路退款	属于香港、澳门、台湾非居民个人同名汇入且未动用的账户资金	其他投资
	5万元以内	澳门同名非居民个人账户						

注：“—”表示无数据。

2. 跨国集团双向资金池业务

重点提及人民币双向资金池业务，因为这是集团企业唯一较为自由的人民币跨境流动渠道，没有明确的额度限制。基本原理是：跨国公司在境内外都有股权关联公司或子公司，可以选择一家关联公司在境内银行开立一个人民币专用账户用于人民币资金的归集，所有关联企业资金流向该“专用账户”称之为“上存”，所有从该资金池的借款被称为“下划”；可以实现境外人民币合法合规地流向境内，或者反向。前提条件是境外子公司资金来源必须是其经营现金流，不可以是从境外银行借入的人民币。但实践中境内银行也难以取证境外资金来源，一般根据其业务规模，根据审慎三原则合理判断。

人行2013年7月发布的《关于简化跨境人民币业务流程和完善有关政策的通知》（银发〔2013〕168号）规定了“具有股权关系或同由一家母公司最终控股，且由一家成员机构行使地区总部或投资管理职能的境内非金融机构，可使用人民币资金池模式向境内银行申请开展人民币资金池境外放款结算业务”，提出了人民币资金池的概念，当时为了推动跨境人民币使用，允许企业以资金池形式办理境外放款业务，此类“单向”资金池可以说是跨境双向资金池的前身。

而跨境双向人民币资金池业务发源于上海自贸区，即2014年2月，人行上海总部印发《关于支持中国（上海）自由贸易试验区扩大人民币跨境使用的通知》（银总部发〔2014〕22号）。

2014年6月，将其进一步拓展至全国。但由于缺乏实施细则，跨国企业实际开户操作并不多，直到2014年11月，央行发布《关于跨国企业集团开展跨境人民币资金集中运营业务有关事宜的通知》（银发〔2014〕324号）正式出台实施细则，才解决了法规层面的障碍。此后，2015年9月，央行为进一步便利跨国企业集团开展跨境双向人民币资金池业务印发279号文。2016年4月，广东、福建等地的自贸区也各自出台了关于《自由贸易试验区扩大人民币跨境使用的通知》，同样提出了资金池的概念，广东等地的资金池与全国版相比主要区别有：一是资金池主办企业必须在区内注册成立并实际经营或投资；二是参加资金归集的境内成员企业上年度营业收入合计金额不低于5亿元人民币，境外成员企业上年度营业收入合计金额不低于1亿元人民币，且境内外成员企业经营时间在1年以上；三是区内跨境双向人民币资金池业务实行双向上限管理，跨境资金净流入（出）额上限=境内成员企业应计所有者权益×宏观审慎政策系数（该系数暂定为1）。除此之外，区内跨境双向人民币资金池业务涉及的其他事项，仍适用《中国人民银行关于进一步便利跨国企业集团开展跨境双向人民币资金池业务的通知》（银发〔2015〕279号）的相关规定。

因此，目前国内的跨境双向人民币资金池业务的现状正处于全国版与各地自贸区版并存的局面。现将差异对比如下：

表22 跨境双向人民币资金池业务对比

<table>
<tr><th>对比项目</th><th>全国版</th><th>广东、天津、福建自贸区版</th><th>上海自贸区版</th></tr>
<tr><td rowspan="3">法规依据</td><td rowspan="3">《关于进一步便利跨国企业集团开展跨境双向人民币资金池业务的通知》（银发〔2015〕279号）</td><td>《关于支持中国（广东）自由贸易试验区扩大人民币跨境使用的通知》（广银发〔2016〕13号）</td><td rowspan="3">《关于支持中国（上海）自由贸易试验区扩大人民币跨境使用的通知》（银总部发〔2014〕22号）</td></tr>
<tr><td>《关于支持中国（天津）自由贸易试验区扩大人民币跨境使用的通知》</td></tr>
<tr><td>《关于支持中国（福建）自贸试验区厦门片区扩大人民币跨境使用的通知》</td></tr>
<tr><td rowspan="2">主办企业</td><td>境内主办企业：跨国企业集团可以指定境内成员企业或财务公司作为开展跨境双向人民币资金池业务的主办企业</td><td>在自贸区内注册成立并实际经营或投资的成员企业（包括财务公司）</td><td rowspan="2">集团总部指定一家注册成立并实际经营或投资的成员企业（包括财务公司），选择一家银行开立一个人民币专用存款账户</td></tr>
<tr><td>境外主办企业：跨国企业集团母公司在境外的也可以指定境外成员作为开展跨境双向人民币资金池业务的主办企业</td><td>福建规定，经营时间在1年以上</td></tr>
</table>

续表22

<table>
<tr><th>对比项目</th><th>全国版</th><th>广东、天津、福建自贸区版</th><th>上海自贸区版</th></tr>
<tr><td>境内成员企业定义</td><td colspan="2">在中华人民共和国境内依法注册成立，经营时间1年以上，未被列入出口货物贸易人民币结算企业重点监管名单的跨国企业集团非金融企业成员</td><td rowspan="2">集团包括区内企业（含财务公司）在内的，以资本关系为主要联结纽带，由母公司、子公司、参股公司等存在投资性关联关系成员共同组成的跨国集团公司</td></tr>
<tr><td>境外成员企业定义</td><td colspan="2">在境外（含香港、澳门和台湾地区）依法注册成立，经营时间1年以上的跨国企业集团非金融企业成员</td></tr>
<tr><td>成员条件</td><td>境内成员企业：上年度营业收入合计金额不低于10亿元人民币；
境外成员企业：上年度营业收入合计金额不低于2亿元人民币</td><td>境内成员企业：上年度营业收入合计金额不低于10亿元人民币；
境外成员企业：上年度营业收入合计金额不低于2亿元人民币</td><td>无约束性规定，只需要在央行上海跨境办进行备案</td></tr>
<tr><td>管理方式</td><td>跨国企业集团跨境双向人民币资金池业务实行上限管理
计算公式：跨境人民币资金净流入额上限=资金池应计所有者权益×宏观审慎系数</td><td>跨国企业集团跨境双向人民币资金池业务实行双向上限管理
计算公式：跨境人民币资金净流出（入）额上限=资金池应计所有者权益×宏观审慎系数</td><td>未提及</td></tr>
<tr><td>宏观审慎系数</td><td>暂定为0.5</td><td>暂定为1</td><td>目前没有额度限制，也不受FT账户体系约束。实际上自贸区版人民币资金池出台是在FT账户之前，不受FT账户约束也是比较大的优势之一</td></tr>
<tr><td>账户管理</td><td colspan="2">1.境内主办企业开立人民币专用存款账户；
2.账户内资金按单位存款利率执行；
3.境外主办企业开立境外机构人民币银行结算账户；未开立基本存款账户的，该人民币银行结算账户纳入基本存款账户管理</td><td>未提及</td></tr>
</table>

六、西安发展离岸金融市场的条件

(一)西安发展离岸金融市场的经贸条件

纵观国内外离岸金融的发展，与城市区位、政策、经济发展和布局、金融体系等条件密切相关。

1.经济稳定增长

近年来，西安经济实力持续壮大，生产总值连年上升，2015年达5810.03亿元，同比增长8.2%，超过全国平均水平。2015年进出口总值1761.9亿元，比上年增长15%。西安是西北地区重要的装备制造、信息产业聚集区，其产业基础与中亚国家互补性强、可贸易性强。在经济区域功能布局上，西安已相继设立了西安综合保税区、西安高新综合保税区、空港保税物流区等5大特殊监管区域，这些特殊区域都是离岸金融发展的重要场所，周边的西安国际港务区、浐灞生态区（金融商务区）、高新开发区、经济技术开发区等还可对上述区域离岸金融业务形成服务依托与功能互补。

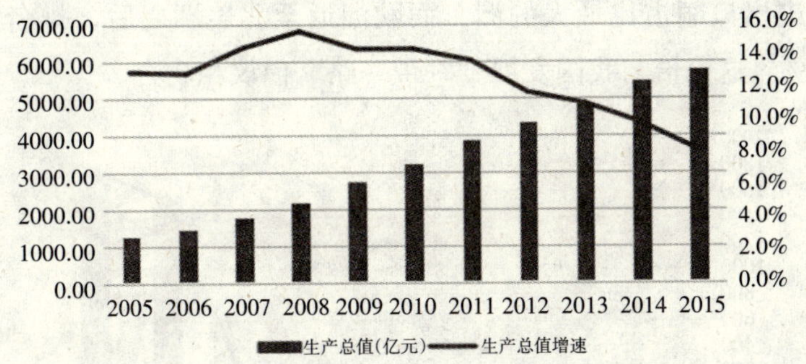

图 16　西安市历年生产总值及其增长情况图

数据来源：《西安市统计年鉴》、陕西省统计局。

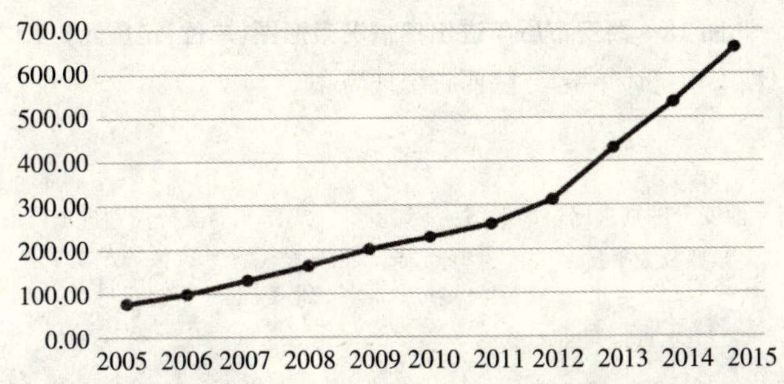

图 17　西安市历年金融增加值折线图(单位:亿元)

数据来源：《西安市统计年鉴》、陕西省统计局。

2.国际贸易迅速扩大

改革开放以来，我国的国际贸易逐渐扩大，西安也不例外。图18为西安市历年的进出口情况条形图。从图中可以看出，在1987年，西安市的进出口总额仅仅只有1.36亿美元。经过改革开放30多年的努力，西安市的进出口总额在2015年已增加至1761.69亿美元，翻了一千多倍。尤其是“十二五”以来，西安市的进出口总额取得了巨大的突破。在2015年，西安市的进口额已达到941.81亿美元，出口额已达到819.88亿美元，即将突破千亿美元。图19为2005年与2015年西安市分洲别的进出口总额扇形图，从图中可以看出，不论是2005年还是2015年，西安市的进出口主要都集中在亚洲、欧洲及北美洲这三大洲。但是能明显看出的是2005年进出口额占比最大的是欧洲，为43%，亚洲排名第二，为33%。而到了2015年，亚洲赶超欧洲成为进出口额占比最大的洲，而欧洲退至北美洲之后，排名第三，仅仅占比11%。这恰恰与我国发展“一带一路”倡议相吻合。

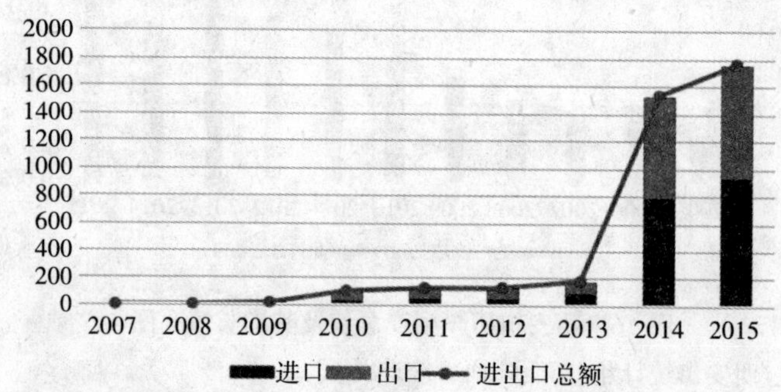

图18　西安市历年进出口情况条形图(单位:亿美元)

数据来源：《西安市统计年鉴》、陕西省统计局。

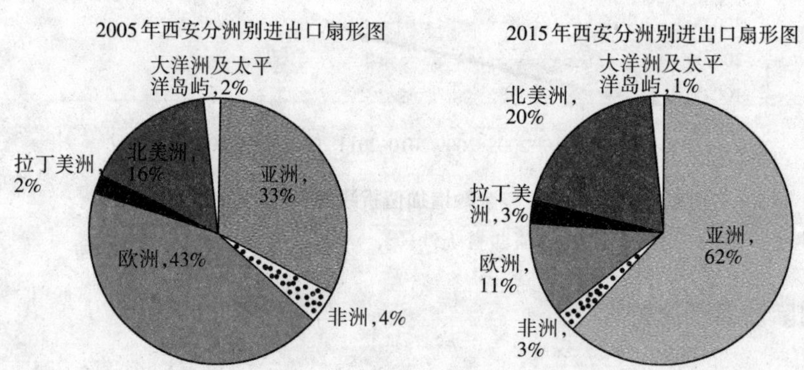

图19　2005年与2015年西安市分洲别进出口总额扇形图

数据来源：《西安市统计年鉴》、陕西省统计局。

3.区位优势显著

在区位条件上，虽然西安地处内陆，没有天然港口和边境口岸，但西安地处欧亚大陆桥的中央，是全国重要的连接东西、贯穿南北的交通枢纽，是中亚、欧洲陆上贸易的必经之地，具有承东启西、连接南北的重要战略地位。同时，西安国际港务区的建立，标志着西安国际陆港口岸服务功能的成型，进一步提升了西安发展公路、铁路、航空等现代物流的优势，缩短了与中亚、欧洲的贸易时间和成本，使与物流贸易活动相伴相生的离岸金融具有了更加广阔的发展空间和前景。

4.政策积极推动

在政策条件上，国家西部大开发、丝路经济带等宏观战略的实施在赋予西安新的历史使命的同时，也给予了西安许多先行先试的政策基础和优惠条件，这使得进一步向国家申请离岸金融试点资格和优惠条件有据可依。同时，跨境贸易电子商务试点，跨国企业集团跨境人民币、外汇资金集中运营业务试点等也为陕西发展离岸金融提供了良好的契机。

5.金融体系完善

在金融体系上，西安的金融组织体系较为完善，存贷款规模位居西北第一。西安市内主要商业银行业已采取离岸金融与境内金融相结合的方式，积极推动外向经济发展。目前的金融环境和人才基础可以满足离岸金融业务在陕西的进一步发展。

综上所述，西安发展离岸金融业务具备一定的条件，但是和国内其他地区相比，发展离岸金融业务所面临的差距和困难还不小，比如：北京行政总部型和上海金融市场交易型的优势是西安无法比拟的；对外贸易横向对比差距明显，以进出口总额为例，重庆是西安的3倍，天津是陕西的4倍，即使是河南也比陕西多1倍。在离岸金融所依附的产业聚集和发展上，重庆西永综合保税区已建成世界级的笔记本电脑生产基地，2013年其产值已突破千亿，其加工贸易进出口量是陕西的4.4倍，单就离岸金融结算看，重庆在2013年已经超过千亿美元。同时陕西自贸区仍待审批，目前还未争取到离岸金融发展的优惠政策，陕西的离岸金融业务仍处于发展初期，在目前离岸金融业务越发得到国内其他地区重视的情况下，陕西实现赶超的压力和竞争的压力较大，因此，陕西要发展离岸金融业务必须积极谋划，依托自身有利条件，坚持循序渐进的原则，在做实基础上实现重点突破。

(二)西安发展离岸金融市场的需求条件

目前，西安客观上存在一定的离岸金融业务的需求：

1.跨国公司与外资企业的业务需求

随着“一带一路”倡议的实施，西安与丝路沿线国家的经贸合作日渐频繁。

一方面，随着与丝路沿线国家贸易总量的扩大，需要相关的跨境货币结算及离岸金融服务支撑。图20为西安市历年分国别进出口总额，从图中可以看出自我国推出“一带一路”倡议以来，韩国、日本、美国等国家与西安市的贸易往来增长迅速。这就迫切要求西安市尽快发展离岸金融相关服务，只有这样，才会更好地促进西安市的国际贸易发展。

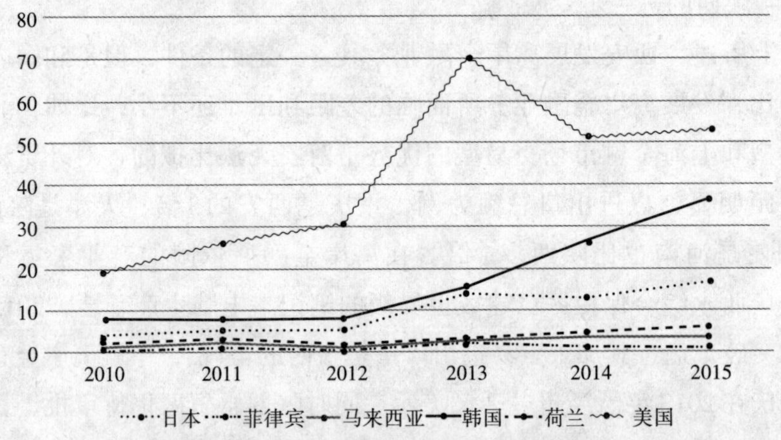

图20　西安市历年分国别进出口数额(单位:亿美元/人)

数据来源:《西安市统计年鉴》、陕西省统计局。

另一方面，越来越多的跨国公司、三资企业、投资机构来西安投资。图21为西安市历年“三资企业”数量条形图，从图21中可以看出，西安市的三资企业在2006年达到顶峰，之后缓慢发展，2015年受经济的影响大量下跌，2016年又有所好转，相信在未来几年随着“一带一路”倡议的不断深入实施，三资企业的数量会越来越多。

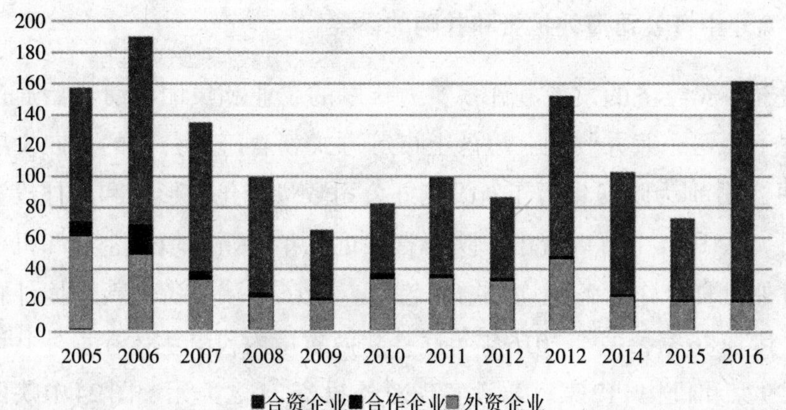

图 21　西安市历年“三资企业”数量条形图(单位:个)

数据来源:《西安市统计年鉴》、陕西省统计局。

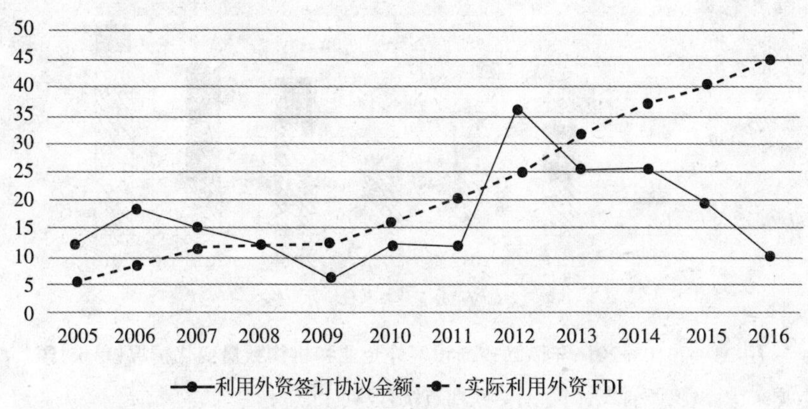

图 22　西安市历年FDI情况(单位:亿美元)

数据来源:《西安市统计年鉴》、陕西省统计局。

图22为西安市历年FDI情况折线图，从图中可以看出利用外资签订协议金额在2012年达到顶峰，之后有所下降，但是实际利用的外资额处于一直上升的趋势。

跨国公司与外资企业通过域外银行办理离岸业务，既增加了资金运作成本，又增加了资金在途和收汇的时间成本，为了使资金操作更加便利、高效，迫切需要西安市能够提供相关的离岸金融服务。

2.境外中资公司海外扩张和并购的需要

随着西安经济的发展，许多实力雄厚的企业和集团纷纷开始通过在境外设立子公司、兼并收购、境外上市等方式朝着跨国公司的方向发展。图23和图24分别为陕西省历年新设境外公司数量变化条形图和对外投资业务条形图。从图24中可以看出，陕西省在近几年的新设境外企业和机构的数量和对外投资合作业务额均呈增加趋势。2016年陕西省的新设境外企业和机构已达到86家，截至2016年年底，陕西省境内投资主体在境外共设立有企业329家和机构112家，累计实现对外投资38亿美元。图24中陕西省历年对外承包工程数额、对外劳务人员实际收入总额以及非金融类境外直接投资均呈逐年上升趋势。

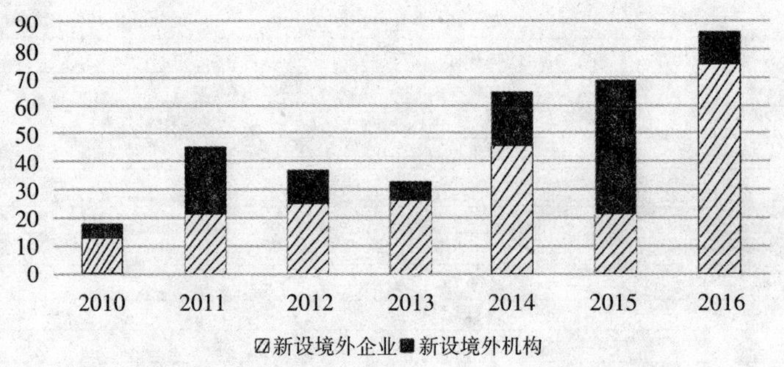

图23　2010—2016年陕西省新设境外企业和机构数量变化情况(单位:家)

数据来源:《陕西省统计年鉴》、陕西省统计局。

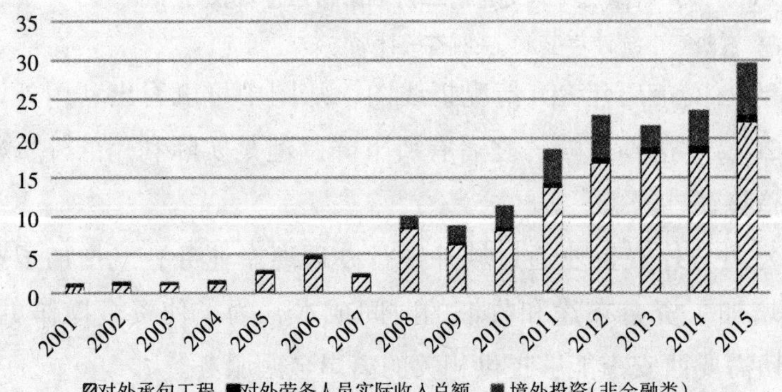

图24　陕西省历年对外投资合作业务情况(单位:亿美元/人)

数据来源:《陕西省统计年鉴》、陕西省统计局。

跨国企业和机构的经营与对外投资合作业务的展开，无论从便利性还是从降低成本的角度，都要求提供离岸业务的投融资、结算等多项服务，这为西安离岸金融市场的发展提供了巨大的市场需求。

3.金融机构发展的需要

对于从事离岸金融业务的银行来说，其分行与总行的资金调度、国际银团贷款，以及相互之间拆借等资金运用需求，都需要利用离岸账户为其带来税收等政策优势以降低成本，提高资金运用效率，增加利润空间。此外，银行可以通过一系列境外业务，增加中资银行的业务机遇，更多地参与国际竞争，从而树立我国银行在国际银行业中的信誉和地位。

七、离岸金融对西安经济的影响

(一)离岸金融中心对地区经济的影响分析

1.离岸金融中心对地区经济的影响

20世纪50年代，信息时代的到来打破了自然因素造成的各大金融市场的分割，随着全球化趋势的日益明显，离岸金融应运而生。离岸金融是金融自由化和金融一体化的产物，作为真正意义上的国际金融，离岸金融突破了传统意义上金融市场的国别属性。在全球范围内，离岸金融中心的发展大致经历了20世纪50年代的产生、20世纪50年代末至60年代末的迅速发展时期、20世纪60年代后期至70年代末的全球扩散时期、20世纪80年代的重要突破时期和90年代的调整时期，发展至今日的国际离岸金融市场在加强监管中稳步前进。

离岸金融的产生，对推动国际金融、国际贸易乃至国际生产的发展起到了非常重要的作用：它扩大了国际融资渠道，为世界各国提供了一个充分利用闲置资本和顺利筹集资本的重要场所和机会；它缩小了各国金融市场的时间和空间距离，为全球资金成本的降低提供了便利条件，促进了国际资本的流动；它增强了全球金融市场间的竞争，有利于全球平均利润率的形成，促进了生产、贸易和资本的国际化发展；它缓和了国际收支调节，稳定了国际经济秩序；它为市场所在国增加了外汇收入和就业机会，提高了金融国际化水平和在国际金融市场上的地位和影响。因此，离岸金融的发展已经成为世界各国金融竞争的新特点和新趋势。发展离岸金融市场是各国金融业发展的大势所趋。

改革开放以来，我国一直是世界上经济增长最快、最具活力的地区，吸引着全球离岸公司从事与我国有关的贸易活动。我国对外投资也在迅速增长。2015年，中国与“一带一路”相关国家双边贸易总额达9955亿美元，占对外贸易总额的25.1%。中国已经与相关国家合作建设了50多个境外经贸合作区。中国企业对“一带一路”相关国家直接投资为148亿美元，增长18.2%；新签对外承包工程合同额为926亿美元，增长7.4%。保守估计，未来10年“一带一路”相关国家双边贸易额有望突破2.5万亿美元。国际贸易带来的外汇收支和金融服务需求，有助于离岸金融市场的金融中介服务业务、风险管理业务的拓展。中国境内的离岸金融中心建设也开始进行。基于此，离岸金融中心的建设对于地区经济起到了怎样的作用，是否促进了地区经济与金融的发展，许多学者对于这个问题进行了研究。

2.文献回顾

关于离岸金融中心对所在国或地区的影响效应研究，观点主要分为两类。主流观点认为离岸业务的发展反映了资本的意志，会导致监管放松、税收降低等，而且各国的税收竞争给经济带来活力和效率，有助于经济的全球化发展，且能促进所在国的经济发展。另外，部分学者认为离岸业务会引起恶性的税收竞争、资本外逃，导致贫富差距的进一步扩大，需要国际合作来管制离岸金融的发展。

多数学者认为离岸金融促进地区经济发展。Prem Sikka认为离岸金融业务的发展反映了资本流动的变化，区别于国内经济体系的监管和税收，使经济增长更为迅速，并且能够促进所在国或地区的经济发展。左连村等认为通过建立离岸金融市场，能够提高本地区金融竞争力和促进金融业的成长，并能够促进该地区金融国际化程度。吴丹妮认为，厦门建立离岸金融中心，有利于振兴厦门金融市场，开辟以离岸金融业务为切入点，最终建立有厦门特色的国际金融中心的渠道。焦婧认为，在天津建立离岸金融中

心十分必要，而且将会有利于区域经济的发展。首先通过天津离岸金融中心的建设，可以拓展企业的融资渠道。其次通过离岸金融中心的建设，可以吸引大量境内投资者，繁荣和发展天津经济和金融业，同时辐射整个环渤海地区。最后，离岸金融中心，特别是附属型离岸金融中心通过吸引大规模业务收取的费用，为当地经济的发展、金融业的繁荣做出巨大贡献。杨西文认为在中国建设区域离岸金融中心是十分必要的，不仅有利于经济的发展，而且可以降低金融危机的发生概率，并通过对我国离岸金融中心发展现状的研究及对昆明的区位优势的分析，结合国内外的成功经验，探索适合于昆明离岸金融中心发展的道路。郭云剑等分析了离岸金融业务对开办地经济的影响，认为其从提高了开办地的财政收入、提升了开办地的金融发展水平、促进了开办地的经济增长和提升了开办地的就业水平这四个方面给地区经济带来了积极影响，同时也需要充分考虑发展离岸金融业务可能带来的风险。

学者们通过经验检验分析离岸金融与经济发展的关系。Butkiewicz & Gordon选取了加勒比海地区几个离岸金融市场为样本，对其离岸金融活动进行度量后，采用实证检验了拥有离岸金融中心的地区开展离岸银行业务的确可以刺激经济增长。张谊浩结合香港和内地相关样本数据，论证了短期内香港离岸金融市场的发展不会促进内地的金融深化，只会推动资本开放；长期内则会对内地金融深化产生正面效应，并表示香港离岸金融市场的发展与内地金融深化之间有紧密联系。郭云剑、胡传雨从财政收入、金融发展、经济增长以及就业水平这四个角度分析了离岸金融业务对当地经济发展的影响，并通过实证分析了香港财政收入、金融发展、经济增长、就业水平和离岸金融业务之间的关系，论证了离岸金融业务对香港当地经济发展具有积极影响，这对内地发展离岸金融市场提供了有益的借鉴。李凯等对武汉建设离岸金融中心的可行性构建了评价模型，认为武汉目前初步具备了发展离岸金融中心的基础条件，但仍有一些不足需要提升。

根据以往学者的研究经验，对于离岸金融指标的变量选取包括外币存款、境外贷款、存放境外同业的资金、金融服务进出口（H/GDP%）、外部贷款等指标予以表示。以上指标越大则说明该地区离岸金融业务发展程度较高，反之亦然。但是由于在实际运用中某些金融服务项目的数据常常不够完整，并且早期的离岸金融发展也基本不发布国际收支数据，所以以上某些指标往往也会由另一些指标所替代。如：金融服务进出口（H/GDP%）数据被协调证券投资调查（CPIS）数据代替来反应离岸金融的发展程度。对于地区经济发展情况的指标选取包括财政收入、生产总值、存贷款之和/生产总值、金融与保险行业就业人数、总投资等数据来反应离岸金融对当地发展的影响情况。

(二)数据指标选取

构建离岸金融市场要素评价指标体系对于度量和评价现有的离岸金融市场的运作效率，预测其发展潜力具有重要价值。近年来，正值我国金融改革不断深化，离岸金融市场获得发展的历史契机。本文通过构建离岸金融市场要素评价指标体系，为西安的离岸金融发展提供建议，一个合理的离岸金融市场要素评价指标体系有助于判别影响离岸金融市场构建的主要因素，而且还可以通过这个体系中指标的度量找出西安离岸金融市场与世界其他发达成熟的离岸金融市场的差距，从而推动西安离岸金融市场的健康快速发展。为了更好地构建离岸金融市场要素评价指标体系，本书在指标体系构建之前，概括归纳了几条建立原则：

第一，科学性原则。离岸金融市场要素评价指标体系应能够充分反映离岸金融市场的基本特点，包含对于离岸金融市场具有影响的有效要素。在选择指标体系时要考虑科学有效、便于获取的原则，从大量的影响因素中选取关键的有代表性的指标。第二，系统性原则。离岸金融市场要素评价指标体系的构建必须是系统性全面性的，内部系统相对独立，各指标之间各有侧重，能较好地体现完整性、层次性和针对性的要求，以利于综合评价要素对于离岸金融市场的各个方面的影响。第三，可操作性原则。离岸金融市场要素评价指标体系的指标选取需要遵循定性定量结合、可操作性原则选取，蕴含的影响因素要求全面有效，易于获取，能够真实反映现实情况。因此本书选取了下列指标来进行实证分析。

在反映离岸金融发展的指标中，本书选取了进出口总额、外资利用情况、实际利用外资（FDI）这三个变量在2007—2015年的数据。其中，进出口总额反映的是跨境贸易情况，外资利用情况和实际利用外资反映的是跨境投资情况。进出口总额是指实际进出西安境内至国外地区的货物总金额，用以观察对外贸易方面的总规模。我国规定出口货物按离岸价格统计，进口货物按到岸价格统计。外资利用情况和实际利用外资的数据反映了西安在离岸金融方面的投资规模。

在反映西安经济发展的变量中，本文选取了金融增加值、西安生产总值、西安生产总值增速、财政收入这四个变量在2007—2015年的数据。其中，金融增加值反映的是西安金融发展情况，生产总值、生产总值增速和财政收入反映的是西安经济发展情况。金融业增加值是指金融业的全部基层单位一定时期内新创造出来的价值之和，通常采用生产法和收入法计算，反映了西安金融发展整体情况，与此同时通过经济总量增长水平和财政收入水平这两个方面来反映西安经济发展的整体情况。

表23 指标选取

<table>
<tr><td rowspan="3">离岸金融指标</td><td>跨境贸易</td><td>西安进出口总额(用JCKZE来表示)</td></tr>
<tr><td rowspan="2">跨境投资</td><td>西安外资利用情况(用WZLY来表示)</td></tr>
<tr><td>西安实际利用外资(用FDI来表示)</td></tr>
<tr><td rowspan="4">西安发展指标</td><td>金融方面</td><td>西安金融增加值(用JR来表示)</td></tr>
<tr><td rowspan="3">经济方面</td><td>西安生产总值(用GDP来表示)</td></tr>
<tr><td>西安生产总值增速(用GDP1来表示)</td></tr>
<tr><td>西安财政收入(用CZSR来表示)</td></tr>
</table>

(三)离岸金融中心对西安金融的影响

1.跨境贸易对西安金融的影响

在检验协整关系时本书采用EG两步法，这种方法是对回归方程的残差进行单位根检验。步骤如下：若序列Y_1，Y_2，…，Y_k都是同阶单整，建立回归方程：$Y_{1t}=\beta_2Y_{2t}+\beta_3Y_{3t}+\cdots+\beta_kY_{kt}$，$t=1$，2，…，$T$。则估计方程的残差为：$\widehat{u_t}=Y_{1t}-\widehat{\beta}_2Y_{2t}-\widehat{\beta}_3Y_{3t}-\cdots-\widehat{\beta}_kY_{kt}$。若残差序列$\widehat{u_t}$平稳，不存在单位根，则回归方程中的变量之间存在协整关系，具有长期均衡关系，可以进行脉冲响应分析。

在进行脉冲响应图像分析时，横轴代表的是冲击作用的滞后期，纵轴代表的是冲击给予变量和冲击接受变量，实线部分代表脉冲响应函数，也就是冲击接受变量对于冲击给予变量所造成的冲击的反应，虚线部分代表冲击给予变量对冲击接受变量造成影响的强弱程度。

（1）进出口总额与金融增加值

表 24　进出口总额对金融增加值协整关系检验表

Exogenous: None				
Lag Length: 0 (Automatic - based on SIC, maxlag=1)				
			t-Statistic	Prob.*
Augmented Dickey-Fuller test statistic			-2.529504	0.019
Test critical values	1% level		-2.886101	
	5% level		-1.995865	
	10% level		-1.599088	

从上表中可以看出，P值小于0.05，即在置信水平为95%的情况下，进出口总额与金融增加值二者之间是协整的，具有长期均衡关系，可以进行脉冲响应分析。

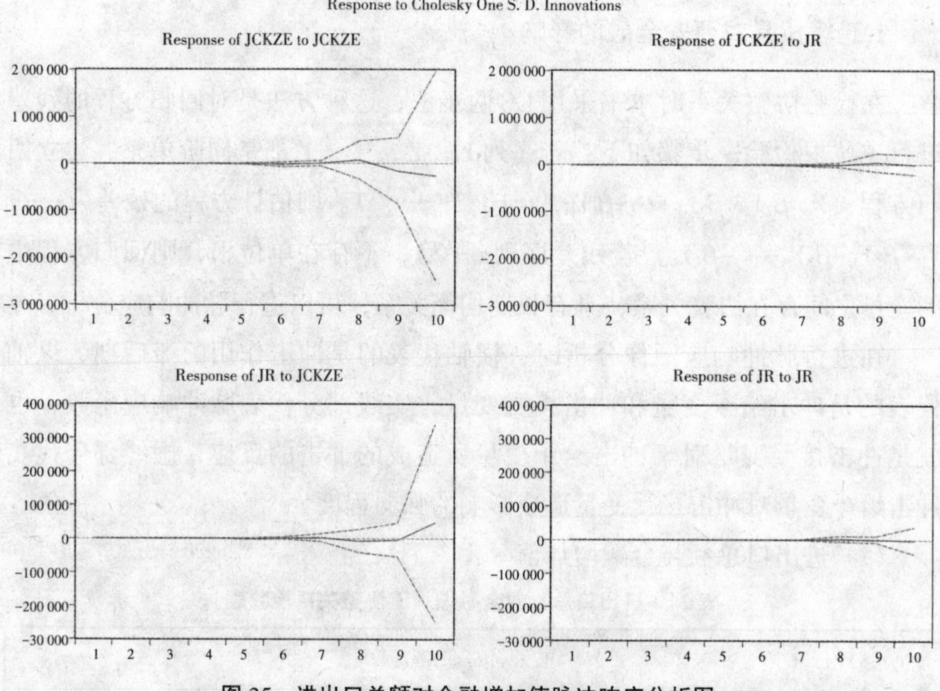

图25　进出口总额对金融增加值脉冲响应分析图

由脉冲响应图中可以看出，对于进出口总额所给出的冲击，金融增加值在前期基本没有变化，但是后期在经过了两期多的微弱负向之后，开始出现正向反应。说明虽然短中期内，金融增加值对于进出口总额给出的冲击基本没有反映，但是从长期来看，进出口总额对金融增加值具有促进作用。

因此，长期来看，跨境贸易总量的提升对西安金融业未来的发展具有促进作用。

2.跨境投资对西安金融的影响

（1）外资利用情况与金融增加值

表25　外资利用情况对金融增加值协整关系检验表

Exogenous: None				
Lag Length: 0 (Automatic - based on SIC, maxlag=1)				
			t-Statistic	Prob.*
Augmented Dickey-Fuller test statistic			-4.277752	0.001
Test critical values	1% level		-2.886101	
	5% level		-1.995865	
	10% level		-1.599088	

从上表中可以看出，P值小于0.05，即在置信水平为95%的情况下，外资利用情况与金融增加值二者之间是协整的，具有长期均衡关系，可以进行脉冲响应分析。

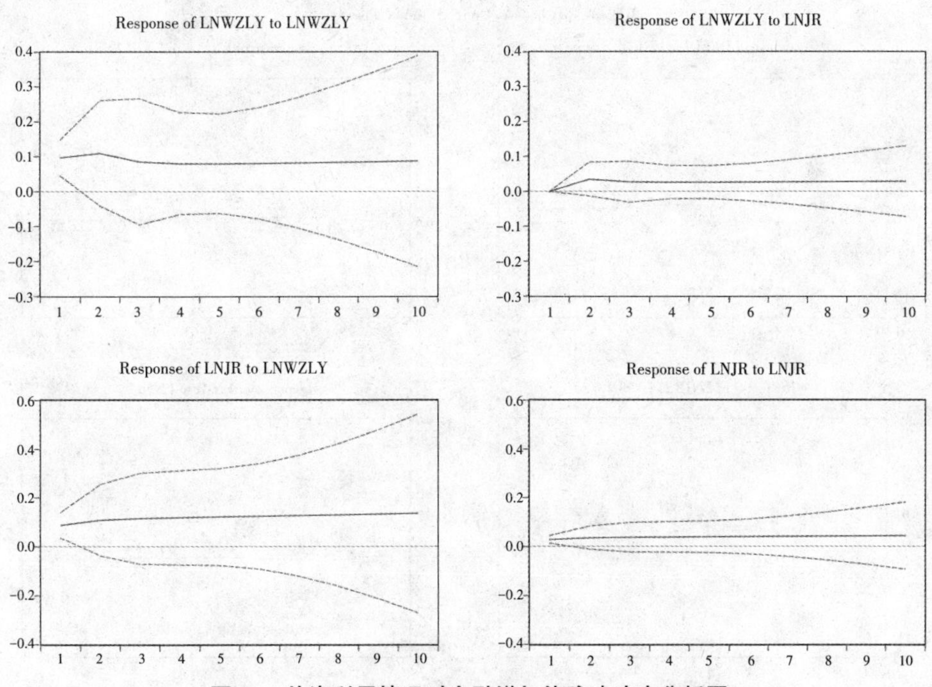

图26　外资利用情况对金融增加值脉冲响应分析图

注：LN表示自然对数。

由脉冲响应图中可以看出，对于外资利用情况所给出的冲击，金融增加值始终为正向反应。说明不论短期还是长期，外资利用情况对金融增加值均具有促进作用。

（2）FDI与金融增加值

表 26　FDI对金融增加值协整关系检验表

Exogenous: None				
Lag Length: 0 (Automatic - based on SIC, maxlag=1)				
			t-Statistic	Prob.*
Augmented Dickey-Fuller test statistic			-3.800062	0.0026
Test critical values	1% level		-2.886101	
	5% level		-1.995865	
	10% level		-1.599088	

从上表中可以看出，P值小于0.05，即在置信水平为95%的情况下，FDI与金融增加值二者之间是协整的，具有长期均衡关系，可以进行脉冲响应分析。

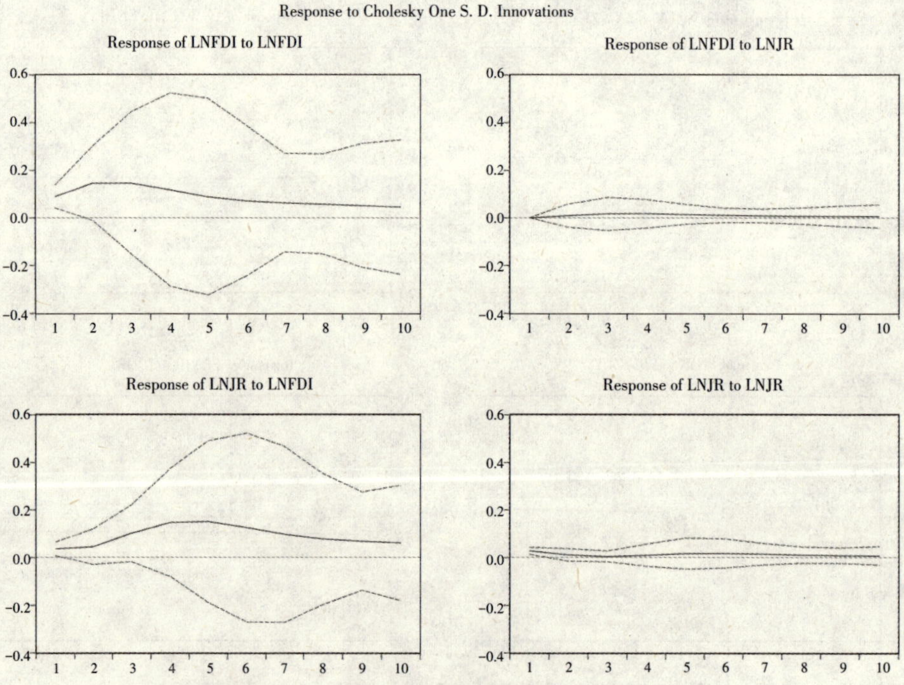

Response to Cholesky One S. D. Innovations

Response of LNFDI to LNFDI

Response of LNFDI to LNJR

Response of LNJR to LNFDI

Response of LNJR to LNJR

图 27　FDI对金融增加值脉冲响应分析图

注:LN表示自然对数。

由脉冲响应图中可以看出，对于FDI所给出的冲击，金融增加值始终为正向反应。说明不论短期还是长期，FDI对金融增加值的影响一直是正向促进作用。

综合外资利用情况和FDI两个变量对金融增加值的影响情况，可以说明跨境投资对西安金融发展具有促进作用，且其促进作用明显大于跨境贸易对西安地区金融发展所带来的影响。

(四)离岸金融中心对西安经济的影响

1.跨境贸易对西安经济的影响

（1）进出口总额对西安生产总值的影响

表 27　进出口总额对西安生产总值协整关系检验表

Exogenous: None				
Lag Length: 1 (Automatic - based on SIC, maxlag=1)				
			t-Statistic	Prob.*
Augmented Dickey-Fuller test statistic			-3.138633	0.0071
Test critical values	1% level		-2.937216	
	5% level		-2.006292	
	10% level		-1.598068	

从上表中可以看出，P值小于0.05，即在置信水平为95%的情况下，进出口总额与西安生产总值二者之间是协整的，具有长期均衡关系，可以进行脉冲响应分析。

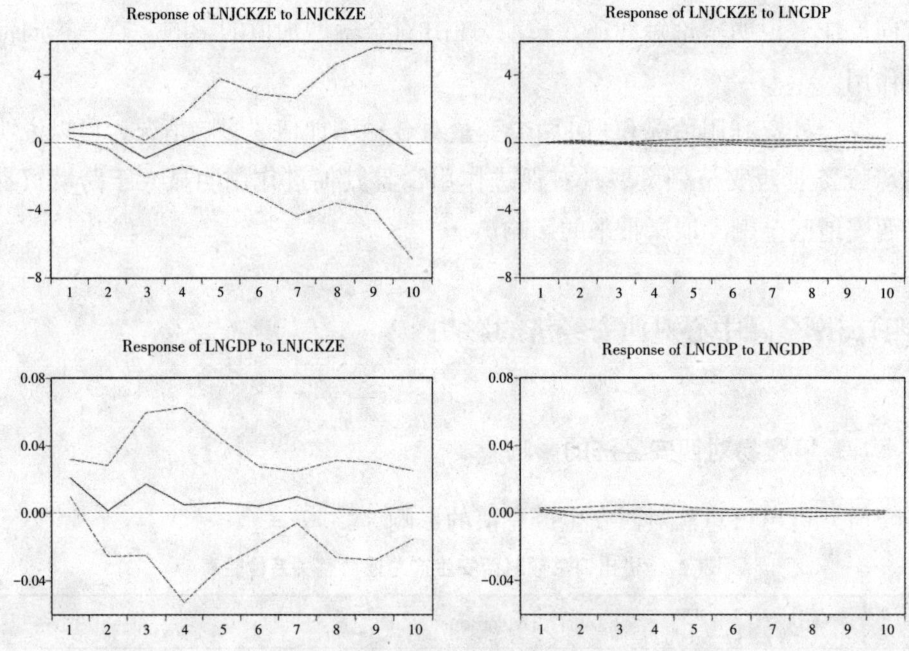

图 28　进出口总额对西安生产总值脉冲响应分析图

注:为方便实证,LNGDP是对GDP取自然对数。

由脉冲响应图中可以看出，对于进出口总额所给出的冲击，西安生产总值始终为正向反应。说明不论短期还是长期，进出口总额对西安生产总值的影响一直是正向促进作用。

（2）进出口总额对西安生产总值增速的影响

表 28　进出口总额对西安生产总值增速协整关系检验表

Exogenous: None				
Lag Length: 0 (Automatic - based on SIC, maxlag=1)				
			t-Statistic	Prob.*
Augmented Dickey-Fuller test statistic			-2.636132	0.0156
Test critical values	1% level		-2.886101	
	5% level		-1.995865	
	10% level		-1.599088	

从上表中可以看出，P值小于0.05，即在置信水平为95%的情况下，进出口总额与西安生产总值增速二者之间是协整的，具有长期均衡关系，可以进行脉冲响应分析。

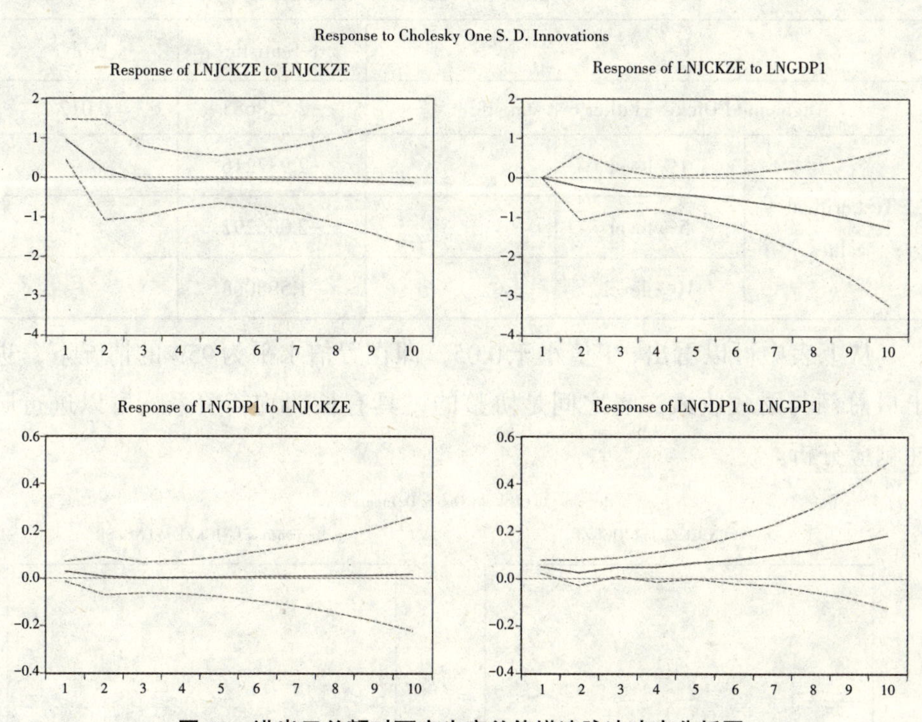

图 29　进出口总额对西安生产总值增速脉冲响应分析图

注:LN表示自然对数。

从脉冲响应图中可以看出，对于进出口总额所给出的冲击，西安生产总值增速始终为正向反应。说明不论短期还是长期，进出口总额对西安生产总值增速的影响一直是正向促进作用，然而由于西安进出口总量不大，在全国来看占比较低，因此对生产总值增速的影响并不突出。

（3）进出口总额对西安财政收入的影响

表 29　进出口总额对西安财政收入协整关系检验表

Exogenous: None				
Lag Length: 1 (Automatic – based on SIC, maxlag=1)				
			t-Statistic	Prob.*
Augmented Dickey-Fuller test statistic			-2.828683	0.012
Test critical values	1% level		-2.937216	
	5% level		-2.006292	
	10% level		-1.598068	

从上表中可以看出，P值小于0.05，即在置信水平为95%的情况下，进出口总额与财政收入二者之间是协整的，具有长期均衡关系，可以进行脉冲响应分析。

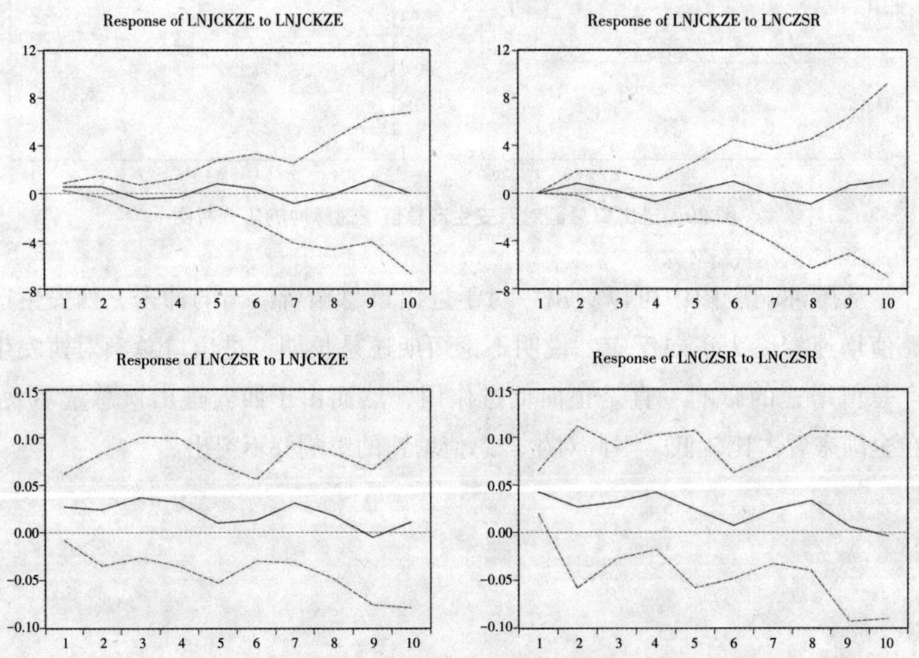

图 30　进出口总额对西安财政收入脉冲响应分析图

注：LN表示自然对数。

从脉冲响应图中可以看出，对于进出口总额所给出的冲击，财政收入除第9期呈现小幅回落以外，其余均为正向反应。说明在短期和中期，进出口总额对财政收入的影响一直是正向促进作用，但是在长期时会出现较短一段时间的负向作用，而后继续变为正向作用。由于进出口总额直接关系到西安与其他国家和地区的贸易来往，进出口总额的增加就意味着对外贸易的往来更加频繁，规模更大。与此同时，某些先进的生产技术就能更快更多地传入西安，促进西安经济增长，所以在中短期进出口总额对于西安财政收入的影响为正方向。但是随着时代发展，技术的改进越发快速，所以在早期由于进出口贸易所带来的技术进步对于西安经济增长的推动作用到了疲软期，经济增长的速度会变缓甚至是下降，所以在中长期西安财政收入会略微下降。但是从长期来看，由于学习先进技术所带来的经济增长是必然的，所以在长期的影响中进出口总额对于财政收入是正向积极的。

因此，跨境贸易对西安经济发展的影响整体呈现正向促进作用。

2.跨境投资对西安经济的影响

（1）外资利用情况对西安生产总值的影响

表30　外资利用情况对西安生产总值协整关系检验表

Exogenous: None				
Lag Length: 0 (Automatic - based on SIC, maxlag=1)				
			t-Statistic	Prob.*
Augmented Dickey-Fuller test statistic			-6.934067	0.0001
Test critical values	1% level		-2.886101	
	5% level		-1.995865	
	10% level		-1.599088	

从上表中可以看出，P值小于0.05，即在置信水平为95%的情况下，外资利用情况与西安生产总值二者之间是协整的，具有长期均衡关系，可以进行脉冲响应分析。

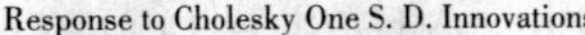

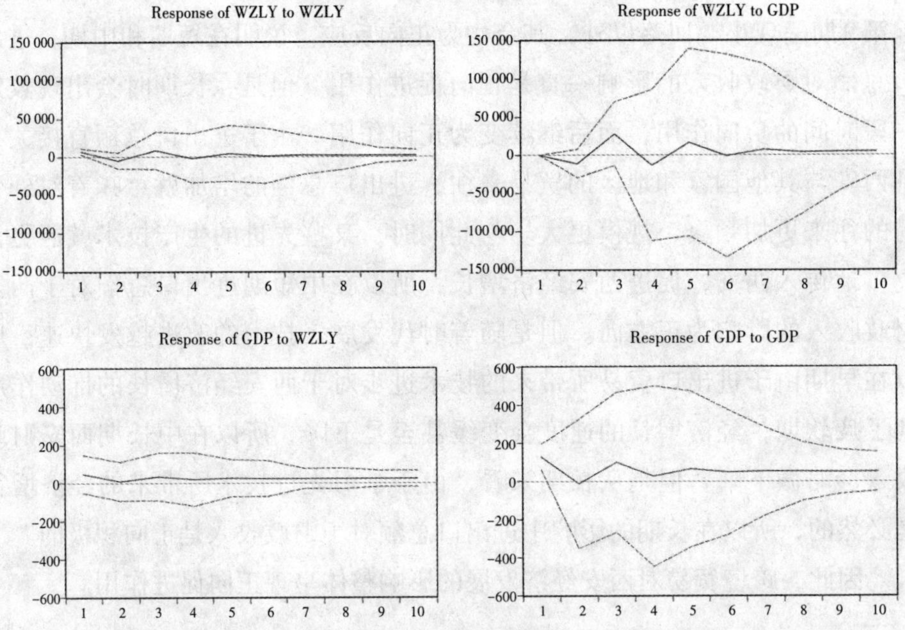

图 31　外资利用情况对西安生产总值脉冲响应分析图

从脉冲响应图中可以看出，对于外资利用情况所给出的冲击，西安生产总值始终为正向反应。说明不论短期还是长期，进出口总额对西安生产总值的影响一直是正向促进作用，而且中长期的正向作用较为稳定。

（2）外资利用情况对西安生产总值增速的影响

表 31　外资利用情况对西安生产总值增速协整关系检验表

Exogenous: None			
Lag Length: 0 (Automatic - based on SIC, maxlag=1)			
		t-Statistic	Prob.*
Augmented Dickey-Fuller test statistic		-3.368083	0.0044
Test critical values	1% level	-2.886101	
	5% level	-1.995865	
	10% level	-1.599088	

从上表中可以看出，P值小于0.05，即在置信水平为95%的情况下，外资利用情况与西安生产总值增速二者之间是协整的，具有长期均衡关系，可以进行脉冲响应分析。

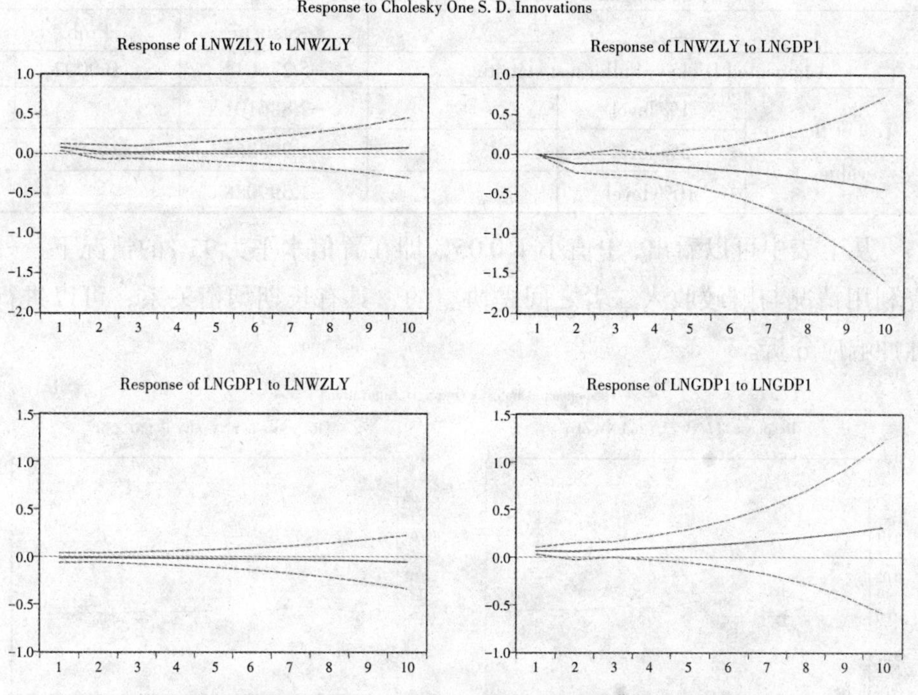

图 32　外资利用情况对西安生产总值增速脉冲响应分析图

注:LN表示自然对数。

从脉冲响应图中可以看出，外资利用情况对西安生产总值增速带来的冲击为负向。说明随着外资利用情况的增加，对生产总值增速会带来负向的影响。由于中国经济由高速增长进入中高速稳定增长阶段，生产总值增速将会有一定程度的下降，因此在一定程度上表现在了外资利用情况对生产总值增速的负向影响上。

（3）外资利用情况对西安财政收入的影响

表 32　外资利用情况对西安财政收入协整关系检验表

Exogenous: None				
Lag Length: 0 (Automatic - based on SIC, maxlag=1)				
			t-Statistic	Prob.*
Augmented Dickey-Fuller test statistic			-5.276644	0.0002
Test critical values	1% level		-2.886101	
	5% level		-1.995865	
	10% level		-1.599088	

从上表中可以看出，P值小于0.05，即在置信水平为95%的情况下，外资利用情况与财政收入二者之间是协整的，具有长期均衡关系，可以进行脉冲响应分析。

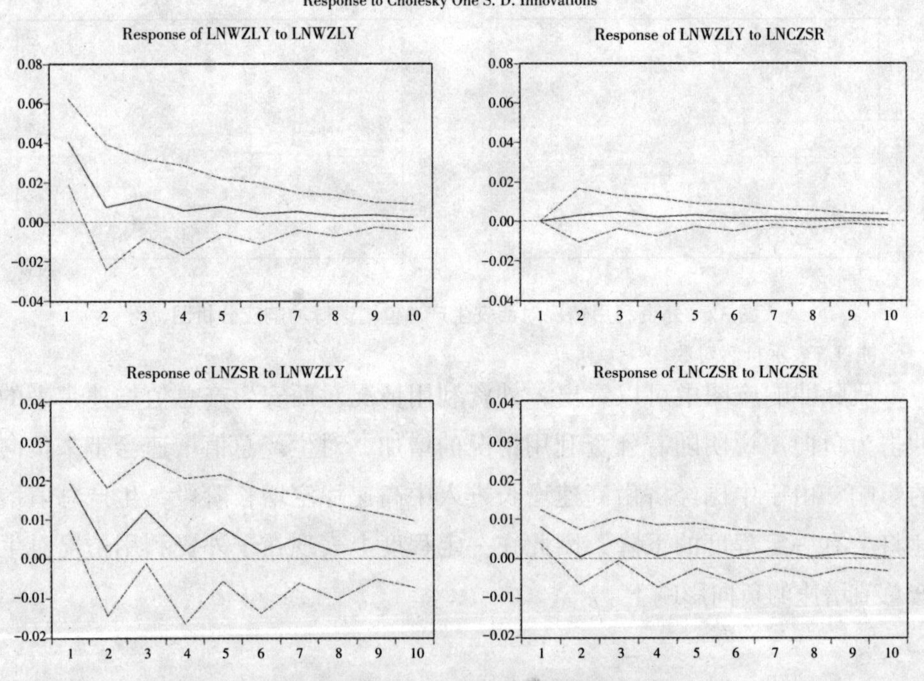

图 33　外资利用情况对西安财政收入脉冲响应分析图

注:LN表示自然对数。

从脉冲响应图中可以看出，对于外资利用情况所给出的冲击，财政收入始终为正向反应。无论短期还是长期，进出口总额对财政收入的影响一直是正向促进作用，而且冲击呈现波动形状，并逐渐趋于平稳。

（4）FDI对西安生产总值的影响

表 33　FDI对西安生产总值协整关系检验表

Exogenous: None				
Lag Length: 1 (Automatic - based on SIC, maxlag=1)				
			t-Statistic	Prob.*
Augmented Dickey-Fuller test statistic			-3.167319	0.0068
Test critical values	1% level		-2.937216	
	5% level		-2.006292	
	10% level		-1.598068	

从上表中可以看出，P值小于0.05，即在置信水平为95%的情况下，FDI和西安生产总值二者之间是协整的，具有长期均衡关系，可以进行脉冲响应分析。

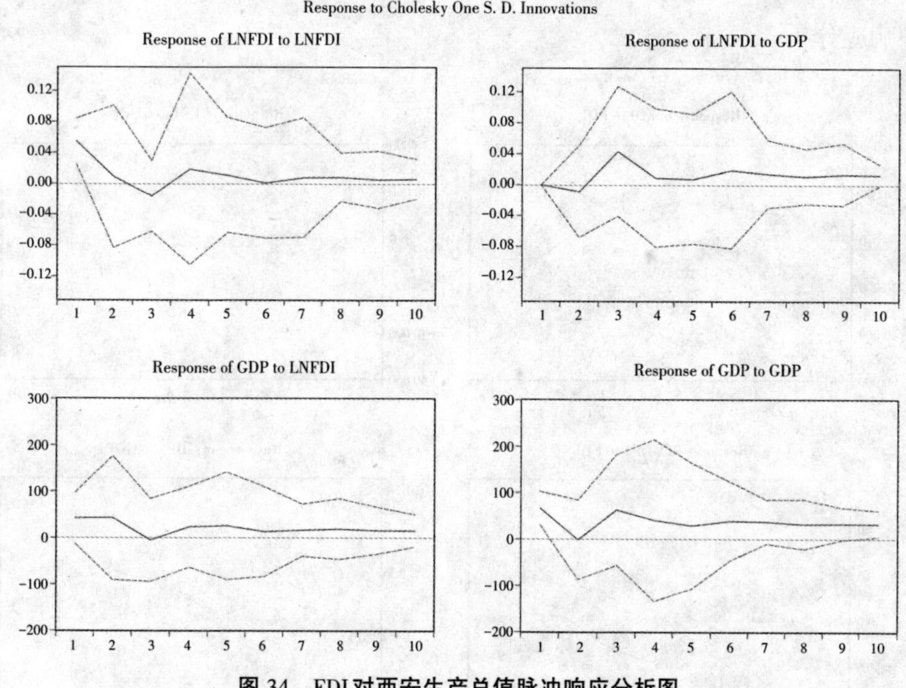

图 34　FDI对西安生产总值脉冲响应分析图

注:LN表示自然对数。

从脉冲响应图中可以看出，对于FDI所给出的冲击，西安生产总值除第3期呈现小幅回落以外，其余均为正向反应。说明虽然短期内会带来较短时间的负向影响，但是从中长期来看，FDI对西安生产总值的影响一直是正向促进作用。

（5）FDI对西安生产总值增速的影响

表 34　FDI对西安生产总值增速协整关系检验表

<table>
<tr><td colspan="5">Exogenous: None</td></tr>
<tr><td colspan="5">Lag Length: 0 (Automatic - based on SIC, maxlag=1)</td></tr>
<tr><td colspan="3"></td><td>t-Statistic</td><td>Prob.*</td></tr>
<tr><td colspan="3">Augmented Dickey-Fuller test statistic</td><td>-5.032482</td><td>0.0003</td></tr>
<tr><td rowspan="3">Test critical values</td><td>1% level</td><td></td><td>-2.886101</td><td></td></tr>
<tr><td>5% level</td><td></td><td>-1.995865</td><td></td></tr>
<tr><td>10% level</td><td></td><td>-1.599088</td><td></td></tr>
</table>

从表中可以看出，P值小于0.05，即在置信水平为95%的情况下，FDI和西安生产总值增速二者之间是协整的，具有长期均衡关系，可以进行脉冲响应分析。

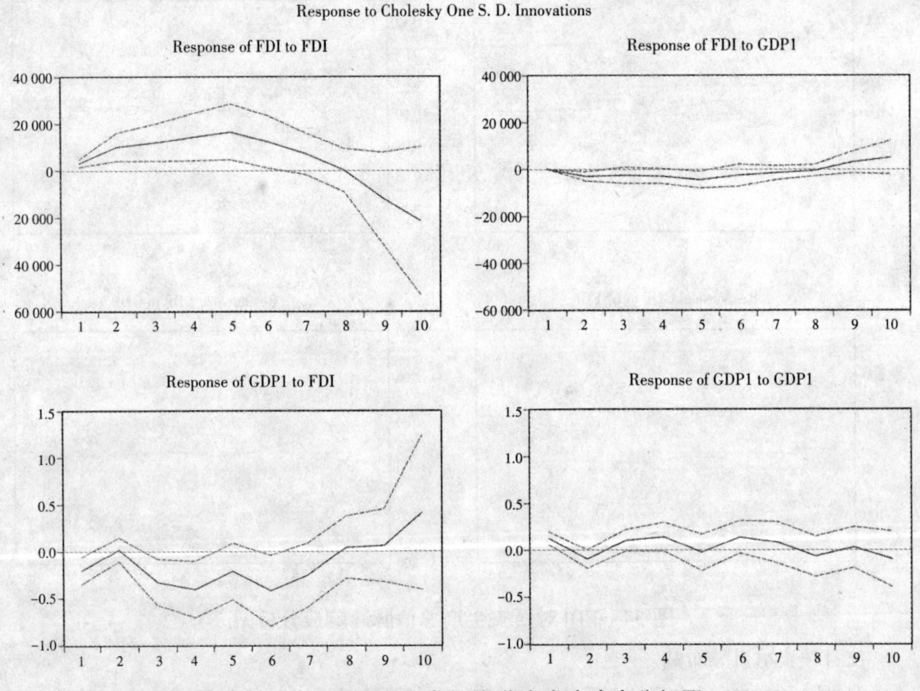

图 35　FDI对西安生产总值增速脉冲响应分析图

从脉冲响应图中可以看出，对于FDI所给出的冲击，西安生产总值增速在前期基本为负向反应，第8期之后变为正向。说明虽然短中期内会带来负向影响，短期来看FDI会造成挤出效应，但是从长期来看，FDI对西安生产总值的影响是较为明显的正向促进作用。

（6）FDI对西安财政收入的影响

表35　FDI对西安财政收入协整关系检验表

Exogenous: None				
Lag Length: 1 (Automatic - based on SIC, maxlag=1)				
			t-Statistic	Prob.*
Augmented Dickey-Fuller test statistic			-2.468049	0.0223
Test critical values	1% level		-2.937216	
	5% level		-2.006292	
	10% level		-1.598068	

从上表中可以看出，P值小于0.05，即在置信水平为95%的情况下，FDI和西安财政收入二者之间是协整的，具有长期均衡关系，可以进行脉冲响应分析。

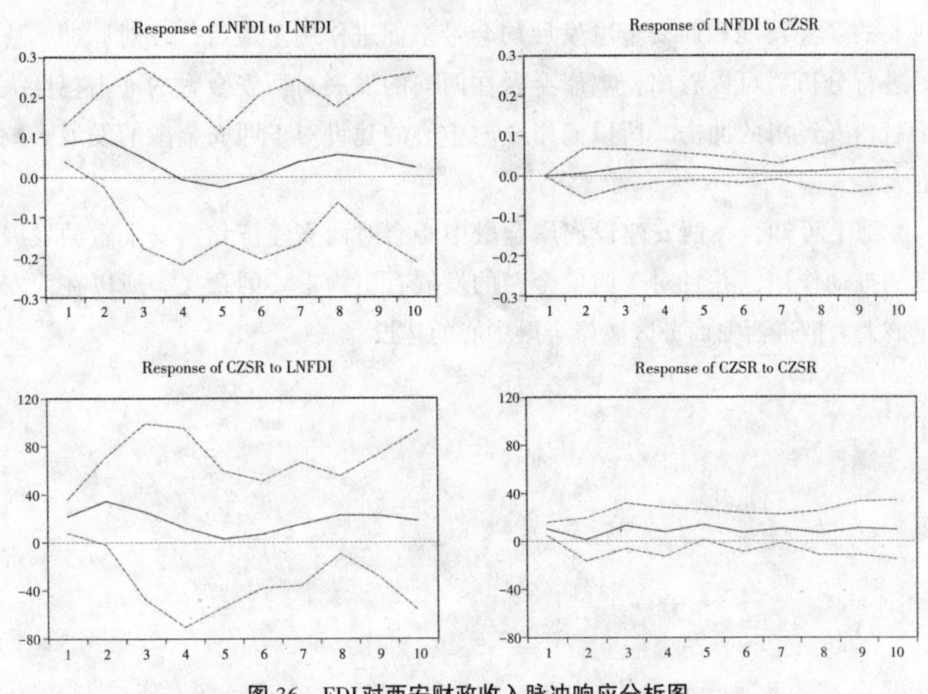

图36　FDI对西安财政收入脉冲响应分析图

注:LN表示自然对数。

从脉冲响应图中可以看出，对于FDI所给出的冲击，西安财政收入的反应始终为正向，且短期和长期的影响更大。说明FDI对西安财政收入的影响是明显的正向促进作用。

因此，跨境投资对西安经济发展的影响是正向促进作用。

（五）总结

根据上文的数据分析和脉冲响应分析可以得出以下结论：

首先，离岸金融中心的建设对西安金融发展具有促进作用，并且其中跨境投资的促进作用明显大于跨境贸易对西安地区金融发展所带来的影响。其次，离岸金融中心建设对西安经济的发展也具有促进作用，且跨境贸易对西安生产总值的影响更大，跨境投资对财政收入的影响相对较大。总体来看，从脉冲响应图中可以得出在离岸金融中心建设完成后其对西安经济所带来的冲击，长期来看均为正向影响。所以离岸金融中心的建设对西安的经济发展和西安金融发展均会带来促进作用。最后，在对脉冲响应图进行分析后可以看出，离岸金融在西安的发展对西安金融的冲击幅度大于对西安经济的冲击，所以离岸金融中心的建设对于西安金融的发展影响更大。

综上可知，在西安建设离岸金融中心会对西安经济和西安金融的发展起到推动作用，并且对于西安金融的发展有更为重要的意义。所以在西安应该大力推进西安商务区离岸金融中心的建设。

八、西安离岸金融市场的发展战略与政策建议

(一)西安离岸金融市场发展战略

1. 西安离岸金融市场定位

(1) 战略定位

以国家“一带一路”倡议实施为契机，依托陕西自贸区政策优势，背靠国际港务区，立足于西安浐灞金融商务区全力推进离岸金融市场的发展，力争将西安离岸金融中心打造为“一带一路离岸金融中心”，实现辐射中亚，连通欧洲，面向世界的战略构想。

(2) 功能定位

以“一带一路”贸易项下的人民币跨境结算为基础，以我国“一带一路”基础设施投资为支撑，以欧美市场跨境资本运作为方向，吸引海内外投资机构、跨国集团进驻西安金融商务区离岸金融中心。

(3) 市场定位

支持西安金融商务区园区企业，服务丝路沿线国家经贸投资，面向国际金融市场，为我国企业在欧美市场跨境资本运作做准备。

2. 西安离岸金融市场实施步骤及模式选择

我国是经济大国，而避税港型离岸金融市场较适合自身经济规模极小

的国家或地区，且只起到“记账中心”的作用，其投资效应、就业效应很低，并容易造成洗钱、避税等一系列非法金融活动，加之难以监管，因此避税港型模式不适合西安“一带一路离岸金融中心”的构建。

此外，内外一体型的离岸金融市场需要高度的经营自由、完善的金融法律和监管体系，境内市场几乎完全开放，而我国的外汇管理虽然放松了国际收支中经常项目下的外汇管制，但人民币尚未实行资本项目下的自由兑换。加之我国政府金融监管的能力尚处于较为软弱的状态，如果实行一体化模式，这对目前的金融防范风险能力是一个很大的挑战，因此，西安也不适合采用内外一体型。

综上所述，西安“一带一路离岸金融中心”模式选用内外分离型较为合适，便于将风险控制在局部，避免境外资金流向全国，同时，易于监管，可以使离岸金融业务逐步发展，保持金融稳定。在实施步骤上，西安建立内外分离型模式的离岸金融中心应该分三个阶段逐步实现。

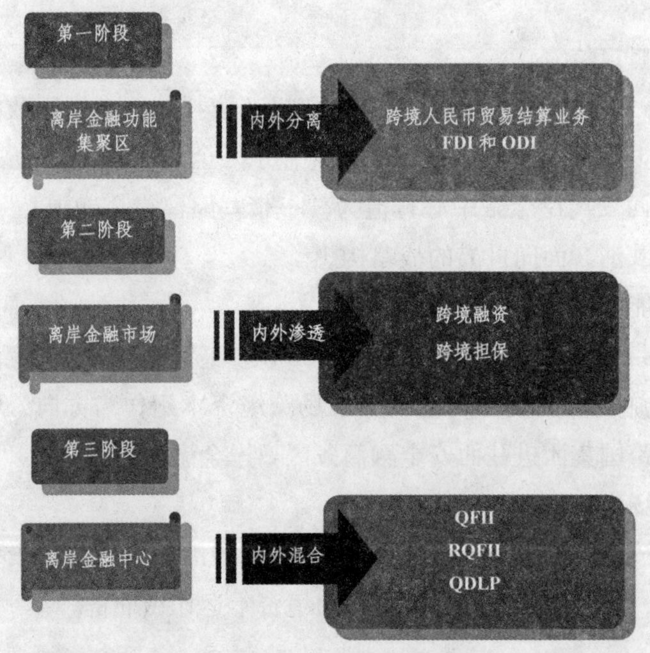

图37　西安离岸金融市场发展阶段

（1）第一阶段（5到10年），“西安一带一路离岸金融功能集聚区”

在构建西安离岸金融中心的初期，应该先初步形成一个离岸金融功能集聚区，将从事离岸金融业务的金融机构及金融监管部门集中在西安浐灞金融商务区。a.成立“一带一路”人民币跨境结算中心落户于金融A区境外结算中心；b.将从事离岸金融业务的银行如招商、交通、浦发、汇丰等银行聚集在金融B区离岸金融区，并设立专门负责离岸金融业务的分理处；c.为从事境外投资的企业专门设立一个处理跨境投资和资金结算的分支机构或总部，将他们集中落户于企业总部区；d.“三资企业”集中在贸易B区的合资产业园，金融商务区给予政策优惠和税收优惠；e.政府对离岸金融的支持，开设离岸金融业务咨询服务窗口，举办离岸金融讲座，组织从事离岸金融业务的银行和从事境外投资及贸易的企业召开论坛或对接会。这一阶段“西安一带一路离岸金融功能集聚区”涉及的业务主要是跨境人民币贸易结算及FDI、ODI。

在这一阶段，应坚持内外严格分离模式。因为我国还未实现人民币资本项目的自由兑换，而且西安经济总量从支撑一个金融中心的角度来讲还是比较薄弱的，同时离岸业务的监管制度和法律体系尚不完善。前期实行严格的分离模式可以有效防范风险，有利于维护我国货币政策的独立性。

（2）第二阶段（10到20年）“西安一带一路离岸金融市场”

随着金融机构、监管机构和跨国公司的进驻，离岸金融功能区发展到一定程度，当政策条件成熟便可以开展第二阶段，形成一个主要针对“一带一路”国家，其他多种跨境投融资综合发展的离岸金融市场。a.这一阶段是在前一阶段的基础上发展境外融资和跨境担保业务，鼓励具有资质的金融机构落户在金融B区的金融服务中心。b.鼓励西安的担保公司如西安投融资担保有限公司参与跨境担保业务。支持自贸区、金融商务区内的企业在境外发行债券。c.建立自由贸易账户FT打通自贸区与离岸市场之间的通道，为区内企业涉足海外市场、满足实体经济所需的贸易结算和跨境投融资汇兑便利提供了更有效的方式。

在这一阶段，应实行分离渗透模式，但仅限于单向渗透或有限渗透，即由离岸账户向在岸账户渗透，禁止在岸账户向离岸账户渗透。中期采用单向渗透，即允许离岸市场非居民存款资金向在岸账户贷放。但是不允许在岸账户资金流向离岸市场。陕西省企业众多，但是大部分都是中小企业，真正走出去的企业是少之又少，其中一点重要的原因是因为资金的缺乏，而实行单向渗透可以帮助融资困难但有潜力的企业发展起来，同时单向渗透也有利于国家监管，将风险降到最低。

（3）第三阶段（50年），“西安一带一路离岸金融中心”

长期来看，在未来我国资本项目下外汇管制逐步放开时，可以将离岸金融与在岸金融逐步渗透、融合，离岸账户与在岸账户并账，资金自由流动，形成一个高效的、内外一体的金融市场。

该阶段吸引从事跨境资本运作的境内外金融投资机构，包括从事跨境证券投资业务的QFII、RQFII，外商投资基金QDLP入驻金融B区引导基金示范区。

在这一阶段，允许双向渗透，并逐步实现内外混合模式。在离岸金融市场已经建立、市场秩序已经稳定、离岸业务顺利铺开、监管法制比较成熟的基础上，再逐步实行双向渗透，不仅可以最大限度地利用境内外资金，而且有利于促进与国际金融接轨。

3. 西安离岸金融市场选址的优势

“西安一带一路离岸金融中心”理所应当设立于西安金融商务区。西安金融商务区对建设“一带一路离岸金融中心”具有五大优势：

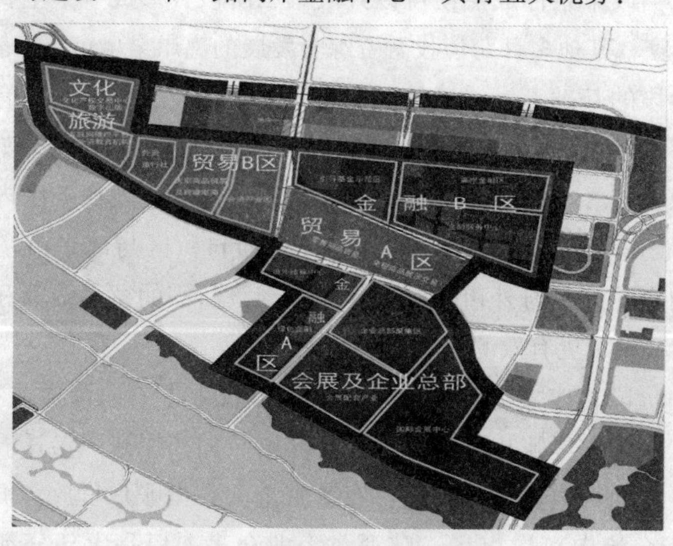

图38　西安离岸金融市场选址

(1) 生态环境优势

西安金融商务区位于浐灞生态区核心板块，抱两水、依三塬、连秦岭，在中国北方城市中具有较强的唯一性，能够为金融商务区建设提供良好的生态环境。独具滨水特色的灞河岸线，完全有条件建设成西安的外滩和陆家嘴城市景观。

(2) 国际化优势

浐灞生态区是欧亚经济论坛永久会址，2011年的世界园艺博览会就落户该区，同时中国—中亚博览会的会址也定于此。这些国际化的举措，使浐灞生态区成了西安最集中、最具优势的国际大都市品牌。

(3) 空间与交通区位优势

浐灞生态区是西安未来的第三代新城，拥有中心城区和其他开发区难以比拟的发展空间，可以提供金融商务区远景规划对发展空间的需求。区内有两条城市环线，周边有五条高速公路，构成了较为发达的对外交通网络。区内规划有“六纵十二横”的市政路网，与城市中心实现全面对接，地铁一号和二号线经过区域南部和北部，地铁三号线从金融商务区中部穿过。

(4) 政策优势

一是在国家层面。《国家“十二五”服务业发展规划》《关中—天水经济区发展规划》、新一轮西部大开发分别提出要大力发展以金融为主的现代服务业，要把西安建设成国际现代化大都市和区域性金融中心。二是在陕西省政府层面。以《关于进一步促进金融业发展改革的意见》为代表的一系列文件提出切实加快西安金融商务区建设进程，并将西安金融商务区升级为省级开发区，享受省级开发区优惠政策。三是在西安市政府层面。2010年1月，西安市人民政府常务会议研究决定将西安浐灞金融商务区正式命名为西安金融商务区，会议同时审议通过了《西安市人民政府关于支持西安金融商务区发展的实施意见》，给予入驻西安金融商务区的金融机构资金、财政、税收等多方面的优惠政策。2013年6月，西安市政府出台的《西安区域性金融中心发展规划（2013—2020年）》明确提出，将西安金融商务区建设成为区域性金融机构和大型企业总部聚集区、全国金融中心后台服务和金融服务外包基地、国际性金融机构区域总部的承接地、区域性能源产权交易中心，成为西部重要金融功能区和西安区域性金融中心的主要承载区。

（5）品牌优势

随着西安金融商务区建设的不断发展，签约、入驻项目的不断推进，依托欧亚经济论坛、西安（浐灞）金融高峰论坛等载体，金融商务区的概念品牌已开始为社会所认同。西安金融商务区在打造“金色”金融与“绿色”生态交相辉映方面，提高了知名度，扩大了影响力。近年来，通过举办西安（浐灞）金融高峰论坛，吸引政府、业界、学界和新闻媒体参与广泛的话题讨论，大大提升了西安金融商务区的国内知名度。

（二）西安发展离岸金融市场的政策建议

1.突出“一带一路离岸金融市场”的特色

根据西安与丝绸之路沿线国家独特的渊源关系和在经贸往来关系中的战略地位，以及我国在中亚投资基础设施所占绝对优势的特点，西安离岸金融市场应定位为“支持园区企业，服务丝路沿线国家，面向国际金融市场”，针对以中亚国家为主的跨境贸易、投资，同时全力发展美元、欧元、韩元、日元等多种货币结算业务，但要注意在起步阶段防止市场规模过度扩张，完善相关监管体系。

2.加快金融基础设施建设与完善

一个离岸中心的成功与否很大程度上取决于金融基础设施的质量。一是应大力引进金融机构，争取与国际金融机构合作；二是硬实力包括大力建设通信设施、互联网、交通设施等；三是软实力包括完善法律、人才资源、会计、税务、工商服务机构，为离岸金融市场业务的开展提供便利。

3. 加大政府税收政策扶持

离岸业务最具有吸引力的核心在于优惠的税率及投融资便利化，我国目前在离岸业务的税收方面尚未迈出实质性步伐，税收优惠没有明确的法律规定，这样的税收条件根本无法与亚洲主要离岸金融中心进行竞争。因此，一方面从国家层面来讲，应抓紧制定与实际条件相适应的离岸税收法规。另一方面从西安金融商务区层面来讲，应该充分利用自贸区先行先试的政策条件，争取国家政策的支持，加大离岸业务的税收优惠力度，保证离岸业务的税率低于国内同类业务的税率，并且不高于周边国家和地区离岸金融市场的税率。同时，简化离岸金融业务的审批手续。这样才能吸引更多的外资流入，使西安的离岸金融业务比周边国家更具有竞争力。

4. 加强离岸金融市场的监管

第一，完善离岸金融法规。目前，政府虽然对银行的离岸业务制定了《离岸银行业务管理办法》和《离岸银行业务管理方法细则》，但是并没有形成完整的离岸业务基本法律框架。第二，应该对市场准入和风险进行重点监管。在市场准入方面应严格把关，采用传统的审批和颁发牌照的政策。在风险监管方面要建立起有效的风险评估机制，对违法风险进行严格监管。第三，加强对离岸业务的跨境监管力度。离岸金融市场的建立有利于更多的外资金融企业进入，同时也有很多企业走出去，而本身跨境监管力度不足，将难以有效防范金融风险跨境转移和资本外流。

5. 优惠政策建议

（1）金融服务类企业税收优惠政策

①鼓励证券投资基金发展的优惠政策，对证券投资基金从证券市场中取得的收入，包括买卖股票、债券的差价收入，股权的股息、红利收入，债券的利息收入及其他收入，暂不征收企业所得税；对投资者从证券投资基金分配中取得的收入，暂不征收企业所得税；对证券投资基金管理人运用基金买卖股票、债券的差价收入，暂不征收企业所得税。

②对合格境外机构投资者（简称QFII）委托境内公司在我国从事证券买卖业务取得的差价收入，免征营业税。（合格境外机构投资者定义：符合中国证监会、中国人民银行和国家外汇管理局发布的《合格境外机构投资者境内证券投资管理办法》的规定条件，经中国证监会批准投资于中国证券市场，并取得国家外汇管理局额度批准的中国境外基金管理机构、保险公司、证券公司、其他资产管理机构。）

③区内创业投资企业采取股权投资方式投资于未上市的中小高新技术企业2年以上的，可以按照其投资额的70%在股权持有满2年的当年抵扣该创业投资企业的应纳税所得额；当年不足抵扣的，可以在以后纳税年度结转抵扣。

（2）经常项目业务

①区内主体与境外之间经常项目交易，区内银行应在遵循“了解客户”“了解业务”“尽职审查”等原则基础上，履行外汇业务真实性、合规性审查，制定完善的内控管理制度并报外汇局备案。对于资金性质不明确的，区内银行应要求企业、非银行金融机构、个人等进一步提供相关单证。

②区内银行在办理异地业务、离岸转手买卖以及能够确认的转卖等外汇收支业务时，应当逐笔对合同、发票（含电子单证）、提单、仓单等货权凭证正本（复印件）等进行真实性审核，确保有关交易具有真实、合法交易背景，防范虚构贸易与外汇收支风险。银行应当留存充分证明其交易真实、合法的相关文件和单证等5年备查。

③区内货物贸易外汇分等级管理，区内货物贸易外汇管理分类等级为A类的企业外汇收入无须开立待核查账户。区内货物贸易外汇管理分类等级为B类和C类的企业，应当按照现行货物贸易外汇管理规定办理相关外汇业务。

④服务贸易、收益和经常转移等对外支付单笔等值5万美元以上的，提交税务备案表。

（3）资本项目业务

①简化区内企业直接投资项下外汇登记手续，直接投资外汇登记下放银行办理，外商投资企业外汇资本金实行意愿结汇。

②建立区内外商投资负面清单制度，清单之内的非禁止投资领域，须进行外资准入许可。负面清单之外的领域，在区内按照内外资一致原则实施管理。

③实行限额内资本项目可兑换。在离岸金融区内注册的、负面清单外的境内机构，按照每个机构每自然年度跨境收入和跨境支出均不超过规定限额（暂定等值1000万美元，视宏观经济和国际收支状况调节），自主开展跨境投融资活动。限额内实行自由结售汇。符合条件的区内机构应在离岸金融区所在地外汇分局辖内银行开立资本项目——投融资账户，办理限额内可兑换相关业务。

④支持区内符合条件的企业按规定开展人民币境外证券投资和境外衍生品投资业务。支持区内银行机构按照银行间市场等相关政策规定和我国金融市场对外开放的整体部署为境外机构办理人民币衍生品业务。支持区内设立的股权投资基金按规定开展人民币对外投资业务。

（4）跨境融资

①支持区内企业和金融机构按规定在境外发行人民币债券，募集资金可调回区内使用。区内企业的境外母公司可按规定在境内发行人民币债券。

②区内机构借用外债采取比例自律管理，允许区内机构在净资产的一定倍数（暂定1倍，视宏观经济和国际收支状况调节）内借用外债，区内企业外债资金按照意愿结汇方式办理结汇手续，结汇所得人民币资金划入对应开立的人民币专用存款账户（资本项目—结汇待支付账户），经银行审核交易的合规性、真实性后直接支付。结汇资金不得直接或间接用于企业经营范围之外或国家法律法规禁止的支出。银行应当留存充分证明其交易真实、合法的相关文件和单证等5年备查。区内企业及开户银行应及时准确地报送结汇和支付数据至外汇局相关业务信息系统。

③区内金融租赁公司、外商投资融资租赁公司及中资融资租赁公司在向境内承租人办理融资租赁业务时，如果其用以购买租赁物的资金50%以上来源于国内外汇贷款或外币外债，可以外币形式收取租金。

④支持租赁公司依托区内要素交易平台开展以人民币计价结算的跨境租赁资产交易。允许区内租赁公司在境外开立人民币账户用于跨境人民币

租赁业务，允许租赁公司在一定限额内同名账户的人民币资金自由划转。

（5）跨境资金流

①支持发展总部经济和结算中心。放宽跨国公司外汇资金集中运营管理准入条件。进一步简化资金池管理，允许银行审核真实、合法的电子单证，为企业办理集中收付汇、轧差结算业务。

区内符合条件的跨国企业集团开展跨境双向人民币资金池业务，可不受经营时间、年度营业收入和净流入额上限的限制。

②探索建立与离岸金融区相适应的账户管理体系，为符合条件的区内主体，办理跨境经常项下结算业务、政策允许的资本项下结算业务、经批准的离岸金融区内资本项目可兑换先行先试业务，以促进跨境贸易、投融资结算便利化。

③研究在区内就业并符合条件的境内个人按规定开展各类人民币境外投资。在区内就业并符合条件的境外个人可按规定开展各类境内投资。

（6）外汇市场业务

①具备人民币与外汇衍生产品业务资格的银行，可以按照外汇管理规定为其相关业务提供人民币与外汇衍生产品服务。

②对于境外机构按规定可开展即期结售汇交易的业务，注册在区内的银行可以为其办理人民币与外汇衍生产品交易。

③衍生产品的具体范围和管理应符合现行外汇管理规定，纳入银行结售汇综合头寸管理，并按现行规定向外汇局报送相关数据。

九、西安离岸金融市场风险防范与监管借鉴

(一)离岸金融市场风险

1.离岸金融市场的微观风险

(1) 期限错配引发流动性风险

在离岸金融市场上，大部分离岸存款为一年期以下。离岸贷款存在的存短放长现象会导致离岸金融市场上货币借贷期限错配。放款的资金有时会通过银行多次转存，从而形成连锁式的借贷关系，如果某一环节出现坏账，或由于经济及非系统性因素引起某一环节资金周转不利。金融机构的信用风险是指金融市场较高的负外部性引发的破产倒闭及其连锁反应，在离岸金融市场上表现尤为明显，往往会触发国际金融市场多米诺骨牌效应，从而引发国际金融危机。

(2) 货币错配加大汇率风险

由于当今各国普遍实行浮动汇率，导致汇价波动频繁，汇率起伏较大。当商业银行的外债超过其资本的一定数量，巨额离岸货币就会加剧金融市场的震荡，影响国际金融市场的平稳及实体经济的发展。可以说，历次国际金融危机巨额国际游资都起到了助推效果。即使采取分离模式，离岸和在岸业务之间也不可能完全没有影响。如果大量境外货币被投机者利用，就很可能操纵外汇市场，影响货币的兑换率，会给一国利率和汇率带

来冲击。

（3）信用扩张催生资产泡沫风险

首先，离岸金融宽松的监管环境，加大了银行将大部分资产投入高风险、高回报项目的可能性，离岸金融机构在资产负债管理上的操作失误也会增加。同时银行可自由在国际银行同业拆入大量外汇资金。离岸金融广泛的外延难以把握服务对象的资信状况，因而极易出现“过度借贷症”，一旦外国资本撤离，整个金融体系就会面临崩溃的危机。20世纪90年代，泰国的金融危机就是资产泡沫破灭的典型例证。

（4）企业利用离岸机构产生信用风险

离岸和在岸公司之间合并监管的缺位可以使公司在子公司和母公司之间转移资产和负债，而以逃避监管为目的的高杠杆率的高负债意味着高风险和最终发生债务违约并导致连锁反应。

2.离岸金融市场的宏观风险

（1）离岸金融市场可能阻碍各国货币政策推行

离岸金融市场对国内货币供应造成压力。一方面，当离岸市场因为无准备金要求而成本低于在岸市场本币成本时会形成国内货币紧缩压力。另一方面因为离岸市场的融通活动使一国闲置货币变成另一国的货币供应链，增加了新的信用扩张手段，则该国通胀压力增大，这些都使得货币政策执行遇到挑战。国内机构可以在一国采取紧缩政策，提高利率的时候，通过离岸金融市场筹措到低成本的资金，从而有效规避国内紧缩货币政策；当一国采取宽松政策，国内机构又可能将资金调往离岸金融市场以寻求较高的利息收入，使政府的扩张政策的目标难以实现，从而导致货币政策失效。

（2）离岸金融市场导致短期资本流动风险

离岸金融市场资金规模巨大，大量短期逐利资金通过离岸金融市场，导致本币资产价格和汇率动荡不安。逐利资金在市场看好时大量涌入，一旦市场预期逆转就会撤离，引起金融崩溃。

(3) 引发外债规模失控风险

当一国从离岸市场筹措资金大大超过国际外债规模警戒线时，外汇风险敞口过大。一旦还本付息额超过该国外汇收入即国际储备所能承受的水平时则会引发债务危机乃至系统性的经济金融危机。

(4) 离岸金融市场易成为洗钱天堂

避税港型离岸金融中心，因其宽松的交易规则、完善的银行保密法、开放的金融规则、自由的公司法而成为世界洗钱天堂。洗钱分子利用这些离岸金融中心掩盖犯罪收益，疯狂洗钱，不仅对收益来源国造成严重的损失，而且在金融全球一体化趋势下，对世界经济也产生了多方面的消极影响。

总之，离岸金融之所以能引发系统性危机，是因为离岸风险往往表现为向在岸银行延伸和整个金融体系蔓延，并增加了金融风险的传染性。离岸金融市场上汇集的世界范围内的资金以短期资金为主，同时汇集了世界范围内的金融变化，这就使离岸金融市场具有多变的特征，一旦变化超过我们的风险预测和准备，就会给国内经济链条造成巨大的冲击，就有可能带来巨大的损失。

(二)完善离岸金融市场风险监管体系

1.完善离岸金融监管相关法律体系

完善的金融法律法规加上与国际接轨是离岸金融中心能够健康发展、有效监管的基础，也是降低离岸市场风险和对国内金融体系冲击的前提。我国目前在离岸金融相关的法律体系中有两个重要方面都亟待完善。一方面，我国规范金融机构经营离岸业务的法律法规还仅停留在管理办法的层面，即1997年央行发布的《离岸银行业务管理办法》及在此基础上的实施细则。而未来在以自贸区为依托的离岸金融中心设立的是独立的、以离岸业务为主的金融机构，其组织的复杂程度、业务的广度和规模、市场的辐射力度等，都将大大超越过往作为试点的四家银行的离岸业务。因而，出

台针对独立的离岸银行、证券、信托、保险等机构，内容涉及市场准入、税务安排、业务开展、保密义务等全方位的法律法规体系，将当前散见于各处的“通知”“批复”中的规定加以集中规范是十分必要的。另一方面，国内金融方面相关法律缺位，以各类“管理条例”充当各领域最高指导规范的情况并不鲜见。例如《外汇管理条例》是我国外汇管理领域的核心规范，但这种行政法规的效力以及稳定性方面都弱于成文法律；同时我国许多市场准则和监管措施与国际金融惯例都有较大的差异，这些因素会制约监管的效率，也会对境外资金和机构的进入造成障碍。因此，我国应尽快推出与国际惯例接轨的《投资者保护法》《信托法》《外汇管理法》《金融市场管理法》《涉外银行法》等法律，杜绝利用离岸金融市场操纵干扰利率及汇率的市场价格形成机制，进行洗钱、逃汇、逃税等非法牟利活动，规范离岸金融市场在透明健康的轨道上发展。同时还应该加强各行政主管部门之间的沟通，在沟通的基础上规范来自公检法、纪检、监察等部门经常性对金融账户查询、冻结、扣划的做法，从法律层面为离岸账户建立合理的保密制度，消除境外客户关于我国市场行政干预过多的顾虑。

2.建立完善外部监管体系

为了减小金融市场的系统风险应该采取谨慎的态度，制定较为严格的离岸金融市场准入制度，可实行资本充足性监管、流动性要求的监管、加强对离岸账户和在岸账户的管理、对离岸金融业务活动实施适度管制，以达到审慎有效监管的目标，明确市场准入制度。参考香港的银行体系实行银行分级制，把存款机构分为持牌银行、有限制牌照银行和接受存款公司，人民币离岸金融中心的市场准入可采取执照式准入模式。监管当局可根据申请机构的资产规模、声誉、资本金规模、业务能力、公司治理和风险管理水平等多种因素分三种不同类型的牌照：全面牌照（可以经营离岸、在岸业务）、限制性牌照（可以经营有限的在岸金融业务）和离岸牌照（只能经营离岸业务），对持不同牌照的金融机构进行分类管理。特别是在发展初期，必须坚持高标准、严要求，适度控制开展人民币离岸金融业务的机构数量，选择具有较强实力和管理完善的国际大型金融机构参与，以达到市场稳健运行与最大限度控制风险的目的。

3.推进金融机构内部控制水平提升

随着金融机构组织结构的复杂化和金融业务的不断创新，对于金融机构的外部监管，政府和金融监管当局越来越难做到全覆盖，相较于事后的问责也将更难做到对金融风险的事前防范。因此，金融机构的内部控制制度对于确保金融机构的稳健型经营也变得日益重要。对于离岸市场上的金融机构，内部控制制度的作用尤为显著，应该从以下几个方面建立健全这一制度：完善内控规章体系的建立，加强对内部人员的合规意识教育，落实风险问责机制，严格会计核算和内部审计制度的执行。

(三)离岸金融市场重点内容监管安排

1.账户监管

（1）离岸账户与非离岸账户

在离岸金融市场设立初期，应采用内外分离型模式，坚决杜绝离岸账户和非离岸账户之间有渗透或借贷关系的发生，银行要把其国内账户、离岸账户、在岸账户分别设立，目的是防止离岸金融业务的风险对在岸业务、国内业务造成冲击。一些从事离岸金融业务的银行应把自己的外汇头寸严格管理好，严格区分在岸外币的负债和离岸外币的负债。但是这种情况也不是一成不变的，当经济发展到一定的水平，市场发展到一定阶段，可以考虑逐步取消这种限制，以实现吸引外资来为本国经济服务的目的。

在离岸金融市场建立初期，要求银行必须专门设立一个“离岸货币单位账户”来开展离岸金融业务，而且要保持该账户单独的会计账目，不能从事国内的任何业务。当“离岸货币单位账户”有了比较大的资金余额时，就完全取消了外汇管理，同时也取消了从事离岸业务的银行不能从事国内居民贷款的限制。当离岸金融市场发展到一定的高度，在确保其对国内金融市场不会造成破坏性冲击的情况下，可以引导离岸金融市场上的资金来为我国的生产和建设服务。

(2) 设立账户标识，防止利用离岸账户逃汇

对各家银行的离岸账户设计标识进行统一，使各家从事离岸金融业务的银行在汇款时能将离岸账户和在岸账户区别开来。银行必须对一切境内汇入离岸账户的资金按进口付汇的要求严格审查其相关的单证，并按相关制度对进口付汇逐笔核销，对同业往来报单也必须设有统一的代码。对没有标明离岸金融业务代码的汇入行汇入的款项，一律不得进入离岸账户。

2.资金监管

离岸业务的资金管理从其目的来分，主要有两个方面，一是合规性管理，合规性管理主要指的是离岸资金内外相互渗透是否符合相关法律法规的问题，主要对象包括非居民的开户，汇款中“OSA”（开放业务平台）账号的使用，其自身的头寸是否符合相关法律法规等；二是常规性管理，常规性管理是指银行为了保证资金的安全性、流动性、营利性而进行的资产负债管理。另外，还应对离岸资金内外渗透的限额进行确定。目前，在我国现有的货币政策和外汇管理体制下对离岸资金采取分离管理是非常必要的，但是分离管理不等于隔离管理，并不是将在岸金融市场与离岸金融市场割裂开来。从国外相关的历史经验来看，一些在建立离岸金融市场初期实行严格内外分离型管理的国家，当本国的离岸金融市场发展到一定阶段后都逐渐实行了有管理的内外渗透型。因此，当离岸金融市场发展到一定的阶段时，应当允许离岸资金在合理的范围内进行一定额度的内外渗透。

3.外汇管理

目前世界各国和地区的外汇体制主要有三种类型：一是实行全面外汇管制，即对贸易、非贸易收支和资本项目收支都实施较严格的管制。大多数发展中国家皆属于这一类，因为这些国家经济发展水平低，国际收支不平衡，外汇紧缺，为防止资本外逃，必须实施全面的外汇管制。二是实行部分外汇管制，即对非居民办理经常项目的收付原则上不加以限制，而对资本项目收支则根据国际收支状况进行管理，一般当国际收支大量盈余、

国际储备充足时，鼓励资本输出、限制资本流入，相反，则鼓励资本输入而限制资本外流。三是基本上取消外汇管制，大部分发达国家（如美国、英国）和少数经济发达、金融发展状况良好的发展中国家（如新加坡）属于这类，这些国家的货币通常能自由兑换，对经常项目、资本项目的外汇收支不加限制，在特殊情况下，才采取变相的限制或恢复对外汇的某些管制。我国现在实行的是经常项目下完全可兑换，结售汇皆有严格的审核要求。因此，我国目前的外汇管理制度可以有效地隔离境内市场和境外市场的联系，是建设初期防止离岸资金冲击国内市场的第一道防线。

4. 市场准入管理

在从事离岸金融业务的银行的审批上，应注意下面两个方面的问题：

第一，目前国内银行的外汇业务水平普遍不高，相关的管理机制还不健全，而且自我的约束能力也不强，一些离岸金融账户有违规“渗透”情况发生的可能性较大，往往这种损失发生后都由国家进行买单，因此要严格审批制度，提高要求，只对达到相关要求的银行发放离岸金融业务经营许可证。必须具有雄厚的开办离岸金融业务的外汇营运资金为基础，近三年外汇业务业绩良好，拥有一批高素质的外汇从业人员和能够从事离岸金融业务的场所及设备。

第二，关于引进外资银行，除了要注意引进一些信誉较好的大银行外，还要注意要求开办离岸金融业务的外资银行是分行而不是子银行或合资银行，这是因为经营离岸金融业务没有存款准备金等限制，优惠政策较多，相对来讲风险较大，分行由于有总行的资金支持和对其清偿力承担责任，其经营风险对当地市场的影响力相对较小。

5. 风险管理

离岸金融市场的客户主要是非居民，因而经营风险比国内业务和在岸业务高，需要有更严格的风险控制机制将风险限定在一定范围内。

（1）建立风险指标管理体系

在资产结构、负债结构、贷款风险控制、成本利润等重大方面建立自

控指标管理体系，并在此基础上定期进行资产结构分析、业务动态分析、大户跟踪分析、成本分析等。

(2) 强化贷款风险控制机制

对于求发展的银行而言，信贷资产质量是比利润更重要的指标。信贷风险是离岸金融市场面临的主要风险，不良贷款比率（逾期贷款、呆滞贷款、呆账贷款分别与贷款总额之比）是衡量金融机构资产质量的重要指标。一般而言，离岸信贷由于客户主要为非居民，风险远高于国内信贷。在我国，国内信贷风险已经引起了各行的高度重视，但对离岸信贷风险尚认识不一。对离岸金融业务应该建立一个与国内信贷一样严格的风险控制体系：

a.参照国内贷款风险管理制度，制定《离岸贷款资产风险管理试行办法》《离岸企业信用等级评估及授信核定试行办法》和《离岸抵押贷款实施细则》等制度。

b.建立贷款风险评估指标体系。包括贷款企业信用和财务状况分析指标、担保贷款中担保企业或个人担保能力分析指标、抵押物评估分析指标等。其中客户资信调查内容包括客户所在地区是否发生或潜伏重大金融风险，客户机制变化（如分支、合并和终止）的风险，客户经营风险，客户一般信用等。根据指标体系评定的贷款风险度核定授信限额和贷款审批权限。

c.确保担保合同的法律效力。

d.切实做到审贷分离，并确认责任归属。

e.制定信贷指标控制体系，严格贷后管理，在提供贷后服务的同时对已发放贷款进行跟踪监测，对离岸不良贷款进行重点清理。

f.核定呆账准备金。

新的战略机遇下
西安丝绸之路金融中心建设研究

一、引言

随着“一带一路”建设的推进，西安逐渐成为中国内陆改革开放的新高地。2017 年 4 月 1 日，陕西自贸区正式挂牌，成为西北地区唯一获批的自贸区。2017 年，大西安空间格局理念的形成、关中城市群的进一步扩大、国际港务区功能的逐步完善都为西安市建设丝绸之路金融中心提供了新的战略机遇。西安作为丝绸之路经济带上的起点城市与中心城市之一，具有丰富的历史文化资源、区位产业和经济发展优势，科技教育、高新技术、装备制造实力雄厚，国防科技综合实力居全国前列，与大西北和中亚、南亚、西亚国家的能源、原材料和农牧产业形成互补之势；同时，随着西安国际化大都市和陕西自贸区的建设，使西安最有资格成为共建丝绸之路经济带的国内核心城市，也有条件发展成为丝绸之路经济带区域金融中心，进而形成以西安为金融中心向外辐射的格局。

本课题研究在“一带一路”倡议和陕西获批建设西北首个自贸区、“大西安”建设等新的战略机遇下，依据金融集聚理论、新经济地理学理论、区域金融理论等研究西安市建设丝绸之路金融中心的问题。本课题研究西安市建设丝绸之路金融中心的现状和优势，分析其建设丝绸之路金融中心的新的战略机遇和约束条件，进一步提出西安建设丝绸之路金融中心的战略定位、发展思路和目标，最后提出西安市建设丝绸之路金融中心的实现路径和具体对策建议。

二、西安建设丝绸之路金融中心的现状和优势分析

丝绸之路经济带是在古丝绸之路基础上形成的一个东西轴向的新经济发展区域，两头分别连接着最为富庶的欧洲经济圈和最具发展活力的亚太经济圈，被认为是“世界上最长和最具有发展潜力的经济大走廊”。随着丝绸之路经济带构想的提出，西安作为古代丝绸之路的起点城市，采取了一系列政策措施以加快西安区域性金融中心的建设，包括创造有利条件吸引金融机构进驻、开展各类金融交流和合作活动、建设商贸物流中心、促进能源金融发展等。这一系列措施为西安发展成为辐射西北乃至西部地区的区域性金融中心奠定了坚实的基础。下面对西安建设丝绸之路金融中心的现状和优势进行分析。

(一)现状

1.经济稳步增长

西安作为古丝绸之路的起点，在唐朝时期，便担负起了金融中心的职责。而今，西安已成为西北五省一颗耀眼的明珠，全市下辖 10 区 3 县，总面积 10 108 平方公里。2016 年年末常住人口 883.21 万，其中城镇人口 648.54 万。在经济发展方面，2016 年，西安的生产总值 为 6257.18 亿元，相较 2015 年增长了 8.5%。其中，第一产业增加值 232.01 亿元，增长 3.8%，第一产业增加值占生产总值的比重为 3.7%；第二产业增加值

2197.81亿元，增长8.6%，第二产业增加值占生产总值的比重为35.1%，第三产业增加值3827.36亿元，相较去年增长8.8%，占生产总值的比重为61.2%。与丝绸之路沿线其他省会城市如兰州和乌鲁木齐相比，西安经济和社会发展处于中上水平，但与重庆和成都相比，仍比较落后。尽管如此，西安仍然有相对优势，即其经济增速较快，高达8.5%，在这五个城市中仅次于重庆。

表36 2016年西安与四个城市主要经济指标对照表

经济指标	西安	成都	重庆	兰州	乌鲁木齐
生产总值(亿元)	6257.18	12 170.2	17 558.76	2264.23	2458.98
生产总值增速	8.5%	7.7%	10.7%	8.3%	7.6%
人均生产总值(元)	71 357	76 960	57 902	61 207	69 565
第三产业占生产总值比重	61.2%	53.1%	48.4%	62.44%	70.2%
固定资产投资总额(亿元)	5191.36	8370.5	17 361.12	1990.95	1607.78
社会消费品零售总额(亿元)	3730.7	5647.4	7271.35	1263.35	1236.69
利用外商直接投资(亿美元)	45.05	86.2	113.42	3.56	2.4

资料来源：各市2016年国民经济和社会发展统计公报。

就西安目前的情况来看，在经济基础方面，西安虽然位于欠发达地区，但西安作为西北地区最大的省会城市和全国15个副省级城市之一，已经成为西北地区的经济文化中心，2002年12月，西安与上海、深圳、天津、苏州和温州等城市被联合国工业发展组织认定为“全球最具活力城市”。经济开发区是西安经济社会发展的一大特色。目前发展较为成熟的西安浐灞生态区、西安高新技术开发区、西安经济技术开发区，已经成为撬动西安经济发展的有力杠杆。“十二五”期间，西安市紧紧抓住西部大开发的战略机遇，以“四区两基地”为产业载体，支撑着新技术产业、装备制造业、旅游业、现代服务业和文化产业五大主导产业，使这一时期成为西安投资规模最大、增长速度最快、经济和社会全面发展的时期，西安的综合经济实力进入全国大中城市五十强，西部城市排第三，西北城市排第一。

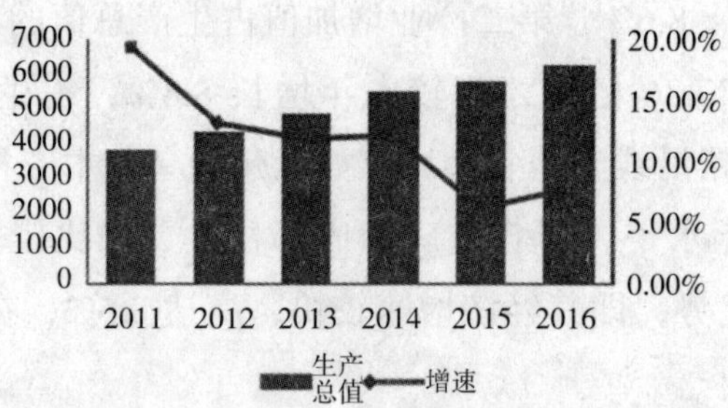

图 39　西安 2011—2016 年生产总值及增速（单位：亿元）

资料来源：西安市 2016 年统计公报。

2. 金融集聚效应显著

金融机构的集聚是金融业和金融中心发展水平的重要标志，2015 年，西安市聚集各类金融机构 130 余家。银行业机构 44 家，其中银行 34 家（外资银行 4 家）、地方法人信托机构 3 家、财务公司 6 家、汽车金融公司 1 家。证券期货业机构 31 家，其中地方法人证券公司 3 家，证券公司分公司 19 家；证券基金公司分支机构 4 家，证券投资咨询公司 2 家，地方法人期货公司 3 家，另外，在中国证券投资基金业协会备案的私募基金管理企业 159 家。保险机构 55 家，其中财险公司 25 家、人寿险公司 30 家；保险专业中介机构 72 家。各类交易场所 16 个。西北唯一的西安民间金融街开街，西安灞柳基金小镇在西安浐灞生态区揭牌成立，已吸引 10 余家基金公司、30 余家私募机构申请入驻或意向入区，募集资金数百亿元。全市小额贷款公司 37 家，融资性担保公司 69 家。西安的金融机构数量、市场规模稳居西北地区首位和中西部地区前列。此外，西安有 3 家产权交易机构（西部产权交易所、西安产权交易所和西安技术产权交易中心）以及长城、东方、华融、信达四家资产管理公司的分支机构，还有多家会计师事务所、律师事务所、产权交易所等中介服务机构。种类齐全的金融机构，为西安搭建起了完整的金融机构体系，奠定了西安建立区域性金融中心的基础。

3. 金融总量有所增长，增速较快

2015 年金融机构总资产近 2.4 万亿元，位居西部前列。比较 2016 年金融资源情况指标，可以看出，西安存贷款余额相对兰州和乌鲁木齐而言具有绝对优势，银行、证券和保险市场普遍落后于重庆和成都，但金融发展后势强劲，增长速度较快。

表 37　2016年西安与四个城市金融资源情况比较

金融指标		西安	成都	重庆	兰州	乌鲁木齐
银行类	年末人民币存款余额(亿元)	19 073.96	31 434	31 216.45	8623.11	7406.6
	比上年末增长	7.2%	6.7%	10%	10.51%	6%
	年末人民币贷款余额(亿元)	15 282.65	15 009	24 785.19	8663	5287.20
	比上年末增长	11.4%	13.8%	9.65%	19.85%	6.7%
证券类	证券交易总额(亿元)	28 913.55	81 000	—	—	—
	上市公司数(家)	33	65	44	17	29
	上市总股本(亿股)	490.08	—	549.92	—	—
	股票总市值(亿元)	5 474.22	9 176.81	6 691.25	1621	—
保险类	全年保费收入(亿元)	352.35	864.3	601.61	98.4	150.33
	全年保险赔款(亿元)	119.45	249.8	250.16	—	46.59

注："—"表示无数据。

首先，西安市银行业2016年年末全市金融机构本外币存款余额19 488.38亿元，比上年末增长8.0%。人民币存款余额19 073.96亿元，增长7.2%，其中，住户存款余额7035.81亿元，增长7.1 %。金融机构本外币贷款余额15 542.39亿元，增长11.3%，其中人民币贷款余额15 282.65亿元，增长11.4%。

其次，西安市证券市场2016年全年各类证券交易总额28 913.55亿元，比上年下降46.2%。年末全市拥有上市股份公司33家，上市总股本490.08亿股，总市值5474.22亿元。从上市公司数量和股票市价总值来看，呈现出三个梯队：成都和重庆位于第一梯队，陕西和新疆位于第二梯队，兰州位于第三梯队。虽然成都的上市公司数量远高于其他四个城市，但是西安依旧有着其他四个城市不可比拟的优势，即西安境外上市挂牌公司高达22家，居西部城市第一。在丝绸之路经济带的大背景下，境外上市有利于吸收境外资本，可以提高西安市乃至陕西省企业的国际信誉和知名度。

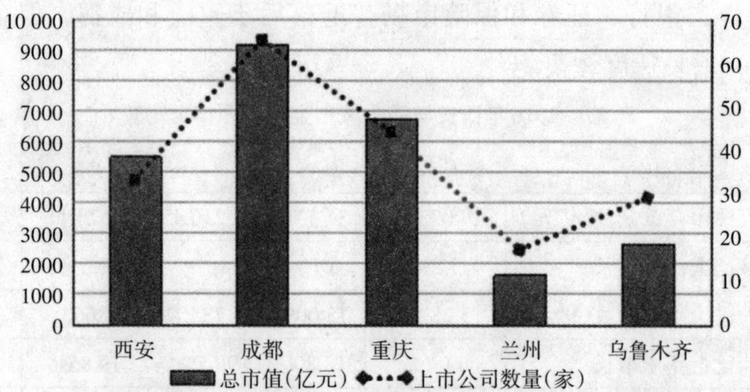

图 40　2016年西安与四个城市上市公司数量及市值比较

资料来源：2016 年各城市国民经济和社会发展统计公报，各城市统计局。

第三，西安市 2016 年保险市场全年保费收入 352.35 亿元，比上年增长 30.7%。其中，财产险保费收入 99.51 亿元，增长 10.9%；人身险保费收入 252.84 亿元，增长 40.6%。全年支付各类赔款给付 119.45 亿元，比上年增长 30.7%，其中，财产险业务、人身险业务分别为 45.74亿元和 73.71 亿元，分别比上年增长 3.2%和56.8%。就保费收入而言，成都和重庆的保险发展规模较大，西安次之，兰州和乌鲁木齐规模最小。

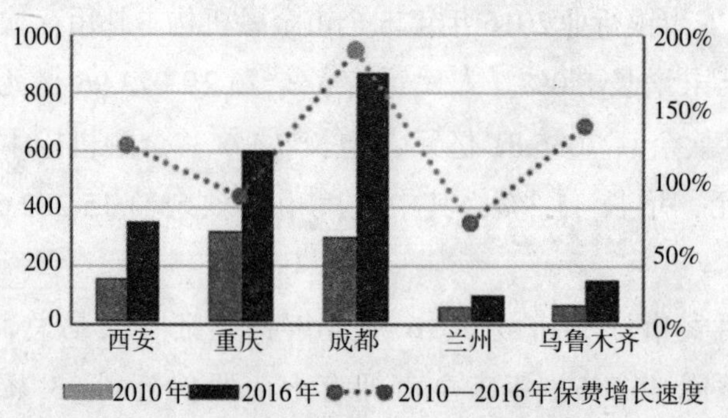

图 41　2016年西安和四个城市保费收入及增长情况图(单位:亿元)

资料来源：2016 年各城市国民经济和社会发展统计公报。

4.政策大力支持

一是引进外地金融机构。西安市政府出台的一系列优惠政策，促进了西安金融商务区的金融机构集聚。近年来，国家开发银行陕西分行、长安银行、永安保险公司三大金融机构相继在西安金融商务区建设总部，同时长安银行、永安保险公司还分别投资建设西部城市银行计算机联盟后台服务基地项目和永安保险全国后援中心项目，5 个项目总投资超过 30 亿元。中国银行客服中心在西安奠基，该项目是中国银行总行在上海和北京之外建设的全球三大客服中心之一。渣打银行（中国）有限公司西安分行正式开业。陕西煤业化工集团财务公司、中航安盟财产保险有限公司、天平汽车保险公司、光大永明人寿保险等机构先后入驻西安，长安银行科技支行、浦发银行中小企业支行、平安银行、西安银行顺利开业。

二是政府大力推动科技金融合作。近年来，西安市科技金融结合工作成效显著，切实降低了科技企业贷款门槛。西安市科技局和财政局共同发布了《西安市科技金融合作试点业务风险补偿暂行办法》，并分别与招商银行西安分行、建设银行西安分行、浦发银行西安分行、西安银行、西安创新技术投资担保有限公司和西安市经济技术投资担保有限公司共同签订了科技金融合作协议。根据协议，西安市科技局、财政局给予合作银行和担保公司年均贷款余额共 4%的业务奖励补助，并提供坏账金额 50%的风险补偿，激发了金融机构向科技型中小企业贷款的主动性和积极性，降低了科技型中小企业贷款审批门槛，并简化了贷款手续，从而推动了科技型中小企业快速发展，实现了规模扩张。

5.创新园区重点项目建设加快

西安作为丝绸之路经济带的新起点，有着欧亚综合园区、国家级西咸新区、陕西内陆国际空港等一批丝绸之路经济带重点建设项目，因此也在不断推进金融改革创新和对外开放合作。西安市高新区科技金融创新试验区、西安自由贸易区、西安金融商务区等金融功能区的建设充分利用了优惠政策，同时发展优势吸引国内及丝路沿线国家的金融机构选择将西安作为在我国设置分支机构的首选地，这有利于提升国内外金融机构集聚效应，推动陕西省金融开放性发展。2015 年 8 月，西安高新区正式成为继中关村、武汉东湖、上海张江之后第 9 个国家自主创新示范区。2017 年，高新区已经进入建设世界一流科技园区的新阶段。西安高新区通过政策引导、整合资源、搭建平台、创新方式等措施，推动科技与金融深度融合，引导金融资源向高新技术企业聚集，按照“提升科技金融结合、促进主导产业发展、服务小微科技企业融资三种能力，完善金融服务、信用服务两大体系，建设区域性金融中心”的“321”工作思路，创新机制，改进方法，不断完善“科技金融服务体系”和“企业信用服务体系”，形成了具有西安特色的科技金融服务体系。

除此之外，曲江作为我国国家级文化产业聚集区，在促进文化产业与金融产业的融合上也取得了良好的成效。打造了以曲江文化金融产业示范区和高新科技金融服务示范区为主的文化金融服务承载区，建立了以陕西文化产权交易所、西安文化产权交易中心为主的文化金融产业市场，以文化担保公司、小额贷款公司、文化投资公司、文化基金公司为主的专业服务机构不断壮大，文化产业的金融服务体系日趋完善。同时，通过贷款贴息、资金配套、股权投入等方式将财政扶持资金投向重点支持的文化产业基地、重点项目和区域性特色文化产业群建设，支持了大型文化产业集团和重点文化企业做大做强。

6.金融监管和金融生态日益完善

中国人民银行西北五省区分支机构设在西安，银监局、证监局和保监局等金融监管机构已建立，金融监管走向依法监管的轨道，西安借鉴国际经验，改进金融监管方式，针对潜在的和已暴露的金融风险采取了防范和化解措施。作为大西北的龙头和亚欧大陆桥经济带的心脏，西安在金融机构数量、金融开放程度、监管机构、金融人才储备等方面，都遥遥领先于西北其他城市，事实上已经是西北的金融中心。

人民银行西安分行通过发起“金融知识普及月”和“信用记录关爱日”等活动，创建了中央银行、商业银行和社会公众之间金融产品服务信息的沟通交流平台，宣传普及了广大人民群众从事经济活动和日常生活中所需要、应必备的金融知识，增强了消费者的风险防范意识，扩大并深化了其对金融服务的认知度，提高了社会公众的信用意识。同时也加强了金融法制建设，改善了金融生态环境包括法制环境、信用环境、市场环境和制度环境。

(二)优势

1.区位优势

西安是公认的古代丝绸之路的起点城市，也是现代丝绸之路经济带的新起点，是新丝路经济带上最重要的经济活跃区域，东与我国东部沿海经济发达地区相连，西与国内丝绸之路经济带上的节点城市以及中亚各国相连。西安在丝路经济带上的区位使得东西经济贸易在此互补，助力西安成为丝路经济带上的区域金融中心。西安地处中西部两大经济区的结合部，是西北、西南通往中原、华东、华北、东北、中南各省市的门户和交通枢纽，又是新亚欧大陆桥陇海线—兰新线经济带上极其重要的省会城市。

西安优越的地理位置决定了以西安为中心向外辐射和联系的特殊格局，这一优势在中西部和全国经济布局中起着承东启西、东联西进的重要作用。西安市在中国版图上承东启西、南连北通，不论是政治区位、经济区位还是地理区位，西安的角色都是相当重要的。改革开放以来，西安已经开通的国内外航线达100余条。以西安为中心的“米”字形的高等级公路网、“米”字形的铁路网，以及以西安为中心的“米”字形数据通信网，使西安成为一个名副其实的立体交通网络中心。

从未来规划方面看，到2020年，关中城市群城际铁路和大西安地铁分别突破300公里、200公里，西安咸阳国际机场客运量达到5000万人次，其中国际客运航线达到100条，国际客运量超过500万人次。同时，构建综合客货枢纽，加快建设完善以轨道交通和航空运输为引领的西安综合枢纽，形成以西安北站、西安站、西安南站和纺织城站为主，阿房宫站为辅的“四主一辅”客运格局，以及以新筑铁路物流中心为主，引镇、新丰镇、栎阳、咸阳、空港和渭南为辅的“一主六辅”货运物流格局，提升机场航空港综合枢纽功能。同时，完善并提升宝鸡、汉中、安康、渭南和延安等区域性综合枢纽功能。西安是西北地区一个重要的省会城市，作为西北地区的龙头城市，西安是西北地区的政治文化中心和交通枢纽，是资金、人才、技术、信息等要素的重要聚集地。

2.历史文化优势

西安是古代丝绸之路的起点，汉武帝时期开辟的“丝绸之路”，就是以西安为起点。西安文物古迹数量之多，密度之大，等级之高居全国之首，令世界瞩目。西安可以依托于历史悠久、博大精深的文化底蕴，以此为带动，加强与国内外的金融合作，为金融中心的国际化奠定基础。“长安自古帝王都”，从公元前11世纪西周王朝建立丰镐二京起，先后有十四个王朝在西安建都，长达1200多年，是我国六大古都中建都朝代最多、时间最长的都市，与开罗、雅典、罗马并称为世界四大古都。据可考的历史记载，西安市具有3100年的建城史、1100年的建都史，因此西安在国际上也称得上是有相当影响力的历史文化名城，同时也是国际知名的旅游城市，开放程度较高。

3.旅游经济优势

从对外经济联系方面看，首先西安的旅游作为一种“不出口的国际贸易”，已拥有一定的国际市场，许多旅游资源在国内外知名度很高。无论从旅游人数，还是旅游创汇方面来说，西安在西北地区均首屈一指。2016年，西安市共接待游客15 012.56万人次，其中外国游客180万人次，远高于西北各省区（兰州2016年共接待游客5337.57 万人次，外国游客4.4万人次），旅游业总收入1213.81亿元，相当于全市生产总值的19.4%，这大大提高了西安的对外开放度和知名度。由于西安地处西北内陆地区，对外贸易方面优势不足，但丰富的旅游资源给西安带来了极大的旅游优势。

旅游作为一种广义上的贸易，能弥补对外贸易的某些不足，它能引起劳动力、资金、信息、技术、观念等跨地区、跨层次的流动，为工业、科技、贸易、文化等深层产业的国际合作创造机会和提供条件。同时近年来，“一带一路”也为西安带来了多样化的国际交往，丝路国际艺术节、丝路国际电影节、丝路旅游国际博览会等大型人文交流活动陆续在西安举办，“一带一路”海关高层论坛、丝绸之路旅游部长会议、二十国集团妇女会议和农业部长会议等重要国际活动相继登场，西安国际领事馆也在加快建设，越来越多的外国人来到西安旅游、经商、学习。因此，综合来说，西安在对外经济联系方面也具有比西北其他城市更大的发展潜力，能够有力地促进西安金融中心的建立。

4.能源优势

除了得天独厚的地理位置之外，丰厚的能源资源也是陕西省着力推动西安成为区域金融中心的一大依托。在国务院发展研究中心为西安金融商务区所做的一份研究报告中，能源金融作为西安未来发展的一项重点内容被明确提出。陕西省的煤炭、石油以及天然气的存储和产量规模在全国均位列前茅，但是在能源的生产、流通、交易、物流和资金结算方面缺乏有机衔接，亟须搭建在全国有重要影响力的能源交易和综合服务平台。为促进陕西经济与金融和谐发展，西安金融商务区将为陕北能源化工基地提供金融支持服务，金融机构将进一步融入能源化工基地建设；同时大力吸引陕西的传统能源、清洁能源与新能源产业的公司总部入驻西安，将能源金融产品的积聚定位纳入其产业规划的有机组成部分，为西安引进与能源资源相关的金融机构、发展能源金融、建立各类能源交易所、能源交易中心创造有利条件。

5.科技和人才优势

西安是中国科研、高等教育、国防科技工业和高新技术产业的重要基地，市级以上科研机构 672 家，国家重点实验室、工程研究和分析测试中心 122 个，各类技术开发机构 3000 多家。每年有 3500 多项科技成果产生，其中重大科技成果1000 项左右，全市科技进步对经济增长的贡献率达到 50%。西安众多高校为西安的经济建设提供了大量的金融人才后备军，金融人才的优势可以转化为经营优势，从而吸引更多的金融机构入驻西安。

金融业是一个特殊行业。高素质的金融人才关系到金融业的发展和核心竞争力的提升。截至2016 年9月底，西安市金融业从业人员约为10 万人以上。金融业的运行需要高素质的人才，有充足的人才储备就显得非常必要，这方面西安地区相比于西安、兰州、银川和乌鲁木齐，具有较大的优势。近六年来，西安的普通高校在校生占总人口的比重平均在8%以上，高出西部地区平均值近3个百分点。所以，西安在与兰州、银川和乌鲁木齐共同构建丝路区域性金融中心的竞争过程中，具有一定的人才储备优势。

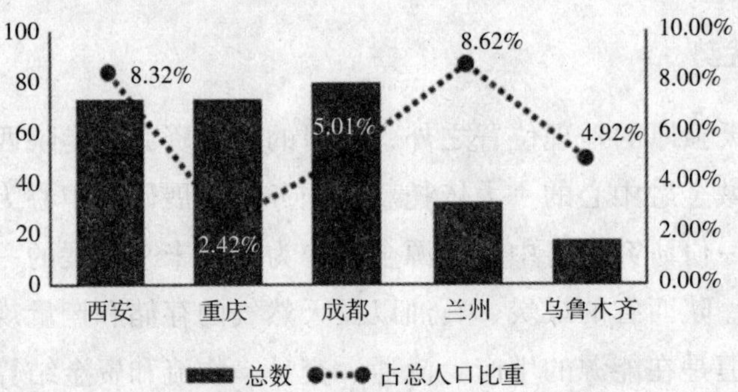

图42　2016年西安与四个城市普通高校在校就业生人数及占比(单位:万人;%)

资料来源：各城市2016年统计公报。

6.商贸物流优势

“十一五”期间西安以发展现代会展、物流为重点，建成了浐灞国际会议中心，打造曲江会展聚集区，成功举办了西洽会、欧亚经济论坛等大型经贸会议。此外，西安加快改造和完善中心商业区、区域商贸中心、便民商业网点三级商业服务网络，建设了顺城巷旅游商业带、西部清真食品商业街、环城西路仿古休闲一条街等特色商业街区，积极发展连锁经营、特许经营、代理制、综合性仓储超市、电子商务等现代经营方式和新型业态。此外，依托航空、铁路、公路枢纽优势和城市路网布局，西安加大物流资源整合力度，培育和引进了一批大型物流企业，推进西安雨润农副产品全球采购中心、西安华南城、西北出版物流基地、西北医药物流中心、西安粮食应急物流基地等项目建设，加快建设三桥汽车、城东纺织、城北建材等8个物流中心及一批辐射功能较强的配送中心，建立和完善了现代物流配送、零售服务体系，进一步加强了物流公共信息平台和物流设施现代化建设，壮大了商贸物流企业集团和产业集群。

2009年6月《关中—天水经济区发展规划》发布并实施，规划明确指出国家支持西安研究设立陆港型的综合保税区建设，目前西安国际港务区由西安铁路集装箱中心站、西安公路码头和西安综合保税区（筹）等构成，已经成为全国最大的国际性陆港、黄河中上游地区最大的物流中心和商贸集散中心。目前西安铁路集装箱中心站和保税物流中心已经投入运营，这两大项目将形成合力，构成国际型陆港功能，并实现港口后移、就地办单、海铁联运、无缝对接的大通关，整体提升港务区现代物流服务能力和服务水平，从而把西安打造成内陆型经济开发开放的战略新高地，为西安构建西北区域金融中心提供了强有力的服务支撑。

三、西安市建立丝绸之路金融中心新的战略机遇与现实约束

(一)新的战略机遇

1.“一带一路”倡议的实施

2013 年习近平主席提出“一带一路”构想以来，已经过去了将近四年，从倡议的整体布局上来看，这对于西部地区而言意义更加重大。“一带一路”的基本方向和目标是推动投资贸易便利化，深化技术合作，建立自由贸易区，形成欧亚大市场。丝绸之路“龙头”在西安，丝绸之路经济带建设的重任要落在西安，这是因为西安在内陆地区很有代表性，这里聚集了众多的资源型企业、军工企业等垄断性国企，传统文化影响深厚，政府和社会治理方式都需要全面深化改革，因此在众多领域都可以成为内陆型改革开放的示范榜样，发挥引领作用。

于是，“十三五”期间，伴随国家“一带一路”倡议的实施，西安将全面实施丝绸之路经济带新起点计划。伴随着国家全面创新改革试验区建设，西安，将再一次成为西部地区资源、资产、资金、资本等金融要素的集聚中心、辐射中心。这必将推动西安区域性金融中心建设迈向更高层次、更广领域和更快发展。

2. 陕西自贸区的挂牌成立

2016 年 8 月底，陕西自贸区获批；2017 年 4 月 1 日，陕西自贸区正式挂牌成立。作为第三批自由贸易试验区中唯一的西北地区省份，陕西自贸区被赋予了重要和特殊的战略定位。陕西自贸区围绕能够更好地发挥“一带一路”建设对西部大开发的作用，加大西部地区门户城市开放力度这样的战略要求，进一步探索构建与“一带一路”沿线国家经济合作和人文交流的新模式，将自贸区建设成全面改革开放试验田，内陆型改革开放新高地。同时，形成大西安这个改革开放的新高地，使它成为一个西部大开发的重要的门户城市，为“一带一路”沿线国家的经济合作和人文交流，不断探索出一些可复制、可推广的经验，提出创新举措，探索创新路径。

陕西自由贸易试验区实施范围涵盖 3 大片区：中心片区、西安国际港务区片区、杨凌示范区片区。中心片区含三个功能区：西安高新区功能区、西安经开区功能区、西咸新区功能区。西安高新区功能区重点发展战略性新兴产业和高新技术产业，着力发展高端制造、航空物流、贸易金融等产业，推动服务贸易促进体系建设，打造面向全球的金融中心；西安经开区功能区重点发展先进制造业、新金融业和制造服务业三大板块；西咸新区功能区涵盖空港、沣东、秦汉及能源金融贸易区四个板块，其中能源金融贸易区区块重点发展能源金融贸易产业，打造现代化大西安新中心中央商务区。西安国际港务区片区含两个功能区：西安国际港务区功能区和西安浐灞生态区功能区。杨凌示范片区，主要依托西北农林科技大学和杨凌农产品加工贸易示范园区。

因此从总体上，西安可以形成一个以高新科技金融区为核心—沣渭能源金融区—曲江浐灞文化金融、新金融试验区为支撑的金融“金三角”，打造“金融增长极”，从而促进陕西的金融中心乃至西部金融中心的建立。

3. 大西安空间格局理念的形成

要形成大西安的格局，是因为现代区域间的竞争，更多表现为城市间的竞争，城市强，则区域也强。要落实追赶超越要求，首先要求西安尽可

能地追赶上甚至是超越那几个重点城市的发展水平，在此基础上，充分发挥西安的带动力和辐射力，促进区域乃至全省进一步实现追赶超越目标。另一方面，就城市首位度来看，西安与中西部的成都、武汉、长沙等城市相比，还有较大的差距。于是在 2017 年 3 月 9 日，中共中央政治局常委、国务院总理李克强在参加十二届全国人大五次会议陕西代表团的审议时，省委常委、西安市委书记王永康请总理现场看了大西安规划效果图：

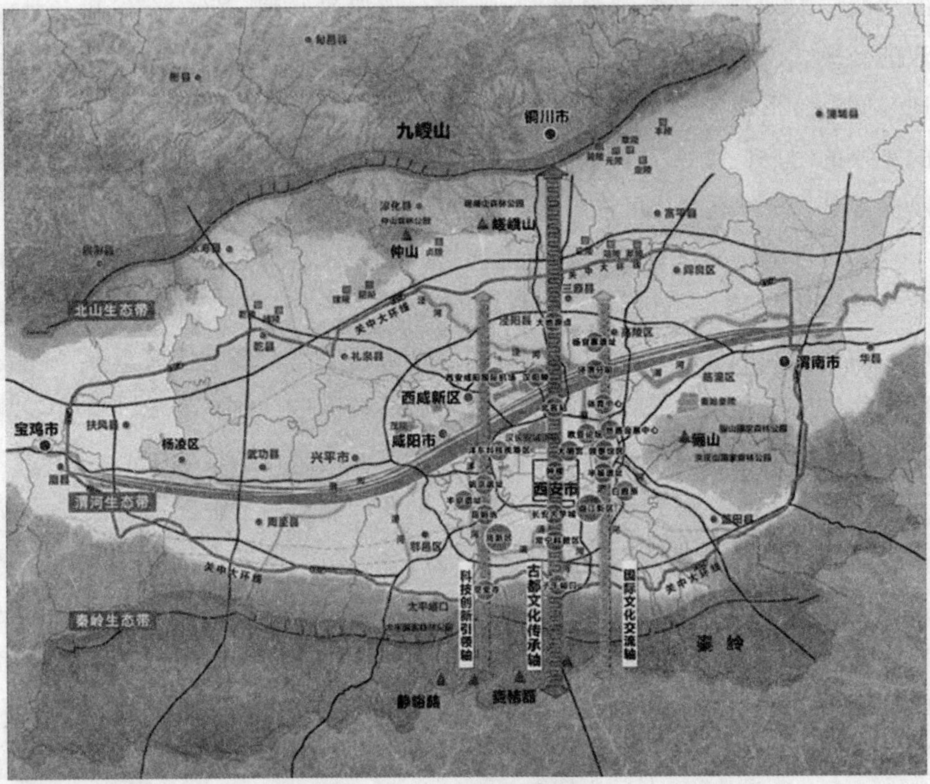

图 43　大西安规划效果图

大西安空间格局规划的“三带多轴多中心”，将最终形成北望北山、南抵秦岭，渭河生态带贯穿其中的多轴线、多中心的大西安城市空间格局。未来的大西安将以此布局为基础，带动和辐射整个区域经济快速发展，并以此助力大西安早日建设成为国际化大都市和国家中心城市。同样的，西安的金融发展，将要依托新的空间格局，来带动关中区域、陕西全省甚至丝绸之路沿线的金融推进，在区域内形成强大的金融辐射作用。

4. 西安金融商务区的建立与壮大

西安金融商务区是陕西省、西安市全面落实《关中—天水经济区发展规划》、打造西安国际化大都市的战略举措，是西安区域性金融中心建设的核心功能区与主要载体。西安金融商务区定位为西安国际大都市的金融核心区，关中—天水经济区金融服务支持基地，中国西部区域金融创新实验区。2010 年 1 月，西安市政府审议通过了《西安金融商务区发展规划纲要（2009—2020 年）》和《西安市人民政府关于支持西安金融商务区发展的实施意见》，将浐灞金融商务区正式命名为西安金融商务区。从西安金融商务区建立之初到目前为止，已经有众多的金融机构与金融企业入驻西安金融商务区。如 2010 年 8 月，陕西保监局、中国银行集团客户服务中心正式签约入驻西安金融商务区；2011 年 1 月，国家开发银行陕西省分行、长安银行、永安保险正式签约入驻西安金融商务区；2012 年 9 月，金融商务区第一家证券企业——国信证券正式营业；2012 年 12 月，西部证券总部项目签约入驻西安金融商务区；2013 年 3 月，中石化西北金融结算中心项目签约入驻西安金融商务区；2014 年 5 月，北京国友大正资产评估有限公司陕西分公司、西安新兰特房地产评估有限公司、陕西晋亿恒投资管理有限公司签约入驻金融商务区；2015 年 3 月，上海国时资产管理有限公司签约入驻西安金融商务区；2015 年 6 月，全行业交易所运营中心签约入驻西安金融商务区等。

西安金融商务区作为陕西省、西安市打造西部重要金融中心的具体承载，预计到 2020 年，将聚集 100～130 家金融机构和 1000 家商务机构，金融业增加值将达到 150 亿元，占西安市金融业新增值部分的 50%以上，占陕西省金融业新增值部分的 30%以上，对陕西省金融业发展的贡献率达到 20%以上，金融业带动相关产业增加值达到 300 亿元。所以说，西安金融商务区的建立与发展，对于西安建立区域金融中心具有重大意义。

5. 多次金融高峰论坛的承办

近几年来，西安承办经济金融高峰会议的频率不断上升，尤其是自

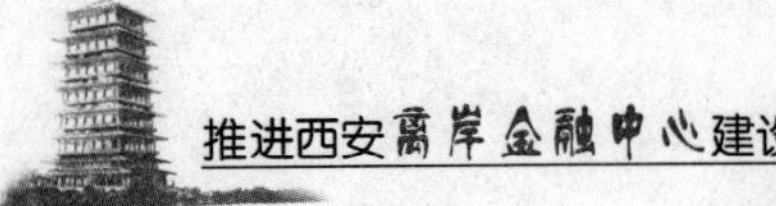

“一带一路”倡议提出之后，西安更是学界、商界讨论金融发展的热土。2013年9月28日，第三届西安（浐灞）金融高峰论坛在西安举行，来自国内外金融界的专家学者、金融机构负责人等180多人围绕论坛主题“金融地缘优势和区域合作”进行了深入的对话交流。2014年7月26日，第十三届亚太金融高峰论坛在西安举行，此次论坛以“财富倍增诚信服务”为主题，有1000多名来自澳大利亚、韩国等国家，中国香港、台湾等地区的金融业经营代表、企业家聚首西安，交流合作信息，探讨合作途径。2016年12月3日，由西北大学中国西部发展研究中心和中金支付有限公司主办的中国·陕西新金融服务实体经济“一带一路”高峰论坛在西安举行，本次论坛以“新金融·新模式·新服务”为主题，与会嘉宾就新金融搭建服务实体经济的新平台、金融业助力产融互动、新金融推动陕西自贸区建设和“一带一路”倡议落地等议题进行了演讲。2017年6月国际金融科技创新与服务“华山论剑”高峰论坛在西安举办，来自学界、商界的多位专家齐聚西安，共同商讨金融科技与创新的未来发展。迄今为止，西安承办了多项金融高峰论坛，对于西安发展区域金融中心提供了大量切实的参考条件，并且活跃了西安金融发展的理论氛围，提高了西安金融的区域影响力，为西安发展区域金融中心提供了后劲。

(二)现实约束

以西部地区作为参考，西安市建立区域金融中心要面临的强大竞争对手是成都和重庆，所以主要以成都、重庆作为比较进行分析。

1.经济总量不发达

经过了近些年来的发展，西安市的经济总量有了稳定而突出的增长，并且生产总值增速在西部地区一直保持领先，然而，与同时期发展快速的成都重庆相比，经济总量基数依然较小。以2012年到2016年的数据来看：

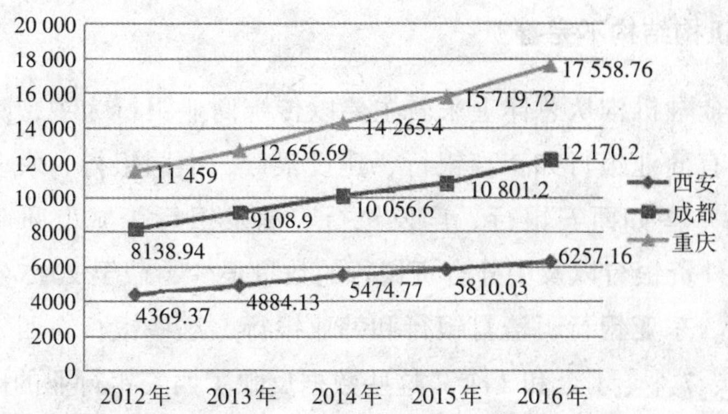

图 44　西安、成都、重庆 2012 年至 2016 年生产总值比较图(单位:亿元)

数据来源：西安统计年鉴，成都统计年鉴，重庆统计年鉴。

从折线图可以看出，西安、成都和重庆的生产总值均有显著的提高。但是，直观上西安的生产总值明显落后，而重庆遥遥领先，所以生产总值是西安发展金融中心的一个最基本的约束。

另一方面从全市总人口来看：

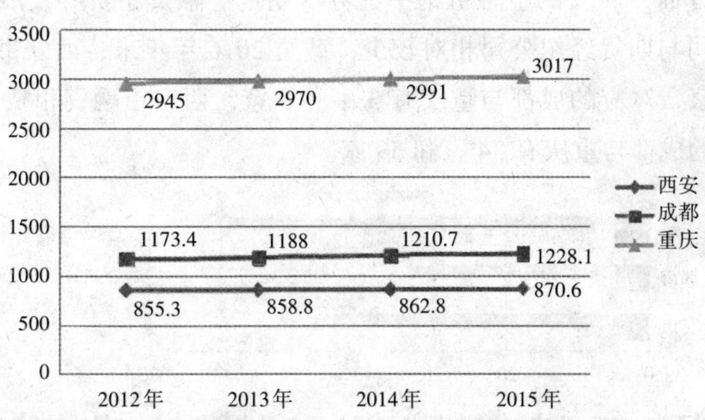

图 45　西安、成都、重庆 2012 年到 2015 年人口数比较(单位:万人)

数据来源：西安统计年鉴，成都统计年鉴，重庆统计年鉴。

西安市全市总人口数较小且变化不大，很难与成都和重庆抗衡，这给西安市的经济发展带来了一定的约束。除此之外，三者的全市土地面积也对经济发展有制约作用，而根据以往数据表明，西安市全市土地面积比扩大后的成都城区以及重庆中心地带要小，即西安面临的经济发展约束要更大。

2. 金融机构结构不完善

西安的金融机构从总体上来看主要以传统商业银行为主，除政策性银行之外，国有商业银行如工商银行、建设银行、中国银行、农业银行占主体，还包括一些如西安银行、广发银行、浦发银行等城市商业银行。相反，西安的外资银行以及中外合资银行的数量很少，截至2015年年末仅拥有汇丰银行、东亚银行、渣打银行和韩亚银行，这些银行在西安的机构数分别为3个、7个、1个和1个，这些数据反映了西安银行业的国际化程度很低。相对于西安，成都就拥有多家外资银行机构，如华侨银行、渣打银行、花旗银行、大华银行、苏格兰皇家银行、摩根大通银行、三菱东京日联银行、友利银行等，而重庆拥有更多的外资银行分行驻扎，如新联商业银行重庆分行、荷兰银行重庆分行、汇丰银行重庆分行、东亚银行重庆分行、加拿大丰业银行重庆分行、苏格兰皇家银行重庆分行、渣打银行重庆分行等。

另一方面，西安的金融机构中证券、期货、融资租赁等发展缓慢，融资租赁公司与期货经纪公司相对较少，截至2016年年末，西安市期货经纪公司有3家，对应的成都与重庆有3家和5家，西安市融资租赁公司有47家，对应的成都与重庆有34家和59家。

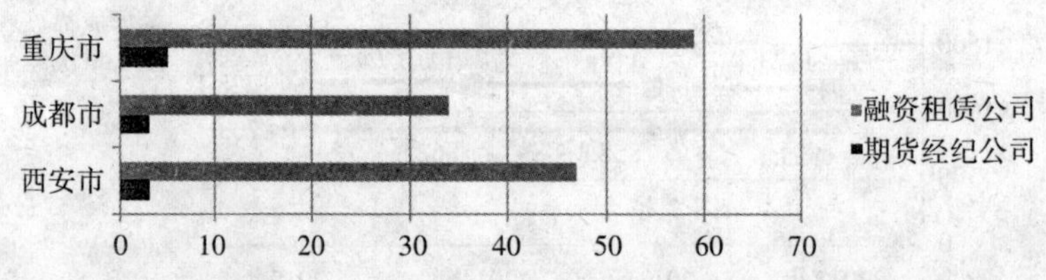

图46　西安、成都、重庆2016年期货经纪公司与融资租赁公司数量比较(单位:家)

3. 金融市场规模较小

近几年来，虽然西安的金融市场有了前所未有的发展，但是其市场的规模仍然无法与潜力巨大的其他城市如武汉、重庆、成都相比。截至2015年年末，西安总共拥有的上市公司有32家，总市值为5818.36亿元，累计证券市场筹措资金为915.51亿元；相比较重庆拥有上市公司43家，市价总值为6495.93亿元，到2015年12月底累计筹资额为1782.95亿元。另外，到2015年年末，西安投资者的开户数为235.32万户，市场投资者不够多。

以上表明西安的资本市场还不够发达。另外，从信贷市场观察，截至2015年年末，西安市金融机构本外币存贷款余额分别为17 796.38亿元和13 714.02亿元，而同期成都市为30 508亿元与23 068亿元，重庆市为28 778.8亿元和22 955.21亿元。以上表明西安的信贷市场的规模还不够发达。

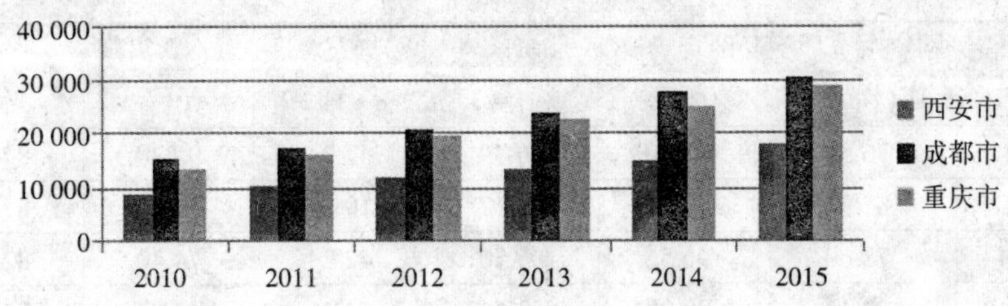

图47 西安、成都、重庆2010年至2015年金融机构本外币存款余额比较（单位：亿元）

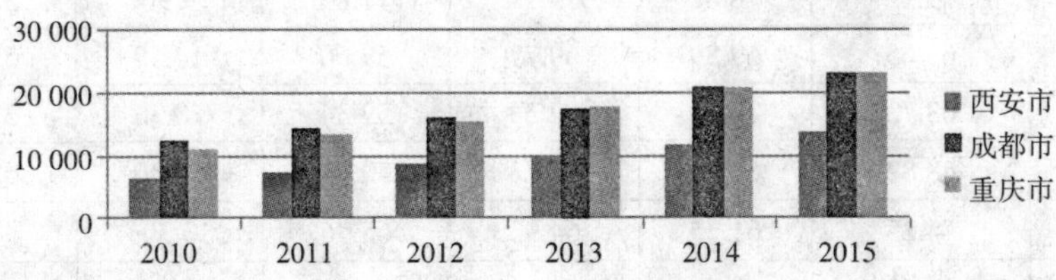

图48 西安、成都、重庆2010年至2015年金融机构本外币贷款余额比较（单位：亿元）

4. 跨境结算业务量不足

西安要建立丝绸之路金融中心，在“一带一路”倡议中发挥巨大影响力，就需要进行大量的国际跨境结算而对周边国家产生影响。根据最近中国人民银行的数据，2016年陕西省跨境人民币业务特点为整体业务全年结算金额430.38亿元，其中收入220.57亿元，支出209.81亿元；而相比较截至2013年年末，四川省跨境人民币结算额突破千亿大关，累计量达1171亿元，同样的重庆2014年全年跨境人民币实际收付结算量为1601.9亿元。所以从以上三者可以直观地发现，西安的跨境结算业务量与发展区域金融中心的目标相差巨大。

5.互联网金融交易量远远落后

西安主要依托传统的金融服务进行金融发展，实体商业银行的贷款以及证券交易所获得的资金依然是西安企业融资最重要的手段，而对于互联网平台的应用还很少。以P2P网贷为例，根据网贷之家及盈灿咨询的结果可以看出，陕西省2016年P2P网贷发展的综合实力如表38所示：

表38 2016年地区P2P网贷综合发展竞争力指数表

省份	网贷生态环境（16%）	网贷规模（38%）	网贷人气（18%）	网贷安全度（10%）	资本认可度（18%）	综合竞争力
北京	76.55	99.50	86.79	47.34	95.80	87.66
广东	87.91	98.83	93.12	19.54	92.60	87.00
上海	78.60	96.56	85.50	42.24	74.40	82.28
浙江	78.44	90.98	83.66	44.40	43.80	74.51
江苏	83.90	78.01	76.12	50.64	21.40	65.69
山东	71.22	78.82	75.78	11.85	9.90	57.96
湖北	63.65	69.89	69.77	59.60	14.40	57.85
四川	63.72	70.45	72.33	59.34	10.30	57.77
安徽	68.82	65.09	64.71	50.74	14.30	55.04
福建	74.25	61.75	64.92	65.96	3.30	54.22
重庆	49.53	67.24	60.61	70.02	9.20	53.04
江西	62.62	60.61	63.68	70.09	2.20	51.92
贵州	51.71	57.82	58.39	73.75	7.00	49.39
河南	54.18	56.51	64.37	61.59	4.40	48.68
湖南	48.09	58.04	62.97	62.44	6.60	48.51
天津	70.65	50.91	56.54	68.22	4.40	48.44
广西	61.27	52.90	62.64	64.35	2.20	48.01
辽宁	62.18	52.33	55.69	71.95	2.20	47.45
河北	53.33	55.11	60.94	59.12	5.50	47.35
陕西	58.18	52.69	56.71	63.83	3.30	46.52
山西	51.90	50.72	54.11	64.18	1.10	43.93
新疆	42.65	49.38	51.44	79.49	5.50	43.79
云南	40.21	52.51	57.79	63.64	2.20	43.55
吉林	52.36	41.63	51.96	70.37	1.10	40.78

续表 38

省份	网贷生态环境（16%）	网贷规模（38%）	网贷人气（18%）	网贷安全度（10%）	资本认可度（18%）	综合竞争力
甘肃	35.96	48.08	45.93	68.47	2.20	39.53
内蒙古	57.11	37.70	48.38	70.38	0.00	39.21
黑龙江	50.45	41.07	47.03	66.59	0.00	38.80
宁夏	29.64	37.10	39.15	74.72	0.00	33.36
海南	41.92	22.52	31.30	61.84	1.10	27.28
青海	27.22	22.97	30.49	69.19	1.10	25.69
西藏	17.78	0.00	0.00	0.00	0.00	2.85

2016 年陕西省的网贷综合发展竞争力指数排名第 20 名，属于发展不发达的组群，综合评分为 46.52，与北京（87.66）、上海（82.28）、广东（87.00）相差非常大，而与重庆（53.04）、四川（57.77）相比相差也不小。另一方面，从 P2P 网贷成交量来看，西安所面临的差距更大，根据网贷之家及盈灿咨询的资料可以看出，2016 年 P2P 网贷成交量过百亿的地区中不包括陕西省，而四川省和重庆市成交量分别为 408.99 亿元和 165.88 亿元，如表39所示：

表 39　2016 年成交量过百亿地区网贷基础数据表

省份	正常运营平台数量(家)	问题平台数量(家)	成交量(亿元)	综合收益率(%)	平均借款期限(月)	贷款余额(亿元)
广东	473	288	5557.5	10.88	4.17	1535.56
北京	461	187	5127.34	10.20	9.52	3003.29
上海	331	190	4575.07	8.79	15.18	1900.48
浙江	280	136	2462.16	10.52	3.14	641.63
山东	118	250	707.74	13.65	4.36	185.03
江苏	100	93	582.76	13.55	5.36	93.73
四川	49	37	408.99	12.54	3.62	76.35
湖北	75	62	214.37	14.66	4.48	13.12
重庆	54	43	165.88	9.28	5.43	101.91
安徽	59	75	118.22	12.59	5.99	57.02
江西	40	19	100.27	13.02	2.78	20.02

6.私募股权与风险资本总量落后

虽然西安市目前处于丝绸之路经济带的重要战略位置，但这并没有吸引足够多的资本来为西安的中小企业与高新技术企业提供有力的支撑，因此对于西安实现区域金融中心目标而言这是一个极大的障碍。以 2016 年 PE 投资金额数，及 2016 年 VC 投资金额数即可观察得知，陕西省的私募股权与风险资本投资总额远远落后于其他中部、东部省份，在中西部地区并未形成优势，对中西部各企业发展的影响十分有限，不利于西安市金融影响力的辐射与扩张。

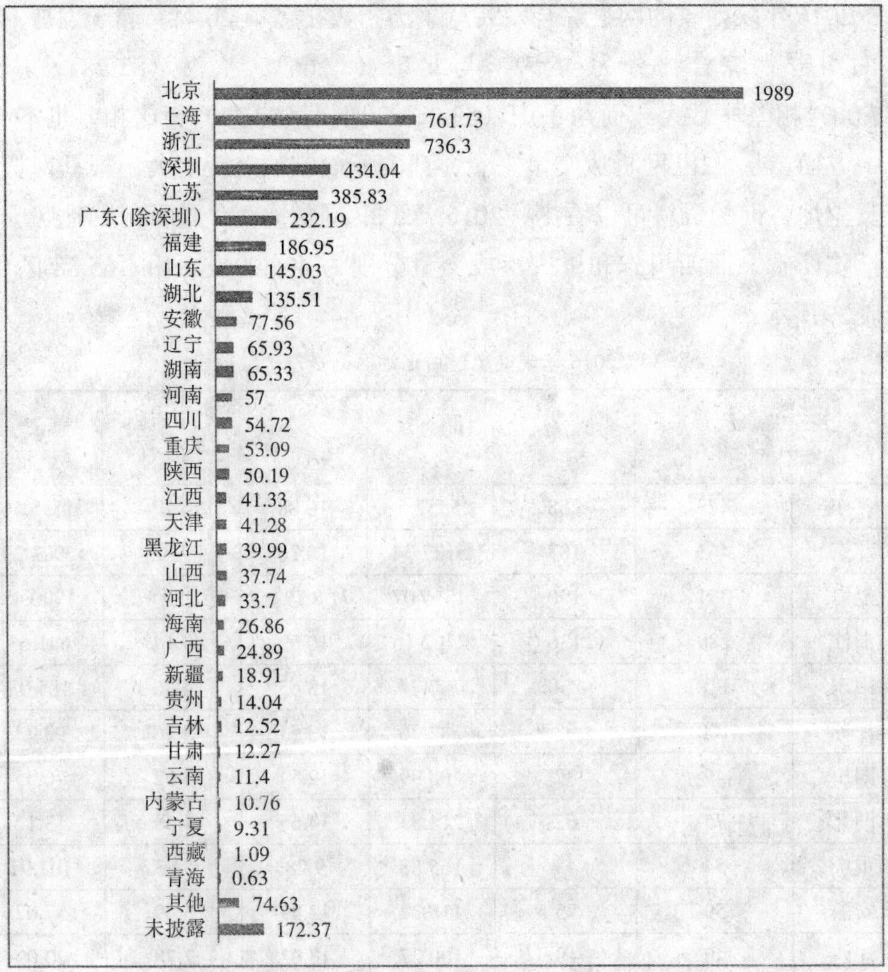

图 49　2016 年 PE 投资地域分布(单位:人民币,亿元)

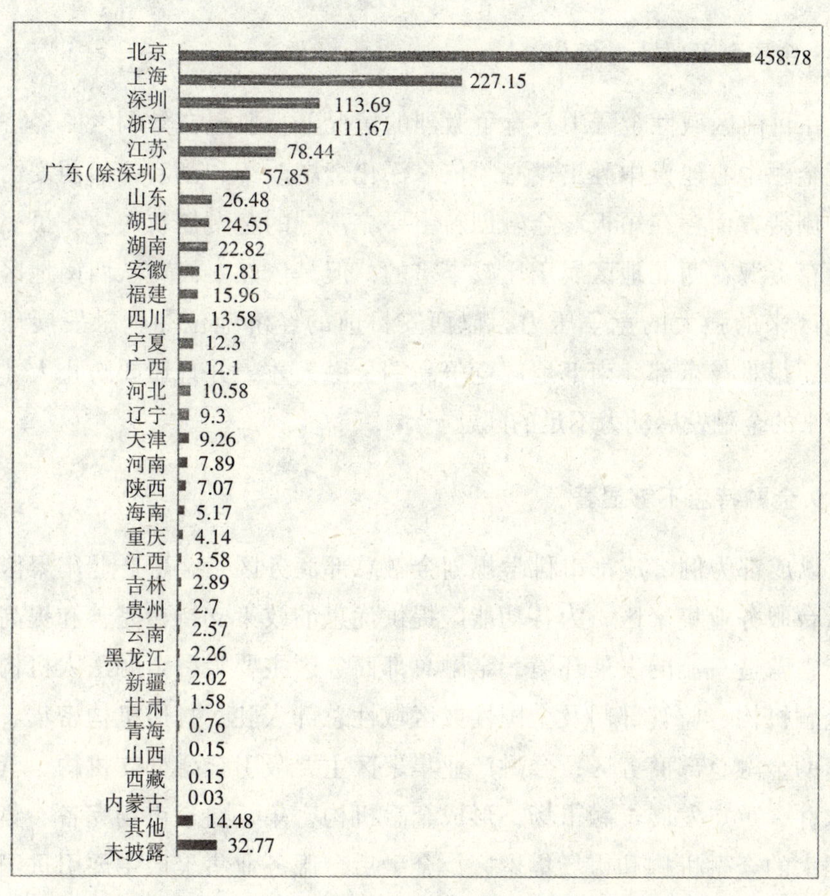

图 50 2016 年 VC 投资地域分布(单位:人民币,亿元)

7. 民间金融规模不足

由于金融体系中，间接融资对于中小企业有众多限制与门槛，企业难以通过商业银行满足自身的资金需求。所以，民间金融的服务对象集中在众多中小企业、创业企业以及民营企业，大型企业较少会选择通过民间金融进行融资。通过对西安市民间金融的研究发现，近些年民间金融的发展迅速，但是却产生了许多监管与运营问题，某些财务、投资、担保等公司出现财务困难甚至跑路现象，这一方面反映出西安市企业对于民间借贷资金的大量需求，另一方面也暴露出西安民间金融发展的严重问题。

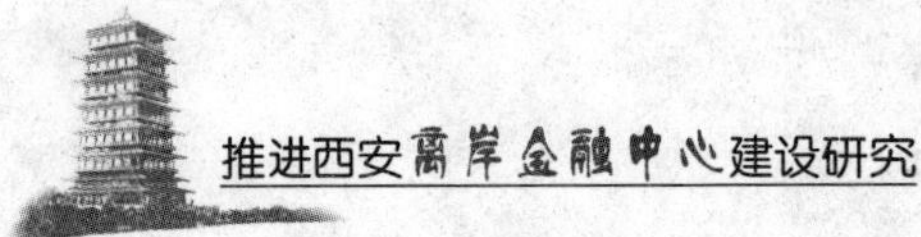

8.金融创新性人才流失

在目前区域性金融中心竞争激烈的情况下，要想在丝绸之路经济带区域性金融中心建设中胜出，必须依靠深化金融改革和创新，而西安恰恰在金融创新方面存在短板。金融创新主要靠高端的金融创新人才，虽然西安的教育资源在西北地区属于比较丰富的，但是依然要面对从西南地区和中部地区来的强大的竞争压力，以西安目前的经济地位和金融发展环境来看，还很难与东部、南部地区竞争高端金融人才，并且还要防止人才流失所带来的金融发展动力不足的问题。

9.金融特色不够显著

以成都为例，成都市科学规划金融总部商务区、金融产业集聚区、金融后台服务业集聚区，为各功能区提供优惠的政策支持，完善和提高配套功能，营造一流的发展环境。金融总部商务区主要吸引金融法人机构、省级金融机构、监管部门及全国性或区域性总部入驻，打造机构密集、功能完善的金融总部商务区；金融产业集聚区主要吸引金融分支机构、营运前台入驻，重点发展金融市场，形成金融机构密集、要素市场完备、集散功能强大的金融机构和市场集聚区；金融后台服务业集聚区主要引进国内外金融机构的各类数据中心、资金清算中心、银行卡中心、研发中心、灾备中心、呼叫中心、单证中心等后台服务机构。

西安虽然依托科技、能源、文化的优势，提出了打造具有区域特色的科技金融、能源金融和文化金融等特色金融市场，但各个金融市场的建设仍然处于起步阶段，还没有形成具有竞争力的优势，所以根据西安第十三次党代会报告，应加快建设以高新科技金融区为核心—沣渭能源金融区—曲江浐灞文化金融、新金融试验区为支撑的金融“金三角”，打造“金融增长极”。

所以，根据以上资料我们可以将西安市、成都市、重庆市的2015年金融业增加值、2015年人均生产总值、2016年其他金融公司数量、2016年互联网金融综合竞争力、2016年PE与VC投资总额进行标准化，以这五个指标评价城市金融发展的综合实力。从图51可以看出，西安市的雷达区域面积要远低于成都市和重庆市，金融发展的综合水平相对较低。

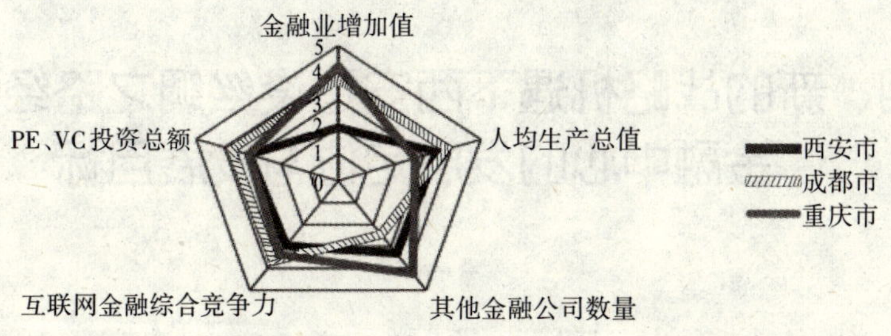

图51　西安、成都、重庆金融发展综合水平雷达图

四、新的战略机遇下西安建设丝绸之路经济带金融中心的发展定位与发展目标

(一)发展定位

1.战略定位：丝绸之路经济带的区域金融中心

习近平总书记在陕调研时指出，陕西要找准定位，主动融入“一带一路”大格局。对陕西来说，首先是找准西安在丝绸之路经济带上的战略定位。在新的战略机遇下，西安依托现有的多方面优势，拥有广阔的发展前景，其战略定位为丝绸之路经济带的区域金融中心。将西安定位为丝绸之路经济带的区域金融中心的具体原因如下：

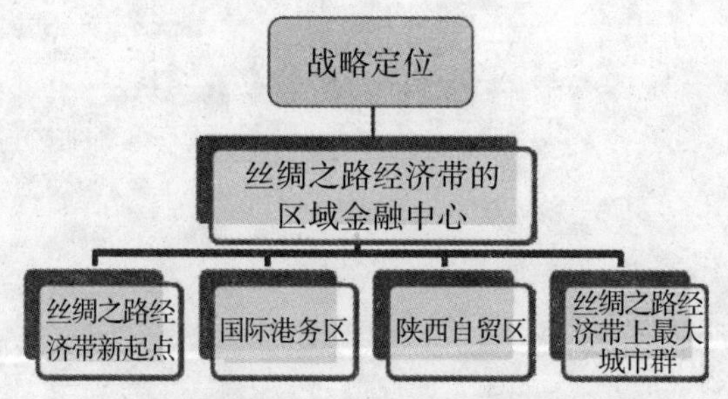

图 52　西安的战略定位及依托优势图

第一，西安立足于丝绸之路经济带新起点，依托金融业现有优势及现有的金融资源，面向“一带一路”全面开放。西安以建设丝绸之路经济带的金融支点为发展指向，深度推进金融创新，加快完善现代金融市场体

系，全面深化金融机构、金融市场、金融监管、金融基础设施等领域改革，坚守金融服务实体经济的本质要求，提高金融资源配置的效率，致力于成为丝绸之路经济带的区域金融中心。

第二，西安作为“国际陆港”，发挥内陆国际港务区的功能优势。目前着力打造财富管理、资产交易等新金融业态，重点推动跨境支付结算、融资租赁、大宗商品交易、物流金融发展、金融服务等，全力打造开放型金融产业创新高地和内陆型自贸金融创新区。

第三，陕西是西北地区唯一获批自贸区的省份，西安作为省会城市，是未来对外经济贸易的“窗口区域”和核心枢纽。内陆型自贸区的成立有利于加深西部地区门户城市的开放程度，推进丝绸之路经济带沿线国家金融业的合作，为西安区域性金融中心建设提供了良好的发展环境和市场空间。在此基础上，金融服务将更完善，投资贸易将更便利，使西安成为内陆开放的新高地。

第四，以大西安为中心的城市群将成为丝绸之路经济带上最大的城市群，西安能更好地发挥辐射带动引领作用。国务院批准的《关中—天水经济区发展规划》要求加快西咸一体化，西（安）渭（南）融合也正在推进。各类资源的整合和共享为西安建设区域性金融中心提供了产业基础和竞争优势。区域融合加快，西安将建成国际化大都市，这将进一步提高西安在丝绸之路经济带上的首位度。

可见，一大批国家战略在西安的叠加推进，为西安金融业发展提供了强劲动力和发展基础，拓展了发展空间，为西安市全面增强金融功能，拓展金融深度广度提供了良好机遇。这都将使西安担负起丝绸之路经济带金融中心的重任。

2.功能定位：按区划分金融功能

西安市第十三次党代会报告和2017年西安市政府工作报告中明确提出：“加快建设以高新科技金融区为核心—沣渭能源金融区—曲江浐灞文化金融、新金融试验区为支撑的金融‘金三角’，打造西部区域性金融中心。”在新的发展机遇下，西安加快发展经开区、国际港务区金融创新新高地，进一步激发中心城区金融聚集区创新活力，拓展金融发展新空间，形成“一区多园、多点支撑、各有侧重、竞相发展”的金融功能区发展新格局。

功能定位：按区划分。

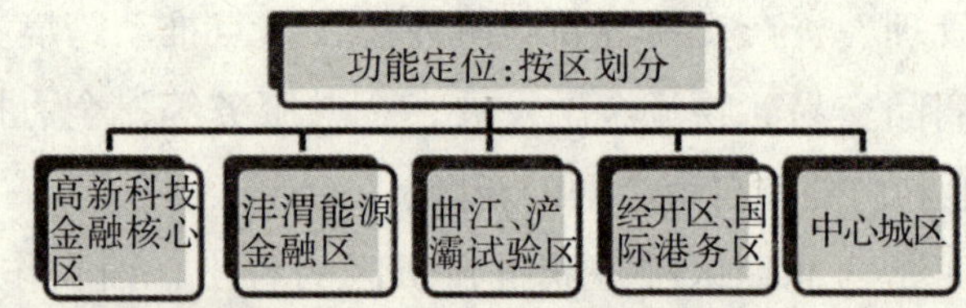

图 53　西安建设丝绸之路经济带金融中心的功能定位及区域划分图

——高新科技金融核心区：依托中国（陕西）自由贸易试验区西安中心片区优势，强化西安高新区现有金融核心区定位，推进区域总部聚集和科技金融融合。将西安高新区打造成中国丝路金融中心、以科技金融为重点的全国性专业金融中心和以金融科技为先导的金融创新试验区。

——沣渭能源金融区：充分发挥陕西煤炭、石油、天然气等能源优势，聚焦能源金融和贸易金融，以满足金融需求、产品需求和交易需求为目标，将沣渭三角洲打造成在全国具有一定影响力的能源投融资中心、能源定价中心、能源金融产品中心、能源风险管理中心和能源人民币贸易结算中心。

——曲江、浐灞试验区：依托西安曲江国家级文化产业示范区，以文化金融财富管理产业化为目标，彰显华夏文明，深入挖掘文化的金融价值，将曲江打造成“国家级文化金融合作试验区”。同时加快浐灞新金融试验区建设，全面提升金融实力，将浐灞打造成全国绿色金融实验区。

——经开区、国际港务区：将经开区定位为“丝绸之路”金融创新试验区。积极开展金融组织制度、金融市场制度、金融监管制度等体制机制创新。将经开区打造成立足西部、辐射全国的新金融产业新高地。国际港务区依托“国际陆港”功能优势，重点推动以融资租赁为核心的新金融产业示范区建设。将经开区、国际港务区打造成为内陆开放创新型金融新高地。

——中心城区：依托中心城区商贸业态繁荣、金融机构聚集、机构网点密布等传统优势，通过加快金融创新，焕发中心城区金融创新活力。将中心城区打造成与其他金融功能片区错位互补、金融与商贸协同发展的金融功能区。

(二)发展思路

新的战略机遇下西安建设丝绸之路经济带金融中心的思路：

第一，时间上，发展应分阶段进行。西安被定位为丝绸之路经济带上的区域性金融中心，要想最终实现这一定位，应设立发展目标与方向，并分阶段完成。西安市需要用三个阶段完成丝绸之路经济带金融中心的定位。第一阶段是将西安打造成丝绸之路经济带上的西部金融中心；第二阶段是将西安打造成丝绸之路经济带上的全国性金融中心；第三阶段是将西安打造成丝绸之路经济带上的国际性金融中心。一个阶段目标的完成，为下一阶段的完成打下坚实基础，也是下一阶段的起点。

第二，空间上，发展应分区域进行。分区域进行贯彻于分阶段进行的三个阶段，西安市要全力推进高新科技金融示范区、沣渭能源金融区、曲江浐灞金融试验区、经开区、国际港务区、中心城区的建设，助力三个阶段目标的顺利完成。

1.分阶段发展思路

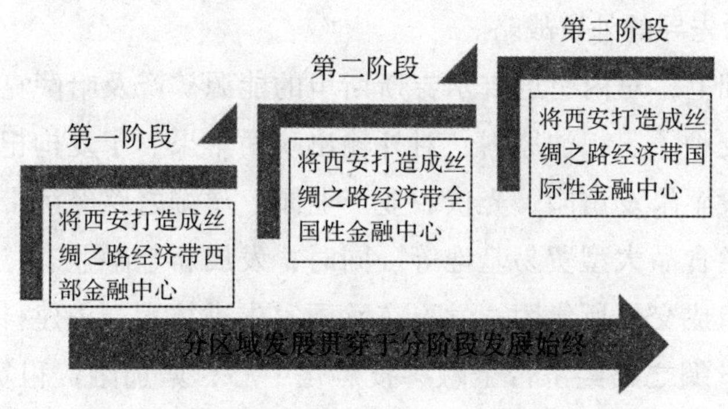

图 54　西安打造丝绸之路经济带金融中心思路图

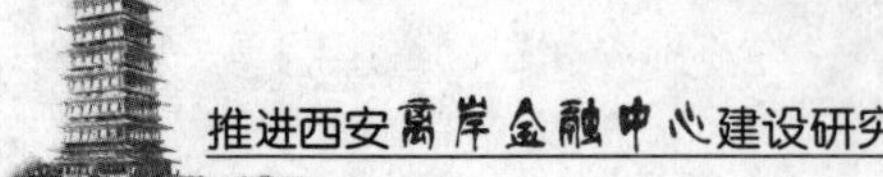

第一阶段：将西安打造成丝绸之路经济带西部金融中心。

西安相较于其他西部城市具有独特的区位优势和坚实的产业基础。西安作为丝绸之路的起点，是西北地区重要的金融、商贸中心和信息枢纽；同时也是中国中西部地区最大最重要的科研、高等教育、国防科技工业和高新技术产业基地，是国家八大物流基地和综合保税区，以及关中—天水经济区的核心。2013 年，西安市委市政府研究出台了《西安区域性金融中心发展规划（2013—2020 年）》等政策措施，将西安打造区域性金融中心更加具体化定位为：立足大西安、带动大关中、引领大西北，服务区域合作与发展具有能源、科技、文化特色的金融中心。为实现第一阶段的目标，使西安成为西部金融中心，西安应依托现有的优势，优化金融资源布局，打造丝绸之路经济带上金融业聚集的新高地。

第一阶段的重点是联手新疆、甘肃、宁夏等西部省区及城市形成合力，深化经贸合作，共同开辟俄罗斯及中亚市场，打造以下四个中心及一个园区：西安—俄罗斯先进工业中心、丝绸之路经济带结算中心及陕甘宁新—哈农产品交易中心、丝路金融科技孵化中心、陕—哈光伏农业产业园。具体来讲，以高新区、经开区、渭北工业区为主要载体，使中国的轻工业与俄罗斯重工业优势互补、产业对接，使西安成为中国与俄罗斯经济合作的承接地和聚合点，打造西安—俄罗斯先进工业中心。此外，以西安铁路集装箱中心站、“长安号”及新疆阿拉山口加工物流基地等立体物流平台和通道为载体，以建立跨境结算中心为支撑，实施“以资金、装备、技术换资源”为先导的外贸战略。

在此基础上，对内引进吉尔吉斯斯坦的能源矿产及哈萨克斯坦优质的牛羊肉、小麦种子、粮油原料，对外输出陕西苹果、宁夏枸杞、新疆瓜果等，加快建设苹果友谊园、光伏农业产业园、丝绸之路经济带农产品交易中心、伊斯兰食品大型贸易基地等。同时，发展新金融业态，筹建综合类交易场所，组成交易所集团；学习东欧国家先进技术，搭建科技金融在线平台，建设丝绸之路经济带金融科技孵化中心；增加融资租赁法人机构，设立融资租赁产业基金和融资租赁股权投资基金等，使金融与实体经济进行最直接的结合。通过以上全方位的发展建设，将西安打造成丝绸之路经济带的新起点和桥头堡。

第二阶段：将西安打造成丝绸之路经济带全国性金融中心。

近年来，西安金融业已得到快速发展，逐渐成为西安的支柱产业。2015年，西安市实现金融业增加值643.88亿元，对生产总值贡献率达到20.1%，拉动经济增长1.7个百分点，生产总值比重达11.1%。在2016年发布的第八期中国金融中心指数（CDI CFCI）中，西安位居12。金融生态环境排名较上期上升4位，主要金融指标在全国大中城市的位次不断前移，金融业增加值三年平均增速达23.45%。可见西安金融业发展势头迅猛，呈现出快速健康发展的良好势头，已经形成一定的基础和实力，具备建设全国金融中心的条件。完成第一阶段目标后，应进一步聚集金融资本，释放金融动能，使西安聚力建设面向丝绸之路经济带的全国性金融中心成为必然。

第二阶段的重点是联动重庆、四川、广西、云南等西南省区，继续深化与中亚五国及俄罗斯的合作，建立以下两个中心和两个园区：中—俄—中亚国际信息交流中心、五大金融结算中心、中—俄丝路创新园、中亚—长安丝路综合产业园。

首先，以丝绸之路经济带沿线国家及企业为主要服务对象，以信息汇集和传播为主要内容，建设面向俄罗斯、土库曼斯坦、吉尔吉斯斯坦、乌兹别克斯坦、塔吉克斯坦、哈萨克斯坦的国际信息交流中心。

其次，以大关中城市群为支撑平台，借助欧亚经济论坛综合园区核心区、西安领事馆区、西安综合保税区等优势，承载国际化高端生产要素聚集，吸引大型跨国企业落户西安。同时，增进西安、重庆、四川、广西、云南等地与俄罗斯的交流，加快推进人民币与卢布的直接兑换，建立中俄海关快速通关互认机制，引入高新技术产业，如中俄在航空领域、汽车领域及钻石加工等领域进行项目合作，加快建设中俄丝路创新园，将中俄两国的科研成果转化为产品。

第三，基于西安与中亚国家经济社会发展的梯度差，在吉尔吉斯斯坦投资石油产业，在哈萨克斯坦投资水泥企业等，转移过剩生产力；进口中亚国家的油气能源、矿产资源、稀土、铜等初级产品，在中亚建立中亚—长安丝路综合产业园、稀有金属交易所，实现工业化需求对接，产业结构互补。

第四，启动西安与俄罗斯、土库曼斯坦、吉尔吉斯斯坦、乌兹别克斯坦、塔吉克斯坦、哈萨克斯坦航空领域的合作，辐射重庆、四川、广西、云南等地，持续推动丝绸之路经济带沿线国家的经贸往来。当然，金融领域应积极顺应外向型经济发展对金融结算的需求，大力发展大离岸结算、跨境人民币结算、跨国公司总部结算、跨境电子商务结算、要素市场结算等五大金融结算，使金融更好地为实体经济服务。积极建立 CFLP（中国物流和采购联合会)、跨国公司外汇资金集中运营试点作为国际贸易支撑，将西安建成丝绸之路经济带上最大最强的国际化“装备部”大都市。

第三阶段：将西安打造成丝绸之路经济带国际性金融中心。

在“丝绸之路经济带”战略的布局及经济金融区域化发展的趋势下，丝绸之路经济带的建设使西安市金融业迎来发展良机，更多的国内外金融机构开始青睐西安这座古老而焕发改革活力的城市，并积极谋划、布局发展。西安将汇集国内、国际金融资源和要素，集聚越来越多的高能级金融机构以及高层次金融人才，建立越来越完善的金融市场体系，最终建设丝绸之路经济带上一流的国际金融中心。

第三阶段的重点是在前两个阶段的基础上加强与东欧国家的贸易往来与金融合作，革新投融资方式，将西安打造成整个丝绸之路经济带的国际性区域金融中心，进一步巩固与发展互联网金融、科技金融、绿色金融等传统金融及新金融。

首先，优化金融功能空间布局，以现代工业体系为支撑，以资金流、物流、人流和信息流为载体，形成互联网思维，建立丝绸之路经济带互联网金融中心。其次，拓宽人民币跨境结算业务，开展股权投资基金人民币对外投资业务，发展 VC 风险投资、PE 私募股权投资等新型投资方式。同时，进一步完善丝绸之路经济带上的绿色金融体系，不断发展包括绿色信贷、绿色股票指数、绿色互联网保险、碳金融等市场和工具在内的绿色金融。此外，积极打造丝绸之路经济带专业金融集聚空间，如丝路科技金融集聚区、丝路文化金融集聚区等。同时密切关注金融发展新领域、新业态、新模式，以及新信息技术和区块链技术对金融的融入等，着力将西安打造成丝绸之路经济带金融开发开放高地。

2. 分区域发展思路

根据上文叙述的功能定位，西安应按金融功能划分为五个区进行发展。围绕区域金融中心分阶段的建设，分区域金融区的建设贯穿始终。分区域发展的过程中，西安市将加快推进建设以高新科技金融区为核心—沣渭能源金融区—曲江浐灞文化金融、新金融试验区为支撑的金融“金三角”，打造“金融增长极”。同时积极将经开区、国际港务区建设成金融创新试验区，并使中心城区继续焕发活力。各区域立足实际、精准定位，依托大西安吸附功能和优质资源，结合国家级新区与自贸区联动优势，通过支持金融创新，发展金融科技，为西安成为丝绸之路经济带金融中心创造支点。

(三)发展目标

新的战略机遇下，西安要建成丝绸之路经济带金融中心，需分步骤完成阶段性目标。根据上文所设计的发展思路及每阶段的发展要求，西安的具体发展目标如表40所示：

表 40　西安市建设丝绸之路金融中心分阶段具体发展目标表

类别	第一阶段 2020年	第二阶段 2025年	第三阶段 2040年
金融业增加值(亿元)	1000	1500	2000
金融业年均增长率	10%	12%	14%
金融业对西安市生产总值贡献率	25%	28%	33%
金融业占西安市生产总值比重	10%	12%	15%
金融资产规模(万亿元)	4	5	6
金融从业人员(万人)	15	30	40
各类金融机构(家)	200	300	350
驻市银行业机构(家)	60	80	100
金融机构本外币存款余额(万亿)	3	4	5

续表40

类别	第一阶段 2020年	第二阶段 2025年	第三阶段 2040年
贷款增量(亿元)	2500	3000	3500
股权投资基金规模(亿元)	1000	1200	1500
驻市保险分公司以上机构(家)	57	67	75
保险深度	5%	7%	10%
保险密度(元/人)	3500	4000	6000
互联网金融公司(家)	500	1000	1500
中国金融中心指数	稳居前十	稳居前七	稳居前五

注：第一阶段发展目标参考《西安市“十三五”金融业发展规划》得出，第二阶段和第三阶段发展目标参考上海等核心城市的数据计算得出。

1.第一阶段发展目标

到2020年，西安金融业增加值力争超过1000亿元，年均增长率达到10%左右，对西安市生产总值贡献率达到25%，拉动经济增长2个百分点，占西安市生产总值比重稳定在10%左右，金融业发展成为战略性支柱产业，金融业资产规模达到4万亿元，金融从业人员达到15万人。驻市银行业机构力争超过60家，贷款增量突破2500亿元，增量、增速位居副省级城市前列，将银行不良贷款余额、占比控制在较低水平。境内外上市（挂牌）公司超过300家，资产证券化率达到西部城市前列。建成在国内有影响力的区域性交易场所3家以上，能源产权、科技产权、文化产权等年交易额超过500亿元；驻市保险分公司以上机构数量达到57家，使保险的覆盖面和渗透率明显提高，保险深度达到5%，保险密度达到3500元/人；企业发债规模争取达到超过信贷增量，形成多元化融资格局；并且争取在中国金融中心指数（CDI CFCI）排名中稳居前十。到2020年，金融生态环境进一步优化，法治环境、政策环境、政务环境和中介环境明显改善，人才队伍建设进一步增强，社会信用体系进一步健全，金融机构营商环境进一步优化。

2. 第二阶段发展目标

到 2025 年，西安金融业增加值力争超过 1500 亿元，年均增长率达到 12%左右，对西安市生产总值贡献率达到 28%，拉动经济增长 4 个百分点，占西安市生产总值比重稳定在 12%左右，金融业资产规模达到 5 万亿元，金融从业人员达到 30 万人；驻市银行业机构力争超过 80 家，贷款增量突破 3000 亿元。银行间市场、外汇市场、证券市场、期货市场和黄金市场的交易额达 1500 万亿元。金融机构资产占全国金融机构资产比重将达 35%左右；境内外上市（挂牌）公司超过 400 家，资产证券化率达到全国城市前列。建成在国内有影响力的区域性交易场所 5 家以上，能源产权、科技产权、文化产权等年交易额超过 600 亿元，且证券市场股票交易额位居全国前列；驻市保险分公司以上机构数量达到 67 家，保险深度达到 7%，保险密度达到 4000 元/人；并且在中国金融中心指数（CDI CFCI）排名中争取稳居前七，建成国内金融强市。到 2025 年，西安服务于能源、科技、文化产业发展的特色金融活跃，对区域发展有较强辐射力。

3. 第三阶段发展目标

到 2040 年，西安金融业增加值力争超过 2000 亿元，年均增长率达到 14%左右，对西安市生产总值贡献率达到 33%，拉动经济增长 5 个百分点，占西安市生产总值比重稳定在 15%左右，金融业资产规模达到 6 万亿元，金融从业人员达到 40 万人；驻市银行业机构力争超过 100 家，贷款增量突破 3500 亿元。银行间市场、外汇市场、证券市场、期货市场和黄金市场的交易额达 2000 万亿元。金融机构资产占全国金融机构资产比重将达 40%左右；境内外上市（挂牌）公司超过 500 家，资产证券化率达到全球城市前列。建成在国内有影响力的区域性交易场所 7 家以上，能源产权、科技产权、文化产权等年交易额超过 700 亿元，且证券市场股票交易额及股票市值位居全球前列；驻市保险分公司以上机构数量达到 75 家，保险深度达到 10%，保险密度达到 6000 元/人；争取在中国金融中心指数（CDI CFCI）排名中稳居前五。

2040年年末，金融“金三角”完全形成，区域核心竞争力和示范引领作用不断增强，大西安新中心中央商务区的城市形态和服务功能得到完善，陕西自贸区西咸片区贸易金融中心功能区建设卓有成效。同时，金融创新得到深化，金融产品不断创新，金融监管体系、组织体系更加完善，国际资本及跨国企业涌入。最终西安成为丝绸之路经济带国际性金融中心将实现。

五、新的战略机遇下西安建设丝绸之路经济带金融中心的政策建议

发展丝绸之路经济带的关键是发展区域经济，而金融作为现代市场经济的核心发展力量，对区域经济的发展至关重要。西安作为丝绸之路经济带上的起点城市与中心城市之一，同时作为西部地区大城市之一，打造“丝绸之路经济带区域性金融中心”是广大人民群众迫切希望的。西安优越的区位优势、浓厚的文化积淀、良好的金融基础等，决定了以西安为区域金融中心向外辐射的格局。因此，西安市可以从提升经济实力、建立完善的金融体系、促进金融特色发展、发展互联网金融、推动跨境支付结算发展、促进政府支持、加快金融人才队伍建设这7个方面来逐步建成丝绸之路经济带下的金融中心。

（一）提升西安市经济实力，为建设金融中心提供经济基础

1.促进经济总量发展

区域性金融中心的建立，必须要有强大的经济实力作为支撑与保障。一方面，繁荣的经济可以吸引大批优质企业入驻，作为资金的需求者与供应者，企业的涌入无疑会促进当地资金的大量流动，从而更好地支持金融业的发展。另一方面，繁荣的经济可以为区域性金融中心的建设提供必要的资金支持，并能够吸引金融人才的流入。2016年，西安市的经济增长好于预期，实现生产总值6257.18亿元，同比增长8.5%。但是，与西部地区另

一大经济主体成都相比，西安市的经济发展总量无疑还是存在较大差距，2016年成都市的生产总值达到了12 170亿元。因此，西安要实现成为区域性金融中心的目标，必须要继续促进经济发展，提升经济总量。

如今，从国内范围看，新动能加快成长，新业态不断涌现，全面深化改革的制度红利不断释放，新型城镇化、供给侧结构性改革、“大众创业、万众创新”等为经济保持平稳运行提供了空间。从全市看，国家“一带一路”倡议深入推进、系统推进全面创新改革试验、国家自主创新示范区建设、自由贸易试验区建设、军民融合发展等重大历史机遇为全市发挥优势，加快发展提供了新的广阔空间。在发展空间上，西咸新区划归西安管理，在有效拓展地理空间的基础上，必将进一步创新城市发展方式、提升城市能级、放大辐射效应。同时，“行政效能改革”必将提升政府治理能力和水平，有效改善西安投资环境，有力支撑经济健康较快发展。

2.扩大区域经济合作

西安市要建立区域性金融中心，仅仅只靠西安市自己的力量是远远不够的。必须要充分发挥金博会、丝博会等会展平台，西安国际港务区等贸易平台的作用，密切与西部各省区特别是西北地区的经贸联系。根据各地的发展基础与潜力、资源环境承载能力，充分发挥比较优势，形成金融中心建设强大的经济腹地。加强金融与贸易的合作，建立综合性的大宗货物交易服务中心，构建跨境电子商务平台。并可以通过政府与企业共同参与的方式，将一些互补性与合作性较强的产业，如油气开采、基础设施建设、装备制造等陕西省优势产业向外推广，促进陕西优势产业对外的合作与发展。同时，还应积极推进全省“三网三港”核心骨干物流体系建设。完善西安国际港务区陆路口岸功能，加快新筑铁路综合物流中心建设，扩建西安港铁路口岸监管区，加强与沿海港口的联动，建设国家多式联运示范基地。支持中欧班列（西安）拓展线路，完善“两干多支两节点”（两干：西线、中线，多支：分支到莫斯科、汉堡、华沙等，两节点：西安枢纽、欧洲枢纽节点）的国际铁路物流网络。支持西安咸阳国际机场开拓国际货运航线，推动成立货运航空公司。建立陕、宁、青货邮“一站式”服务体系，推动航空物流一体化发展。

（二）建立完善的金融体系，为建设金融中心提供平台搭建

1. 完善金融市场主体

首先，西安市应该加大对金融机构的引进力度，广泛吸引在境内外具有影响力的金融机构入驻西安，努力促使亚洲基础设施投资银行、丝路基金、金砖银行等国际多边开发金融机构在西安设立分支机构或办事处。吸引“一带一路”沿线国家金融机构业务总部、运营中心、研发中心进驻西安。吸引更多的中外合资金融机构、外资金融机构和中外金融服务机构入驻西安。支持法律、会计、评估等中介服务机构健康快速发展。其次，西安应继续做大做强本地金融机构。推动西安银行与长安信托逐步扩大经营规模，充分整合资源，力争在“十三五”期间完成上市。支持西安有实力的大型企业设立财务公司，设立具有丝路题材的西安法人保险公司，设立能源、科技、文化等专业性保险法人机构，鼓励组建金融租赁公司、消费金融公司等多种形式的金融机构，积极打造地方金融品牌。最后，应积极促进基金小镇与西安民间金融街的扩建与发展。灞柳基金小镇以汇集创业投资、风险投资、私募投资、证券投资基金等基金机构为重点，同时发展文化金融、旅游金融、融资租赁、保理等新兴产业。未来，灞柳基金小镇应借助“一带一路”和陕西自贸区的东风，努力打造第四方金融资产交易平台与丝路金融信息产业板块，成为丝绸之路基金名镇。西安民间金融街是继广州、武汉、成都之后全国范围内第四个省会城市建立的民间金融街，目前已经具有一定的规模，应在二期建设中重点引进互联网金融、保理、资产管理等业态，通过民间金融发展平台，发挥好集聚和引领作用，引导民间金融更多服务于中小微企业。加大鼓励金融创新，加快促进产业提升，将金融街进一步发展成为西北地区首个集资金借贷、融资担保、股权投资等为一体的民间资本流转高地，力争把西安民间金融街打造成为全国普惠金融发展示范区。

2. 促进金融产业聚集

《关中—天水经济区发展规划》提出要把西安建设成区域性金融中心之后，2010 年 1 月，西安市人民政府随即出台了《西安市人民政府关于支持西安金融商务区发展的实施意见》和《西安金融商务区发展规划纲要》，将西安金融商务区定位为“西安国际大都市的金融核心区、关中—天水经济区金融服务支持基地和中国西部金融创新实验区”，提出争取到 2020 年西安金融商务区形成金融机构的总部基地、区域性后台服务基地以及现代服务产业聚集区。因此，西安应大力完善“一轴心、两带、三片区”的产业空间格局，根据西安的金融资源禀赋大力发展区域金融产业与经济，将高新区作为中国丝路金融中心、以科技金融为重点的全国性专业金融中心和以金融科技为先导的金融创新试验区，将曲江新区作为区域内有影响力的“国家级文化金融合作试验区”，将浐灞金融商务区打造为丝绸之路经济带上的能源金融交易聚集区以及全国绿色金融试验区，将国际港务区打造为重要的离岸金融聚集区。通过政策的支持与引导，大力发展金融产业集群区，创建金融聚集效应。

3. 创建良好的金融生态环境

一方面，西安市应该加强金融监管服务体系，进一步完善金融监管协调机制和政府对金融的服务机制。建立政府与金融界的定期联席会议制度，支持和引导各金融机构加强内控制度建设，防范潜在风险。推进监管机制改革和方式创新，督促金融机构在风险可控、成本可测的前提下通过发展化解风险，鼓励风险管理能力较强的机构开展金融创新。加强监管部门间的信息沟通，提高风险监测水平，防范系统性风险。建立和完善金融突发事件应急机制和风险处置长效机制，维护西安市金融业的稳定发展。另一方面，应完善全社会的信用体系建设，完善信用信息的考核与评级机制，推动现有信息平台的整合。加强信用信息公开和共享，依法依规运用信用激励和约束手段来构建政府、社会共同参与的跨地区、跨部门、跨领域的守信联合激励和失信联合惩戒机制，形成政府部门协同联动、行业组织自律管理、信用服务机构积极参与、社会舆论广泛监督的共同治理格局。最后，应大力推动金融创新。创新金融机构的合作模式，引导多方参与；创新筹资模式，拓展资金来源；创新服务模式，解决中小企业融资难问题，进一步提升全社会的金融创新意识，促进金融业的积极发展。

（三）加强西安金融特色发展，为建设金融中心提供板块支撑

1.大力发展能源金融

当前，陕西地区的煤炭、石油、天然气等能源的产量与储存量均处全国前列，但是，陕西目前仍未形成能源的生产、流通、交易以及资金结算等有效衔接的整合体，缺乏有影响力的能源交易平台。因此，西安市应抓住"一带一路"建设的契机，充分利用西咸新区设立的丝路经济带能源金融贸易中心这一平台，以煤炭交易为突破口，搭建信息平台，建设集能源、矿产资源、农副产品为一体的区域性远期交易或期货交易中心、产权交易中心和西北能源金融中心。另一方面，可以借助西咸新区专门为金融能源贸易区量身定做的三大类优惠政策，积极吸引项目、资金、人才以及能源机构进入。从而促进能源与传统金融市场相结合，推动能源资本化。根据自身的能源储量与国际需求及其前景发挥交易所的竞价权，实现能源价值的最大化，提高能源金融话语权，将能源金融的功能扩展到周边地区。充分发挥能源金融的辐射作用，更好地支持西安地区与陕西地区的经济发展。

2.大力发展科技金融

科技金融是指科技产业与金融产业的融合，是以财政科技投入为引导，金融投入为主体，通过制度、机制、工具等创新，整合科技、金融、企业和社会资源，服务于科技成果转化和高新技术产业发展的多元化科技投融资体系。作为全国第 9 家获批建设的国家自主创新示范区和陕西自贸区核心区，西安高新区通过政策引导、整合资源、搭建平台、创新方式等

措施，推动科技与金融深度融合。西安要打造科技金融，首先要创新金融工具，引导金融机构建立健全科技成果与科技企业的知识产权及其他无形资产价值评估体系、流通体系、处置体系，以此为基础加强科技担保、科技贷款、科技保险、科技股权投资等金融工具创新，促进科技成果转化和科技企业成长。其次应发挥投资引导基金作用。整合社会资源，发展各种形式的科技中小企业创新引导基金、科技成果转化引导基金、创业风险投资引导基金，推动科技企业利用资本市场发展壮大。最后还应完善科技金融服务体系，统筹科技金融发展，创新政府资源配置方式，引导金融工具创新、产品创新、商业模式创新，促进各种金融工具组合协同创新，提供综合性服务。

3.大力发展文化金融

文化与金融融合是文化产业走向成熟的标志之一。它是指在现代科技推动下，金融参与到文化产业发展的各个环节，并最终由文化的生产、流通、消费共同推动形成文化金融产业的过程。2016 中国·西安金融产业博览会在西安开幕，旨在探索金融支持文化产业发展的新路径，推动文化产业与金融的深度融合，打造文化与金融资本、社会资本相互融合的对接平台。但是在取得成效的同时，相对于发达地区的文化金融产业发展，西安市在文化金融融合上还存在比较突出的问题。因此，一方面西安市首先应大力发展文化金融机构，鼓励服务于文化产业的金融机构和中介机构发展，重点发展从事文化产权的拍卖机构、资产评估机构、财富管理机构、融资担保公司，形成区域文化财富管理的聚集地。另一方面，可以依托区域内重大文化产业项目、科技型中小文化企业项目，设立文化产业投资基金，进行文化企业股权投资、文化发展项目投资和文化艺术品投资，吸引社会资本投入。最后，还应出台相关政策规范文化知识产权和艺术品交易，围绕影视娱乐、艺术投资、现代传媒和文化旅游等领域，形成区域性文化产权资讯的发布地，加快文化产权交易市场发展，促进文化产权有序流动。

(四)促进互联网金融发展，为建设金融中心提供创新支持

1.大力发展创业投资和私募股权投资

“十二五”以来，创投基金、私募股权投资基金、私募证券投资基金等私募基金的数量和规模实现快速增长。其中主要涉及循环经济、现代能源、航空、生物医药、高端装备、节能环保、新材料、高技术服务、3D打印、新能源汽车等领域。首先，应大力引导和鼓励各类创业投资、股权投资企业参与企业改制重组和增资扩股，加大对科技型、创新型中小微企业的投资规模，培育企业上市资源，带动地方经济转型和产业升级。对创业投资企业采取股权投资方式投资于未上市的中小微高新技术企业一定年限以上的，通过税收优惠等政策予以激励。其次，可以抓住国家成倍扩大战略新兴产业创投资金机遇，积极探索设立新兴产业创投基金，进一步加大对西安及陕西战略性新兴产业和高技术产业领域中小企业的投资力度。大力引进和培育产业并购基金，推动重点企业与西安及陕西传统优势产业链重组整合，促进优势产业发展。同时，还应鼓励省内的国家级和省级高新技术产业开发区发挥政府资金杠杆放大作用，吸引社会资本共同参与设立天使投资基金，培育创业企业团队。探索多元化股权投资流转退出机制，促进成长型中小企业和新兴产业发展。

2.大力发展互联网金融

2016年2月，《西安市促进互联网金融产业健康发展的意见》正式下发，并决定2016年与2017年这两年西安市财政每年安排2000万元专项资金用于扶持互联网金融产业发展。首先，西安市可以依托高新技术产业和互联网资源相对丰富的优势，形成互联网金融产业聚集区。通过完善基础设施建设，吸引国内外知名互联网金融企业入驻，引进和培养互联网金融人才，开展互联网金融领域的创新奖励和补助等方式，初步形成较为完备的互联网金融产业链，完成首批网络小贷公司在西安民间金融街落地，将

西安市建设成为在国内具有较大影响力的互联网金融创新示范区和西部互联网金融中心。其次，应大力鼓励传统商业银行、小额贷款公司、融资性担保公司等中介服务机构为互联网金融企业提供贷款融资支持，激发市场活力，适时设立互联网金融资产交易中心，探索市场化的互联网金融股权退出渠道和资产交易机制。最后，还应加强对互联网金融行业的监管。严格准入管理和强化资金监管，对互联网金融从业机构为抢占市场份额向客户提供显失合理的超高回报率以及变相补贴等不正当竞争行为予以清理规范。规范全市各类互联网金融业态，促进行业健康有序发展。

（五）大力发展跨境支付业务，为建设金融中心提供国际认可

1.促进跨境支付业务发展

近年来，我国支付体系基础设施日益完善，支付服务场景日趋丰富，支付服务更加高效、便捷，以“云闪付”、条码支付等为代表的移动支付更是走在世界前列。支付行业积极参与“一带一路”倡议实践，一方面可以有效满足“一带一路”沿线国家支付服务需求，促进贸易畅通，另一方面可以拓展自身业务发展空间，催生新的业务增长点。

西安市应大力促进支付行业的基础设施建设，积极融入并完善以人民银行现代化支付系统为核心、银行业金融机构行内系统为基础、非银行支付机构和特许清算机构业务系统为补充、国内支付与跨境支付并驾齐驱的多层次支付清算网络体系，积极参与“一带一路”沿线国家支付体系建设。充分发挥技术优势，延伸支付网络服务范围，以安全、便捷的跨境支付服务，支持沿线国家间的人员往来。除此之外，还应深化支付领域国际交流合作，坚持共享发展，加强经验交流，积极协助“一带一路”沿线国家支付服务升级。鼓励支付行业“走出去”开展市场化经营的同时，在所在国家支付监管部门的指导下，利用金融科技成果推动互联网支付、手机银行等业务的本地化发展，为“一带一路”沿线国家民众提供多渠道、广覆盖的支付服务，实现支付行业发展成果全民共享，提升金融普惠水平，

促进支付行业“走出去”。

2.促进西安建设离岸金融中心

西安建设离岸金融中心是提升陕西区域性金融中心影响力的重要举措，对于完善金融体系、稳定经济发展具有非常重要的意义。首先，应依托西安内陆自贸区建设，积极争取离岸金融政策试点。当前，国家正在大力实施“自由贸易区”战略，陕西及西安正积极编制和申报面向中亚、延伸欧洲，以商贸物流和金融服务为核心的内陆自由贸易实验区规划。西安未来可以依托西安内陆自贸区的申报和建设，积极争取资金资本跨境流动、国际金融业务及机构准入等离岸金融政策试点，为离岸金融发展奠定政策与制度基础。其次，在西安离岸金融中心发展初期，应当适当放宽准入限制、拓展服务范围，提供更加多样的金融服务，这也是未来业务发展的趋势，在离岸金融业务循序渐进的发展过程中是必不可少的，对于完善各类离岸金融中心制度也有着重要的意义。再次，离岸金融中心的建立需要政府的支持和推动。所以应大力鼓励在西安特色优势产业领域扶持一批龙头出口企业率先发展，在新兴产业领域引进一批外向型企业尽快发展；帮助企业用好用足国家税收优惠政策，加大政府扶持力度。最后，还应强化风险控制，及时防范和化解离岸金融业务风险。

(六)加大政府支持力度,为建设金融中心提供制度保障

1.健全统筹协调机制

在推动西安成为“一带一路”背景下区域性金融中心的过程中，政府应该发挥统筹全局、协调各方的领导核心作用。首先，政府应成立西安市金融改革发展领导小组，进一步加强对全市金融业改革发展和综合协调工作的领导，促进全市金融政策发展总体设计、统筹协调、整体推进、督促落实等工作。其次，可以通过组建西安市金融业发展促进会、设立金融业发展咨询委员会（智库）与丝路金融研究院等形式，为西安市金融各业搭

建更高层次、更为广泛的对内对外合作交流平台，有效提升金融服务经济能力和金融自身实力，与西北大学等高校开展产学研战略合作，联合开展陕西乃至西北地区的金融研究，有效发挥金融科研机构、专家和金融机构专业人员的参谋作用。最后，政府还应组织建立金融招商分局，强化专业招商力量，大力引进各类金融机构和投资项目。各区县、开发区进一步完善工作机构，定期研究金融业发展中的重大问题，协调解决发展中的困难和问题。

2.推动政府政策扶持

政府要充分认识金融在市场经济中的重要地位，以及在市场资源配置中的核心作用，切实加强对金融工作的组织领导与政策扶持的力度，并确定相应的责任部门。完善区域金融中心建设规划，健全支持金融业发展的系统性扶持政策，建立健全省、市、区县（开发区）三级对金融业发展的政策支持体系。西安市应积极争取中央政策的支持，加大中央对西安的信贷支持力度，可通过中央银行对西安金融机构实施较为宽松的资产负债比例管理、存贷款考核比例，从而促进信贷业务的发展；通过加大政策性银行对西安的政策性贷款比重，从而促进基础设施建设与资源的有效开发。同时，应加大市政府对支持西安市经济发展成效突出的银行类金融机构的奖励力度，并引导其加大对社会的信贷投放。进一步完善市政府对区县融资工作的考核评价机制，促进区县融资工作加快发展。充分发挥财政资金的杠杆作用，适当提高对经济建设支持力度大、贡献突出的银行类金融机构的财政资金存放比例，有效发挥财政存款对银行机构的激励作用。

（七）加快金融人才队伍建设，为建设金融中心提供人才支持

人才是金融机构的核心资产，是支撑金融业创新发展的决定性因素，在西安市打造区域性金融中心的任务中起着至关重要的作用。因此，一方面要加大人才培养力度。西安高校众多，拥有丰富的人才资源基础，应把金融人才队伍建设作为提高我市金融业发展水平的重要内容，重点培养一

批以优秀金融企业家为代表的金融领军人才。西安市金融办会同有关部门加强对区县金融办、区县融资平台干部的培训力度，培养和造就一批懂金融、会管理、能融资的基层金融人才队伍。另一方面，由于西安市的工资待遇、生活福利与我国发达地区有着较明显的差距，西安高校人才尤其是金融人才每年大量流入北京、上海等发达地区，但每年从外地流入西安的金融人才却数量稀少，逐渐形成了金融人才“只出不进”的现象。因此，西安市应切实制定实施积极有效的移民政策，降低生活费用，营造宽松的生活工作环境，并制定更具竞争力与吸引力的薪酬体系与奖励机制，促使金融人才引得进、留得住、发展得好，逐步形成各类人才合理流动的机制。同时，争取“丝绸之路”中国政府奖学金对陕倾斜，支持省内高校申请中国政府奖学金来华留学生招收资格。支持杨凌加快建设职业农民发展学院。加强教育国际合作交流平台建设，提升省内高等院校国际知名度，推进陕西西部国际学术交流合作高地建设。

参考文献

[1]Aliber R.The integration of the offshore and domestic banking system[J]. Journal of Monetary Economics,1980,6(4):509-526.

[2]Apergis N. Domestic and Eurocurrency yields: Any exchange rate link? Evidence from a VAR model[J]. Journal of Policy Modeling,1997,19(1):41-49.

[3]Chan D Y, Lee R S. The Dynamics of Interest Rates Between Eurodollar and Domestic US Dollar[J]. Applied Financial Economics,1996(6):347-349.

[4]Chan K S. Currency Substitution between the Hong Kong Dollar and the Renminbi in South China[J]. Pacific Economic Review,2002,7(1):37-50.

[5]Cobb S C. Global Finance and the Growth of offshore Financial Centers: The Manx Experience[J]. Geoforum,1998(1):7-21.

[6]Dharmapala D, James R H Jr. Which Countries Become Tax Havens? [J]. NBER Working Paper,2006.

[7]Fung H, Isberg S C. The International Transmission of Eurodollar and US Interest Rates: A Cointegration analysis[J]. Journal of Banking and Finance, 1992 (16):757-769.

[8]Giddy I H, Gunter Dufey, Sangkee Min. Interest Rates in the U.S. and Eurodollar Markets[J]. Review of World Economics (Weltwirts chaft liches Archiv), 1979,115(1):51-67.

[9]Hartman H. The International Financial Market and US Interest Rates[J].

Journal of international Money and Finance, 1984(3): 91-103.

[10]Hampton M P. Treasure Islands or Fool's Gold: Can and Should Small Island Economies Copy Jersey? [J]. World Development, 1994(22): 237-250.

[11]Hampton M P. Creating Spaces.The Political Economy of Island Offshore Finance Centers: the Case of Jersey[J]. Geographische Zeitschrift, 1996, 84(2): 103-113.

[12] Hampton M P, Christensen J. Offshore Pariahs? Small Island Economies, Tax Havens, and the Re-configuration of Global Finance[J]. World Development, 2002, 30(9): 1657-1673.

[13]Hendershott P H. The Structure of International Interest Rates: The U.S. Treasury Bill Rate and the Eurodollar Deposit Rate [J]. The Journal of Finance, 1967, 22(3): 455-465.

[14]Hishikawa A. The Death of Tax Havens[J]. Boston College International and Comparative Law Review, 2002, 25(2): 389.

[15] Hicks J R. Real and Monetary Factors in Economic Fluctuations [J]. Scottish Journal of Political Economy, 1974, 21(3), 205-214.

[16]Fung H G, Wai K L, Jiang Zhu. Nondeliverable Forward Market for Chinese RMB: A First Look[J]. China Economic Review, 2004, 15(3): 345-352.

[17]Kaen F R, Hachey G A. Eurocurrency and National Money Market Interest Rates: An Empirical Investigation of Causality [J]. Journal of Money, Credit and Banking, 1983, 15(3): 327-338.

[18] Kane E J. Nested Tests of Alternative Term Structure Theories[J]. Review of Economics and Statistics, 1983, 55(2): 115-123.

[19] Kreicher L. Eurodollar arbitrage [J]. Federal Reserve Bank of New York, Quarterly Review, 1982, 7(2): 10-22.

[20]Lo W, Fung H, Morse J N. A note on Euro-yen and domestic yen interest rates[J]. Journal of Banking and Finance, 1995(19): 1309-1321.

[21] Maseiandaro D. Offshore Financial Centre: Explaining the Regulation [J]. Paolo Baffi Centre Bocconi University, Working Paper No.170. 2006.

[22] McKinnon R. The Eurocurrency Market [J]. International Finance, 1975, 125(3).

[23] Niehans J, Hewson J. The Eurodollar Market and Monetary Theory [J]. Journal of Money Credit and Banking, 1976, 8(1): 1-27.

[24] Niehans J. Money and Barter in General Equilibrium with Transaction Costs [J]. American Economic Review, 1971, 61(5): 773-783.

[25] Park Y S. The Economics of Offshore Financial Centers [J]. Columbia Journal of World Business, 1982, 17(4): 31-35.

[26] Park J. Information Flows Between Non-deliverable Forward (NDF) and Spot Markets: Evidence from Korean Currency [J]. Pacific-Basin Finance Journal, 2001(9): 363-377.

[27] Rawlings G. Mobile people, mobile capital and tax neutrality: Sustaining a market for Offshore Finance Centres [J]. Accounting Forum, 2005(29): 289-310.

[28] Sikka P. The role of offshore financial centres in globalization [J]. Accounting Forum, 2003(4): 365-399.

[29] Silber W L. The Process of Financial Innovation [J]. American Economic Review, 1983, 73(2): 89-95.

[30] Swanson P. The International Transmission of Interest Rates: A Note on Causal Relationship between Short-term External and Domestic US Dollar Returns [J]. Journal of Banking and Finance, 1988, 12(4): 563-573.

[31] Theobald T C. Offshore Branches and Global Banking—One Bank's View [J]. Columbia Journal of World Business, 1981, 16(4): 19-20.

[32] Williams O H, Suss E C, Mendia C. Offshore Financial Centers in the Caribbean Prospects in a New Environment [J]. World Economy, 2005, 28(8): 1173-1188.

[33]Yang J, Shin J, Khan M. Causal linkages between US and Eurodollar interest rates: further evidence[J]. Applied Economics, 2007, 39: 135-144.

[34] Dufey G, Giddy I. The International Money Market [M]. Englewood Cliffs, NJ: Prentice Hall, 1978.

[35]Frank J F, Franco P M, Frank J J. Foundations of Financial markets and institutions[M]. Tsing Hua University Press, 1999.

[36]Hampton M. The Offshore Interface: Tax Havens in the Global Economy [M]. St. Martin's Press, INC, 1996.

[37]Hampton M P. The Offshore Interface[M]. MacMillan Press Ltd, 1996.

[38]McCann H. Offshore Finance[M]. Cambridge University Press, 2006.

[39]Hicks J R. The Theory of Wages[M]. 2nd ed. London: Macmillan, 1963.

[40]Norton J. International Banking Regulation and Supervision: Change and Transformation in the 1990s [M]. Springer Publisher, 1994.

[41]Richard A J. A Study of Transactional Economic Development, Tax Havens and Offshore Finance[M]. Frances Pinter(Publisher)Ltd, 1983.

[42] Silber W L. Toward a Theory of Financial Innovation [M]. Lexington Books, 1975.

[43]Shigeo N. The Political Economy of Japan Money[M]. University of Tokyo Press, 1995.

[44]巴曙松,郭云钊.离岸金融市场发展研究——国际趋势与中国路径[M].北京:北京大学出版社,2008.

[45]边学涛,陈杰.天津构建离岸金融中心的发展路径[J].华北金融,2014,(11):21-24.

[46]曾之明.人民币离岸金融中心发展研究[D].湖南:中南大学,2011.

[47]陈冰清.厦门建设离岸金融中心的研究[D].福建:福建师范大学,2015.

[48]陈涵.福建省中行开展对台离岸金融业务探析[D].福建:福建师范

大学,2014.

[49]陈建华.建立福建对台离岸金融市场初探[J].福州党校学报,2012,(2):57-60.

[50]陈建廷.国际离岸金融市场法律监管问题探析[D].湖南:湖南师范大学,2013.

[51]崔光华.中国离岸金融市场发展问题研究[D].天津:天津财经大学,2006.

[52]崔日明,黄英婉."一带一路"沿线国家贸易投资便利化评价指标体系研究[J].国际贸易问题,2016,(9):153-164.

[53]崔文茜.香港人民币离岸金融市场建设研究[D].山西:山西财经大学,2013.

[54]戴芷畅.香港人民币离岸金融中心发展及其影响研究[D].四川:西南交通大学,2013.

[55]杜蓓,姚莉.借鉴深圳和上海的经验浅析创建天津滨海新区离岸金融市场[J].天津经济,2007,(10):43-46.

[56]范祚军,温健纯.基于资金融通视角的"一带一路"金融切入[J].区域金融研究,2016,(7):4-10.

[57]冯永琦.香港人民币离岸市场形成与发展研究[D].吉林:吉林大学,2012.

[58]高宇,董静,高进辉.构建天津滨海新区离岸金融市场的模式选择[J].哈尔滨金融高等专科学校学报,2009,(2):12-14.

[59]谷佳.滨海新区建立离岸金融市场研究[D].天津:天津财经大学,2008.

[60]顾宁.国际离岸金融市场理论研究及对我国的启示[D].吉林:吉林大学,2004.

[61]顾仁俊.上海建立人民币离岸中心的动力机制和政策选择[D].上海:华东师范大学,2014.

[62]韩龙.离岸金融的法律问题研究[M].北京:法律出版社,2001.

[63]韩薇.我国离岸金融市场监管法律制度研究[D].天津:天津工业大学,2008.

[64]贺伟跃,刘芳雄.促进上海自贸区离岸金融业务发展的税收优惠政策刍议[J].税务研究,2015,(8):6-74.

[65]贺伟跃.上海自贸区离岸金融业务税收政策初探[J].税务研究,2014,(9):70-73.

[66]胡婕.中国离岸金融市场与对外贸易发展分析[D].湖南:湖南大学,2009.

[67]焦婧.国际离岸金融中心发展路径对天津建设离岸金融中心的启示[D].天津:天津商业大学,2012.

[68]金鑫.天津滨海新区建立离岸金融市场研究[D].天津:天津大学管理学院,2009.

[69]连平.论上海离岸金融市场发展战略[J].华东师范大学学报,1994,(5):2-7.

[70]连平.离岸金融研究[M].北京:中国金融出版社,2002.

[71]梁从友.我国离岸金融市场发展及区位选择研究——兼论重庆建立离岸金融市场[J].探索,2011,(4):87-94.

[72]廖原.论香港人民币离岸金融中心[D].四川:西南财经大学,2004.

[73]刘冲.我国发展离岸金融市场的路径及模式选择研究[D].新疆:新疆财经大学,2008.

[74]刘红,储伶丽.FDI对陕西经济影响的研究[J].经济研究导刊,2016,(24):53-56.

[75]刘绵绵,刘燊,易焰珊,胡悦,陈渊婷.福建自贸区离岸金融业务发展存在的问题与对策[J].特区经济,2016,(6):35-36.

[76]罗国强.离岸金融法研究[M].北京:法律出版社,2008.

[77]秦思思.我国离岸金融监管的法律问题研究[D].上海:上海交通大

学,2015.

[78]邵四华.推进天津离岸金融发展问题的研究[J].天津经济,2014,(1):33-37.

[79]申亭宇.离岸金融的法律监管制度研究[D].陕西:西北大学,2014.

[80]沈战.上海自贸区离岸金融发展路径探析[J].生产力研究,2014,(12):43-46.

[81]苏凤昌,李宇,纪丽娟.一带一路战略下的西安自贸区建设可行性研究[J].陕西行政学院学报,2016,(1):15-19.

[82]孙陵霞.西安建立离岸金融中心的优劣势分析[J].新西部,2015,(17):13-14.

[83]孙沙沙.离岸金融市场法律监管研究[D].辽宁:大连海事大学,2011.

[84]孙薇.香港人民币离岸金融市场发展研究[D].天津:天津财经大学,2014.

[85]汪川,刘佳骏.借鉴国际银行设施(IBF)模式建设上海自贸区离岸金融中心[J].上海金融,2014,(6):46-49.

[86]王锋.论离岸金融的法律监管[D].上海:华东政法大学,2007.

[87]王瑞.中国发展离岸金融市场研究[D].山西:山西财经大学,2006.

[88]王篆.天津滨海新区建立离岸金融市场条件分析[J].天津:天津行政学院学报,2008,(1):69-72.

[89]魏秀颂.离岸金融法律监管问题研究[D].山东:中国海洋大学,2006.

[90]翁东玲."一带一路"建设的金融支持与合作风险探讨[J].东北亚论坛,2016,(6):46-57.

[91]邬群华.我国发展离岸金融市场研究[D].广东:暨南大学,2002.

[92]吴迪.构建依托上海自由贸易试验区的人民币离岸金融中心[D].上海:复旦大学,2014.

[93]夏彩云,贺瑞."一带一路"战略下区域金融合作研究[J].金融创新,2015,(7):34-38.

[94]徐立霞.上海自贸区离岸金融市场的法律监管[D].上海:华东政法大学,2014.

[95]薛洁.离岸金融市场风险管理研究[D].山东:中国海洋大学,2005.

[96]杨睿.上海自贸实验区资本账户开放与离岸金融市场研究[D].北京:首都经济贸易大学,2014.

[97]杨咸月.上海离岸金融市场发展研究[J].财经研究,2002,(8):34-39.

[98]杨志蓉,李科.福建自贸区离岸金融发展探索——借鉴上海自贸区离岸金融建设经验[J].海峡科学,2015,(5):45-55.

[99]姚杨.离岸金融市场监管法律问题研究[D].北京:北京交通大学,2012.

[100]益智,张为群.上海建立离岸金融市场的选址及发展步骤的思考[J].财经研究,1994,(4):43-46.

[101]尹丽.我国离岸金融中心建设的法律构建探析[D].上海:复旦大学,2012.

[102]原毅军,卢林.离岸金融中心的建设与发展[M].大连:大连理工大学出版社,2010.

[103]张建平,樊子嫣."一带一路"国家贸易投资便利化状况及相关措施需求[J].国家行政学院学报,2016,(1):23-29.

[104]张蕾.论我国离岸金融市场的法律规制[D].山东:山东大学,2015.

[105]张韬.我国当前发展离岸金融市场可行性分析[D].四川:西南财经大学,2008.

[106]张玮.创办天津滨海新区离岸金融市场研究[D].天津:天津财经大学,2007.

[107]张亚亚.我国离岸金融市场监管法律制度研究[D].重庆:西南政法大学,2012.

[108]郑瑞.借鉴重庆经验探索建立山东离岸金融中心[D].山东:山东财

经大学,2016.

[109]朱梦焱.我国商业银行离岸金融业务研究[D].江苏:南京师范大学,2014.

[110]邹昊飞,杜贞利,段京新."一带一路"战略下境外经贸合作区发展研究[J].国际经济合作,2016,(10):41-45.

[111]张蕾.中国创新驱动发展路径探析[J].重庆大学学报(社会科学版),2013,(04):107-111.

[112]于宁锴.西安丝绸之路经济带区域性金融中心形成机理研究[D].陕西:西北大学,2014.

后记

自2015年11月西北大学经济管理学院承接西安市金融商务区离岸金融中心建设的课题，我们成立了西安离岸金融中心课题研究小组，至今已有两年时间。《推进西安离岸金融中心建设研究》一书，即是我们科研团队集体合作的初步成果，从数据的收集到最后文稿形成的每一个环节，都凝聚了我们科研团队每一位成员的心血和汗水。

这里要特别感谢的是，西安市浐灞生态区管委会的领导，他们从课题的立项、调研、初稿、终稿完成到出版给予了大力支持，而且多次参与课题的论证与讨论，提出了许多有创见性的修改意见。另外，西安金融商务区的领导同志参与了课题的调研和研究报告的讨论与修改。如果没有他们的鼎力支持和热忱关怀，研究报告的完成是不可能如此顺利的。

同时，这本著作也是集体智慧的结晶，是西北大学经济管理学院王满仓教授、王峰虎副教授带领涂远博博士、董明放博士、葛晶博士、康建华、李桥鸽、陶楠如、龙汉、陈奕豪、陈玫羽、韩晴、呼筱、王晨、薛舒婷等合作研究的成果。他们参与了本书相应部分文稿的数据收集、分析、绘图制表等工作，这里特别向他们表示感谢，感谢他们为本书做出的贡献。本书中的下篇《新的战略机遇下西安丝绸之路金融中心建设研究》是我们承担的西安市政府2017年重点课题，本课题由王满仓教授、韩锦棉副教授带领的团队完成，其中刘映辰、李凡、张璇、李温昕这几位硕士生参与了撰写和数据分析。同时，在我们的研究工作及文稿撰写中，也参考了国内外众多的相关文献，在此，也向这些文章的作者表示由衷的感谢。

当然，这本书最后的出版，还得力于兰州大学出版社的大力支持，特别是陈红升老师对本书出版的安排，李江霖对书稿的文字、图表、数据的细致修改与校对。应该说，如果没有编辑老师付出的辛勤劳动与汗水，此书的出版可能还会更晚一些，在此对他们表示感谢。

作　者

2017年12月8日